法学求是前沿书系

孟庆瑜 等◎著

# 地方立法与法治政府建设
## ——基于河北省的研究视角

知识产权出版社
全国百佳图书出版单位
——北京——

**图书在版编目（CIP）数据**

地方立法与法治政府建设：基于河北省的研究视角/孟庆瑜等著. —北京：知识产权出版社，2019.12

（法学求是前沿书系/孟庆瑜主编）

ISBN 978-7-5130-6541-2

Ⅰ.①地… Ⅱ.①孟… Ⅲ.①地方法规—立法—研究—河北②地方政府—社会主义法治—建设—研究—河北 Ⅳ.①D927.220.4

中国版本图书馆 CIP 数据核字（2019）第 226829 号

**内容提要**

本书以服务京津冀协同发展、河北雄安新区和法治河北建设为宗旨，基于河北大学与河北省人大常委会法制工作委员会、原河北省人民政府法制办公室等法律实务部门的深度合作，重点选取京津冀协同立法、雄安新区立法和河北省重大行政决策程序、清洁生产等方面立法问题，河北省邮政条例、无障碍环境建设管理办法等立法后评估问题，以及党政主要负责人履行法治建设第一责任人制度、加强和完善河北省行政调解制度和河北省行政裁决工作等法治政府建设问题等作出系统深入研究，以期为推进地方立法和法治政府建设提供决策参考。

| 责任编辑：韩婷婷 | 责任校对：潘凤越 |
|---|---|
| 封面设计：张 冀 | 责任印制：孙婷婷 |

### 地方立法与法治政府建设
——基于河北省的研究视角

孟庆瑜 等著

| 出版发行：知识产权出版社有限责任公司 | 网　址：http://www.ipph.cn |
|---|---|
| 社　址：北京市海淀区气象路50号院 | 邮　编：100081 |
| 责编电话：010-82000860 转 8359 | 责编邮箱：176245578@qq.com |
| 发行电话：010-82000860 转 8101/8102 | 发行传真：010-82000893/82005070/82000270 |
| 印　刷：北京建宏印刷有限公司 | 经　销：各大网上书店、新华书店及相关专业书店 |
| 开　本：720mm×1000mm　1/16 | 印　张：16.5 |
| 版　次：2019年12月第1版 | 印　次：2019年12月第1次印刷 |
| 字　数：295千字 | 定　价：79.00元 |
| ISBN 978-7-5130-6541-2 | |

出版权专有　侵权必究

如有印装质量问题，本社负责调换。

# 《法学求是前沿书系》编委会

**编委会主任** 孟庆瑜

**编委会成员**（按姓氏笔画排序）

苏永生　何秉群　宋慧献　陈玉忠
周　英　郑尚元　赵树堂　袁　刚
甄树清　阚　珂

## 《法学求是前沿书系》总说明

习近平总书记反复强调:"历史是最好的老师。经验和教训使我们党深刻认识到,法治是治国理政不可或缺的重要手段。法治兴则国家兴,法治衰则国家乱。什么时候重视法治、法治昌明,什么时候就国泰民安;什么时候忽视法治、法治松弛,什么时候就国乱民怨。"但是,在中国搞社会主义法治建设,是一件前无古人的伟大创举,没有现成的道路可走,没有现成的模式可以借鉴,没有现成的理论可以指导,其困难之大,超出想象。因此,我们只能坚持从中国实际出发,围绕中国特色社会主义法治建设中的理论和实践问题,把法治建设的普遍规律与中国的国情相结合,不断探索并形成中国特色社会主义法治道路、制度和理论。这就要求我们在全面推进依法治国的进程中,必须践行实事求是的思想路线,认清中国法治之真国情,探索中国法治之真道路,构建中国法治之真制度,探究中国法治之真理论,解决中国法治之真问题。唯如此,我们才能穷中国法治之理、探中国法治之道。这也正是将本套丛书命名为"法学求是前沿书系"的目的和意义所在。同时,本套丛书的名称也暗合了河北大学"实事求是"的校训传统,体现了河北大学"博学、求真、惟恒、创新"的校风精神。

本套丛书以法治中国为目标图景,坚持建设性立场,聚焦法治中国建设中的理论与实践问题,探寻法治建设的中国之道,主要着眼于以下几个方面问题:

第一,中国法治之真国情。实践证明,任何国家的法治建设都必须立足本国国情,从本国实际出发,而不能从主观愿望和想当然出发,不能从本本和概念出发,更不能照搬照抄外国的东西。在中国进行法治建设,必须要深刻揭示和正确认识中国的基本国情,并将之作为中国法治建设的出发点和落脚点。同时，中国的国情比较复杂，异于西方国家。因此，我们对中国国情的研究，必须要从多维度入手，既要研究地理意义上的中国，也要研究政治意义上的中国，更要研究文化意义上的中国。

第二，中国法治之真理论。中国的法治建设需要法治理论的支撑与指导。如果我们不能够从理论上对中国法治建设的性质、方向、道路、总目标、指导思想、基本原则、主要任务等阐释清楚，中国的法治建设就无从开展，也必然无法成功。为此，我们必须清楚地认识到，与中国法治建设的要求相比，我国远未形成与之相对应的中国特色社会主义法治理论。现有的西方法治理论既不能真正满足中国法治建设对法治理论的需求，难以引领中国法治的科学发展，也不能真正与中国的优秀文化传统相融合，难以实现传统与现代、本土与外来、国内与国际的有机统一。这就需要我们在中国法治建设的实践中，在借鉴西方法治理论的基础上，不断推进中国法治理论的探索和创新，并努力形成立足中国基本国情、总结中国法治经验、适应中国法治需求、体现中国法治规律、解决中国法治问题、彰显中国法治特色的中国特色社会主义法治理论，以为中国法治建设提供理论指导和学理支撑。

第三，中国法治之真道路。道路关乎前途和命运。法治道路是法治建设成就和经验的集中体现，是建设法治国家的根本遵循。中国法治建设之所以要坚持走中国特色社会主义法治道路，而不能照搬照抄别的国家的法治道路，是由法治与法治模式的不同决定的，也是由我国的基本国情决定的。尽管法治如同民主、人权一样具有普遍共识，但不同国家的基本国情决定了各国的法治模式不同，也决定了各国的法治建设道路不同。因而，努力探索并找到一条既不同于欧美资本主义国家法治道路又不同于其他社会主义国家、既遵循法治建设普遍原理又具有鲜明中国特色的社会主义法治道路，自然就成为了中国法治建设的重要选择和任务。

第四，中国法治之真制度。法治制度既是法治建设的制度基础，也是法治建设的制度保障，集中体现了一国法治建设的特点与优势。中国的法治建设之所以要以中国特色社会主义法治制度为依托，是因为照抄照搬他国的法治制度行不通，会水土不服，会出现"橘生淮南则为橘，生于淮北则为枳"的尴尬局面。各国国情不同，每个国家的法治制度都是独特的，都是由这个国家的内生性因素决定的。只有扎根本国土壤、汲取充沛养分的法治制度，才最可靠、也最管用。因而，在中国的法治建设实践中，构建中国特色社会主义法治制度，既要坚持从国情出发、从实际出发，也要注重借鉴国外法治建设有益成果；既要把握中国长期形成的历史传承，也要把握当前中国特色社会主义事业建设的现实需求，以实现历史和现实、理论和实践、形式和内容有机统一。

　　此外，这里还须说明的是，本套丛书的作者大多为中青年学者，囿于理论基础与实践能力所限，难以对中国特色社会主义法治建设中的重大理论与实践问题展开深入系统研究，故此，我们只能选取中国特色社会主义法治建设中的若干具体理论与实践问题展开研究，以求"积跬步、至千里""积小流、成江海"。同时，鉴于能力和水平有限，本套丛书中定然存在不足，乃至错误之处，恳请学界同仁批评指正！

"法学求是前沿书系"编委会<br>
2019 年 10 月

# 前言
PREFACE

党的十八届四中全会明确指出:"法律是治国之重器,良法是善治之前提。建设中国特色社会主义法治体系,必须坚持立法先行,发挥立法的引领和推动作用,抓住提高立法质量这个关键。"《中华人民共和国立法法》(以下简称《立法法》)的修订实施,为规范立法活动,健全国家立法制度,提高立法质量,提供了法律依据和保障。京津冀协同发展这一重大国家战略的适时确立和付诸实施,为北京市、天津市、河北省的人大立法机关和政府法制部门在事关三地协作的有关领域探索协同立法,提供了现实基础和实践契机。河北省人大常委会先后两次通过决定,赋予所有设区的市的人民代表大会及其常委会以地方立法权,使得地方立法,特别是在城乡建设与管理、环境保护、历史文化保护等方面开始逐步形成省市两级立法的新格局。

法律的生命力在于实施,法律的权威也在于实施。加快建设职能科学、权责法定、执法严明、公开公正、廉洁高效、守法诚信的法治政府,创新执法体制,完善执法程序,推进综合执法,严格执法责任,建立权责统一权威高效的依法行政体制,对于确保法律的实施、维护法律的权威至关重要。中共中央、国务院印发《法治政府建设实施纲要(2015—2020年)》,为深入推进依法行政,加快建设法治政府,如期实现基本建成法治政府的奋斗目标,提出了总体要求,明确了主要任务和具体举措,提供了组织保障和落实机制。

创新法治人才培养机制,探索构建法治人才的高等学校与法律实务部门联合培养模式，不仅是新时期培养卓越法治人才的高等教育发展的内在要求，还是全面依法治国战略布局对加强法治工作队伍建设提出的客观需要。长期以来，河北大学作为改革开放后全国首批创建、河北省最早创办法学学科的高等学校，始终秉持法学的实践性理念，不断深化与法律实务部门之间的合作，为社会培养了一大批优秀法治人才，为推进法治河北乃至法治中国建设作出了积极贡献。近年来，学校在优化提升与人民法院、人民检察院等省市县（区）三级政法机关之间的实践育人机制和联合培养模式的同时，大力推进与省市人大常委会及相应政府法制机构等在科学研究和社会服务领域的协作创新，有效推进了双方的优势互补和互利双赢。本成果正是近年来河北大学政法学院、河北大学国家治理法治化研究中心与河北省人大常委会法制工作委员会、原河北省人民政府法制办公室加强深度合作，着力推进地方立法和法治政府建设的典型成果呈现。

本书由"协同立法与地方立法""立法评估""法治政府建设"三编构成。第一编"协同立法与地方立法"，重点选取了《京津冀协同发展的立法保障》《河北雄安新区的立法构想》《河北省重大行政决策程序立法研究和河北省清洁生产立法问题研究》等4篇研究成果。其中，《京津冀协同发展的立法保障》是以河北省人大常委会法制工作委员会的委托项目成果《京津冀协同立法研究报告》为基础扩展完成的。文章以京津冀协同发展这一重大国家战略的规划实施为背景，基于区域协同立法在京津冀协同发展中的重大意义，在辨析错位发展与整体利益、中央立法权与地方立法权、市场主导与政府引导、人大立法与政府立法等影响或制约因素的基础上，明确提出了中央专门立法、地方协作立法和地方单行立法等三种协同立法模式，以及包括协调机构、信息共享、工作机制和备案制度等在内的配套保障措施。《河北雄安新区的立法构想》是原河北省人民政府法制办公室的委托项目成果。决定设立河北雄安新区，是以习近平同志为核心的党中央深入推进京津冀协同发展作出的一项重大决策部署，对于集中疏解北京非首都功能，探索人口经济密集地区优化开发新模式，调整优化京津冀城市布局和空间结构，培育创新驱动发展新引擎，具有重大现实意义和深远历史意义。为此，文章在全面梳理和比较分析国家级新区、经济特区和自贸区等立法现状和内容特点基础上，着力围绕立法主体、立法权限和具体立法规划等方面提出了通过立法引领和促进河北雄安新区建设的对策建议，以供决策参考。《河北省重大行政决策程序立法研究》是原河北省人民政府法制办公室的委托项目成果。该成果以贯彻实施党的十八届四中全会的决定精神为指导，以健全重大行政决策程序，规范重大行政决策行为，提高重大行政决策质量为宗旨，结合河北实际，研究提出了包括"总则""决策动议""公众参与、专家论证""风险评估、合法性审查""集体讨论决定""决策执行""法律责任"和"附则"等8章内容构成的《河北省重大行政决策程序规定（草案）》建议稿。《河北省清洁生产立法问题研究》则系河北省社会科学基金项目研究成果。文章以实现生态环境保护在京津冀协同发展中的率先突破为宗旨，提出当前河北省高质量发展应以生态环境问题的解决为重要抓手，将生态根基的夯实摆在压倒性位置。为此，须加快推进清洁生产地方立法，即以制定《河北省清洁生产促进条例》为核心任务，在清洁生产协调管理、清洁生产审核等方面进行重点设计，并辅之以清洁生产教育、培训等配套制度建设，进一步巩固河北省高质量发展的生态根基，为京津冀的协同发展和雄安新区的绿色发展营造良好的生态环境。

第二编"立法评估"，基于立法质量和实施效果的考察，在研究"河北省政府立法评估指标体系"基础上，选取《河北省邮政条例》和《河北省无障碍环境建设管理办法》进行立法后评估。其中，《河北省政府立法评估指标体系研究》是原河北省人民政府法制办公室的委托项目成果。文章在明晰构建政府立法评估指标体系目的和意义的前提下，系统分析政府立法评估的主体、对象与范围、内容、方法和程序等制度依据，遵循科学性、实用性和多元化原则，分立法前、立法中和立法后三个阶段，具体构建了河北省政府立法评估指标体系，以期为日后开展的立法评估提供理论指引。《〈河北省邮政条例〉立法后评估报告》和《〈河北省无障碍环境建设管理办法〉立法后评估报告》分别是河北省人大常委会法制工作委员会和原河北省人民政府法制办公室的委托项目成果。这两项成果均是河北省首次开展的由第三方机构独立完成的有关人大立法和政府立法的立法后评估报告。无论是评估指标体系的设计，评估数据的采集、统计和分析，还是评估结果的审定和运用，都是初步的、尝试性的，还需要在后续的理论研究和评估实践中不断完善与优化，进而为有效地全方位开展地方立法评估，客观评价河北省的地方立法质量和实施效果提供科学依据。

第三编"法治政府建设"，则重点选取了《党政主要负责人履行法治建设第一责任人制度实施研究》《加强和完善河北省行政调解制度研究》《河北省行政裁决工作调研报告》等3篇研究成果。这3篇成果均系原河北省人民政府法制办公室的委托项目成果。其中，《党政主要负责人履行法治建设第一责任人制度实施研究》，是为了贯彻落实党中央关于全面依法治国的部署要求，推动党政主要负责人切实履行推进法治建设第一责任人职责,以有关党内法规和国家法律法规为依据,就问责依据、主体要素、问责情形及责任形式等法治建设第一责任人制度的实施要素做出了系统分析,并就完善该项制度和提高党政主要负责人履行法治建设职责的能力等提出了具体建议。《加强和完善河北省行政调解制度研究》,基于对全国和河北省行政调解工作的立法现状和实践考察,借鉴美国、日本、法国和中国香港等国家和地区的经验,提出了健全行政调解立法、加强对行政调解的程序性规制、赋予行政调解协议附条件的强制执行力等完善河北省行政调解制度的对策建议,并提供了《河北省行政调解规定(试行)》的专家建议稿。《河北省行政裁决工作调研报告》,则从行政裁决的概念厘定和性质辨析入手,在全面梳理我国关于行政裁决的授权性立法和地方实施性立法现状的基础上,通过对河北省行政裁决工作的考察走访、调查问卷和数据分析,提出了完善行政裁决相关立法、确保行政裁决机构与人员的独立和中立、实行行政裁决人员执业准入制、增强行政裁决的程序性规制、构建民事附带行政诉讼的行政裁决救济制度等完善行政裁决制度的对策建议。

  这里还需说明的是,本书的全部研究成果都是在委托单位和有关负责同志的正确指导和热情帮助下,在受访单位和有关人员的积极参与下,在项目组全体成员的共同努力下,主要由执笔人完成的。书稿的具体分工情况如下:孟庆瑜,第一章、第四章;伊士国,第二章、第五章、第八章;尚海龙,第三章;陆洲,第六章;王琳,第七章、第九章、第十章。在本书付梓出版之际,谨向原河北省人民政府法制办公室、河北省人大常委会法制工作委员会及其有关负责同志表示崇高的敬意!向为完成各项研究任务付出辛勤汗水的各位同仁表示诚挚的感谢!向负责本书出版的有关领导和责任编辑表示由衷的谢忱!

# 目录 contents

## 第一编　协同立法与地方立法

**第一章　京津冀协同发展的立法保障 / 003**

一、区域协同立法在京津冀协同发展中的重大意义 / 003

（一）京津冀协同立法是优化区域法治环境的首要环节 / 004

（二）京津冀协同立法是推动京津冀协同发展的根本保障 / 005

（三）京津冀协同立法是推进我国区域法治发展的重大创新 / 006

二、影响或制约京津冀协同立法的关键性因素 / 007

（一）京津冀协同立法的内在动因——错位发展与整体利益 / 008

（二）京津冀协同立法的法律权限——中央立法权与地方立法权 / 008

（三）京津冀协同立法的角色定位——市场主导与政府引导 / 009

（四）京津冀协同立法的实现方式——人大立法与政府立法 / 010

三、京津冀协同立法的模式选择 / 011

（一）中央专门立法 / 011

（二）地方协作立法 / 013

（三）地方单行立法 / 015

四、京津冀协同立法的保障机制 / 016

（一）设立京津冀区域立法协调机构 / 016

（二）搭建京津冀区域立法信息交流共享平台 / 017

（三）构建京津冀协同立法工作机制 / 018

（四）创新京津冀协同立法备案制度 / 019

结　语 / 020

## 第二章　河北雄安新区的立法构想 / 021

一、雄安新区功能定位及其立法必要性 / 021

（一）雄安新区的功能定位 / 021

（二）雄安新区立法的必要性 / 024

二、国家级新区、经济特区和自贸区的立法现状 / 025

（一）国家级新区立法状况分析 / 025

（二）经济特区立法状况分析 / 030

（三）中国自由贸易区立法状况分析 / 048

三、河北雄安新区的立法建议 / 053

（一）雄安新区立法主体 / 053

（二）雄安新区立法权限 / 054

（三）雄安新区具体立法计划 / 054

## 第三章　河北省重大行政决策程序立法研究 / 061

一、《河北省重大行政决策程序规定（草案）》的起草说明 / 061

（一）制定《程序规定》的必要性 / 062

（二）起草过程和主要依据 / 062

（三）主要内容和需要说明的问题 / 063

二、《河北省重大行政决策程序规定（草案）》建议稿 / 066

三、《河北省重大行政决策程序规定（草案）》参考资料说明 / 073

（一）截止时间 / 073

（二）资料来源 / 073

（三）资料分类 / 073

（四）资料目录 / 073

## 第四章　河北省清洁生产立法问题研究 / 079

一、清洁生产的内涵及其立法考察 / 079

（一）清洁生产的基本内涵 / 080

（二）国内外清洁生产立法实践 / 081

二、河北省清洁生产立法的实践基础与重要意义 / 082

（一）河北省清洁生产促进工作中存在的问题 / 083

（二）河北省清洁生产立法的紧迫性与重要意义 / 084

三、河北省清洁生产立法制度设计 / 086

（一）河北省清洁生产立法的基本原则 / 086

（二）创新河北省清洁生产立法机制 / 087

（三）河北省清洁生产立法重点内容设计 / 089

（四）河北省清洁生产立法配套制度设计 / 092

结　语 / 093

## 第二编　立法评估

**第五章　河北省政府立法评估指标体系研究 / 097**

一、河北省建立政府立法评估指标体系的规范梳理 / 097

二、河北省建立政府立法评估指标体系的目的及意义 / 097

三、河北省建立政府立法评估指标体系的制度依托 / 098

（一）政府立法评估的主体 / 098

（二）政府立法评估的对象与范围 / 099

（三）政府立法评估的内容 / 100

（四）政府立法评估的方法和程序 / 100

四、河北省政府立法评估指标体系的构建 / 101

（一）河北省政府立法评估指标体系构建的原则 / 101

（二）河北省政府立法评估指标体系的具体内容 / 102

**第六章　《河北省邮政条例》立法后评估报告 / 111**

一、对《河北省邮政条例》的总体评价和基本指标评价 / 111

（一）总体评价 / 111

（二）基本指标评价 / 112

二、对《河北省邮政条例》重点制度的评估情况 / 120

（一）邮政基础设施规划建设制度 / 120

（二）邮政车辆通行便利制度 / 122

（三）快递准入审批程序制度 / 124

（四）有关法律责任的规定 / 126

三、对《河北省邮政条例》的有关建议 / 128

（一）进一步完善各项重点制度设计 / 128

（二）修改条例中与新形势、新情况不相符的内容，补充相关规定 / 130

## 第七章 《河北省无障碍环境建设管理办法》立法后评估报告 / 133

一、《办法》产生的背景和实施概况 / 133

二、《办法》实施绩效的评估 / 134

（一）《办法》实施以来河北省无障碍环境建设绩效概况 / 134

（二）基于评估问卷的绩效调研 / 135

（三）《办法》实施过程中存在的主要问题 / 140

三、《办法》立法文本评估 / 142

四、《河北省无障碍环境建设管理办法》立法后评估的完善建议 / 147

（一）《办法》的立法建议 / 147

（二）《办法》的实施建议 / 148

附件1 《河北省无障碍环境建设管理办法》立法后评估调查问卷逐市县（区）统计数据表 / 153

附件2 《河北省无障碍设施建设管理办法》立法后评估调研问卷 / 162

## 第三编 法治政府建设

## 第八章 党政主要负责人履行法治建设第一责任人制度实施研究 / 167

一、法治建设第一责任人制度定性及其现实意义 / 167

（一）法治建设第一责任人制度定性 / 167

（二）法治建设第一责任人制度的现实意义 / 168

二、关于法治建设第一责任人制度实施的要素分析 / 169

（一）问责依据 / 169

（二）主体要素：问责主体、责任主体 / 171

（三）问责情形及责任形式 / 172

三、保障法治建设第一责任人制度有效实施的建议 / 173

（一）完善法治建设第一责任人制度 / 173

（二）提高党政主要负责人履行法治建设职责的能力 / 177

结　语 / 180

## 第九章　加强和完善河北省行政调解制度研究 / 181

一、研究的背景、目的及意义 / 181

（一）研究背景 / 181

（二）研究目的 / 183

（三）研究意义 / 184

二、核心概念界定与理论基础 / 185

（一）核心概念界定 / 185

（二）理论基础 / 186

三、全国及河北省行政调解工作现状 / 188

（一）行政调解的立法现状 / 188

（二）行政调解的实践考察 / 190

四、行政调解的域外经验 / 192

（一）美国经验 / 192

（二）日本经验 / 193

（三）法国经验 / 194

（四）中国香港地区经验 / 195

五、河北省行政调解制度的完善思路与对策 / 195

（一）健全行政调解立法 / 196

（二）加强对行政调解的程序性规制 / 198

（三）赋予行政调解协议附条件的强制执行力 / 199

附件1：《河北省行政调解规定（试行）》立法说明 / 201

附件2：《河北省行政调解规定（试行）》（专家建议稿）/ 203

## 第十章　河北省行政裁决工作调研报告 / 210

一、行政裁决的概念厘清与性质辨析 / 210

（一）行政裁决概念厘清 / 210

（二）行政裁决性质辨析 / 212

二、我国行政裁决立法现状梳理 / 213

（一）行政裁决"授权性立法"之统计 / 213

（二）我国各地方行政裁决"实施性立法"之统计 / 222

三、我国行政裁决工作的实际运行状况及问题挖掘——以河北省为例 / 225

（一）河北省行政裁决工作调查问卷设计说明 / 226

（二）河北省行政裁决工作运行状况 / 227

（三）河北省行政裁决工作存在的问题 / 230

四、行政裁决制度的完善路径 / 233

（一）完善行政裁决相关立法 / 233

（二）确保行政裁决机构与人员的独立性、中立性 / 235

（三）行政裁决人员实行执业准入制，加强职业培训与考核，完善奖惩制度 / 236

（四）增强行政裁决的程序性规制 / 236

（五）构建民事附带行政诉讼的行政裁决救济制度 / 239

（六）建立、健全行政裁决工作机制 / 241

附件：河北省行政裁决工作调研问卷 / 242

PART ONE

第一编

# 协同立法与地方立法

# 第一章
# 京津冀协同发展的立法保障[*]

京津冀协同发展是一个涉及整合市场要素、消除行政壁垒、统筹社会事务等多个重要领域，关乎经济发展、行政改革、社会治理等多个重大命题的系统工程。稳步推进京津冀协同发展战略，如期实现京津冀协同发展的规划目标，必须坚决贯彻全面依法治国的战略部署，以法治方式优化制度设计，通过法治化的协作机制和利益协调机制，来突破行政边界刚性约束的分割，冲破地方政府利益固化的藩篱，消解三地协同发展的阻力，稳步推进京津冀协同向纵深化发展。简言之，法治不仅是关涉京津冀协同发展战略有效实施的内生变量，而且是保障京津冀协同发展战略持续推进的根本保障。"良法是善治之前提"，科学、有效的区域协同立法是营建京津冀区域和谐有序法治环境的首要突破点。但是，如何汇聚京津冀协同立法的广泛共识，采取何种协同立法的模式和路径，需要什么样的制度机制作保障，才能将区域协同立法从理论主张转化为制度实践，依然是横亘在理论界和实务部门面前的一项亟须深入研究解决的重大课题。

## 一、区域协同立法在京津冀协同发展中的重大意义

全面依法治国是党中央在新的历史时期为了坚持和发展中国特色社会主义，实现国家治理体系和治理能力现代化而作出的重大战略部署。《中共中央关于全面推进依法治国若干重大问题的决定》明确指出，"建设中国特色社会主义法治体系，必须坚持立法先行，发挥立法的引领和推动作用"，同时强调，"实现立法和改革决策相衔接，做到重大改革于法有据、立法主动适应改革和经济社会发展需要"。作为党中央、国务院在新的历史条件下做出的重大

---

[*] 本文系国家社会科学基金重点项目《京津冀区域生态环境协同治理政策法律问题研究》（15AFX022）的研究成果，执笔人：孟庆瑜。原文刊发在《学习与探索》2017年第10期，第54-64页。

决策部署,[1] 推进京津冀协同发展,在充分发挥党和国家的政策指引和推动作用的同时,必须自觉置身全面依法治国的伟大历史进程,坚持法治先行,通过法治建设凝聚发展共识、化解发展矛盾、保障发展秩序。[2] 放眼京津冀协同发展战略目标的最终实现,服务京津冀协同发展中的重大利益关系协调和体制机制创新,切实推动京津冀协同立法取得实质性成果,充分发挥区域法治发展的引领和保障功能,相较于政策驱动更显根本和长远。

(一) 京津冀协同立法是优化区域法治环境的首要环节

现代经济与社会发展的实践表明,区域一体化发展既需要自然资源环境、区位环境、基础设施环境等硬环境,更需要法治环境、人文环境这种软环境。[3] 随着区域经济社会发展程度的不断提高,以法治环境为关键要素的软环境的重要性将更加凸显。良好的法治环境以健全完善、公正平等、运行有效的法律法规体系为前提,是与社会文明进步和经济发展相一致的,它带来的是公民、组织财产的安全感及履行义务的自觉性,进行经济活动及追求利润最大化的自由和平等竞争的社会空间。[4]

优化京津冀区域的法治环境,服务京津冀协同发展,必然要求京津冀三地协同搭建区域法治平台,消除省际的立法冲突,推动区域法治发展。然而,审视京津冀协同发展所面临的法律制度供给现状,京津冀三地在基础设施建设、产业结构调整、公共服务提供、教育和科研发展、资源开发与环境保护等领域,均存在政策、法规差异甚或相互冲突的严重问题。以京津冀环境保护立法为例:在大气污染防治方面,燃煤污染是造成京津冀大气污染的元凶,但各地对散烧煤炭的规定以及对本地禁止销售和使用的煤炭标准的规定均存在差异。[5] 三地的大气污染防治条例均规定燃煤制品要符合国家和本省(市)标准,但根据三地最新的地方标准,北京市明确规定了"禁止销售不符合标准的散煤及制品",居民住宅生活用煤应当为"符合标准的低硫优质煤",并且民用煤没有散煤这一项;但天津、河北则没有规定禁止居民使用散煤,

---

[1] 《京津冀协同发展领导小组办公室负责人就京津冀协同发展有关问题答记者问》,载 http://news.xinhuanet.com/politics/2015-08/23/c_1116342156.htm,最后访问日期:2017 年 2 月 19 日。

[2] 参见孟庆瑜、刘显:《筑牢京津冀协同发展的法治基石》,载《人民日报》2015 年 8 月 6 日,第 7 版(理论版)。

[3] 参见夏锦文:《区域法治发展的基础理论研究架构》,载公丕祥主编:《变革时代的区域法治发展》,法律出版社 2014 年版,第 44 页。

[4] 王云龙、王鸿举:《西部大开发重庆法治环境研究》,重庆出版社 2001 年版,第 54 页。

[5] 详见《北京市大气污染防治条例》第 54 条、《天津市大气污染防治条例》第 38 条和《河北省大气污染防治条例》第 24 条。

而是分别对民用散煤的质量指标作出规范。❶ 在水污染防治方面，三地对排污单位向水体超标排污的缴费标准以及惩罚力度存在较大差异。这些环境立法中的差异或冲突直观反映出区域环境法律制度的不协调，无法为跨区域环境问题的三地联合行政执法提供统一的法律依据，不利于京津冀区域生态环境的协同治理。

营造良好的区域法治环境是实现区域协调发展的关键，而区域立法构成区域法治的基础，是改善区域法治环境的首要环节。根据我国现行《立法法》规定和河北省人大常委会的决定，京津冀区域内依法享有地方立法权的主体已达 14 个❷。如果协同发展仍单纯依靠地方立法供给模式，而区域立法协作机制缺位的话，不仅区域间法律制度的和谐一致难以保障，而且对跨区域事项的法律调整更无从谈起。因此优化京津冀区域的法治环境，迫切需要三地加强区域立法工作的协调与合作，探索建立协同立法机制，清理区域间的政策法律冲突，避免重复立法、冲突立法，降低立法成本，理顺区域法律体系，逐步形成相对统一和谐的区域法治环境，为京津冀协同发展过程中各项事务的依法开展提供法律依据。

(二) 京津冀协同立法是推动京津冀协同发展的根本保障

追溯既往，我们不难发现，以京津冀协同发展为要旨的区域一体化发展的动议起始于 20 世纪 80 年代，至 2014 年京津冀协同发展被正式确立为国家重大战略，其间历经风雨 30 余载。但这一战略选择并非是市场选择和公众认知的自然结果，而是基于"有序疏解北京非首都功能，解决北京大城市病"的初衷而采取的国家政策干预。为此，中央适时研究制定《京津冀协同发展规划纲要》(以下简称《规划纲要》)，为实施京津冀协同发展战略做出了顶层设计，提供了基本遵循。同时，京津冀三地党委政府及时跟进，先后出台贯彻《规划纲要》的实施意见或实施方案，进一步夯实了推动京津冀协同发展的地方政策基础，从而为推动京津冀协同发展营造了"上下同欲"的政策

---

❶ 详见京津冀三地的地方标准，即北京市《低硫煤及制品》DB11/097-2014，天津市《工业和民用煤质量》DB12/106-2013 和河北省《工业和民用燃料煤》DB13/2081-2014。

❷ 在我国《立法法》修改之前，京津冀区域的地方立法主体有北京市、天津市、河北省、石家庄市、唐山市和邯郸市等 6 个。根据修改后的《立法法》规定，河北省人大常委会于 2015 年 5 月制定了《河北省人大常委会依法赋予设区的市立法权实施办法》，明确了设区的市行使地方立法权应当具备的条件和申报、赋权程序，同时确定了全省拟分批进行的具体步骤和时间。2015 年 7 月 24 日，河北省人大常委会通过决定，确定保定、邢台、廊坊、秦皇岛 4 个市为第一批开始制定地方性法规的设区市；2016 年 3 月 29 日，河北省人大常委会再次做出决定，张家口、承德、沧州、衡水 4 个市被赋予立法权。至此，河北省实现了 11 个设区的市立法权的全覆盖。

合力。但是我们必须深刻认识到，无论是京津冀区域的整体定位和三省市功能定位，还是京津冀三地协同的各项工作任务落实，无一不是对京津冀三地原有利益格局的重大调整、传统经济社会管理体制的重大创新和京津冀区域治理模式的重大制度变迁。制度变迁是一个包括制度的替代、转换与交易的演进过程，是一个需要付出时间、努力及费用的过程。[1] 这个过程既仰赖广大市场主体在响应由京津冀三地的制度不均衡供给引致的获利机会时所进行的自发性变迁，又依靠由政府命令和法律引入而发生的强制性变迁。

京津冀协同发展上升为重大国家战略以来，《规划纲要》从战略意义、总体要求、定位布局、统筹协同发展相关任务、深化体制机制改革等方面描绘了京津冀协同发展的蓝图，是推动京津冀协同发展国家战略的重要手段，辅之以京津冀三地的协同政策与政府行为，已然在京津冀协同发展中发挥着重要作用。但是，"法律是利益关系的调节器，是协调府际利益关系的最佳途径"。[2] 欲实现京津冀协同发展的连续性、稳定性、系统性和协调性并取得最终的预期成效，则必须通过协同立法将这一重大国家战略固定下来，构建起合理的组织安排，健全合作的制度与机制，创新协同方式，形成系统的区域协同发展体制和长效保障机制，从而对协同发展中的政府合作行为的实施与规范起到基础性和根本性的作用，为实现京津冀协同发展的最终目标提供有力的法治保障。

### （三）京津冀协同立法是推进我国区域法治发展的重大创新

在当代中国，区域法治乃是实施依法治国基本方略、推进法治中国建设的有机组成部分，是在国家法治发展进程的基本要求的基础上，根据区域发展的法律需求，运用法治思维和法治方式推进区域社会治理现代化的法治实践活动。[3] 在我国经济社会发展的历史进程中，京津冀协同发展因其所处的特殊区位和发展时期等，相较于"长三角""珠三角"等国内的区域发展，被赋予了崭新的时代气息和战略意义：京津冀协同发展是全面改革、全方位开放的重要"试验田"，是形成我国经济"第三极"、保持经济中高速增长和实现转型升级的主要"发动机"，是推动新型城镇化健康发展的关键"领路

---

[1] 参见卢现祥：《西方新制度经济学》，中国发展出版社 1996 年版，第 75、116 页。

[2] 石佑启：《论我国区域府际合作的法律治理模式与机制构建》，载周佑勇主编：《区域政府间合作的法治原理与机制》，法律出版社 2016 年版，第 34 页。

[3] 公丕祥：《法治中国进程中的区域法治发展》，载《法学》2015 年第 1 期。

人",是实现区域经济、社会、生态和谐发展的典型"示范者"。❶相较于欧洲的国家间合作、美国的州际协定等国外的区域治理所呈现出的法律规范体系严密性、决策程序科学性、区域协调制度支撑完备性等经验特点,京津冀协同发展也呈现出鲜明的特质性或差异性❷。由此决定了京津冀区域的协同立法在推进我国区域法治发展中所具有的实践创新价值,以及在丰富世界区域公共治理的研究中所具有的典型示范意义。

具体而言,推动京津冀协同发展,是在京津冀三地面临区域发展差距悬殊、城镇体系结构失衡、生态环境形势严峻,特别是北京集聚过多的非首都功能、"大城市病"突出等诸多困难和问题的复杂背景下开启的一项集多重目标于一体的重大决策部署,因此,京津冀协同发展可能遭遇的行政区划分割、固有利益阻滞、多方关系协调等障碍或困难定然是深重的。对此,唯有通过京津冀协同立法引领和推动改革,主动适应区域经济社会发展的实际需要,明确相互间的权利义务关系,确立合理的区域分工与利益补偿机制,把科学促进区域发展的理念和模式固化下来,从而促进京津冀协同发展向深层次发展,确保京津冀协同发展规划的有效落实。京津冀协同发展战略实施三年来的协同立法实践已经证明,通过京津冀三地立法机关的主动作为、精诚协作和开拓创新,京津冀协同立法工作已然破题并取得初步成效,❸三地协同立法工作的每一步进展都将是对我国区域协同立法模式与内容的丰富与发展,也必将是对区域法治实践和理论探索的重大创新。

**二、影响或制约京津冀协同立法的关键性因素**

区域法治发展是区域经济社会一体化发展的内在需求和必然产物,区域立法则构成区域法治的前提和基础。长三角、珠三角等区域经济社会的一体化发展,助推了区域法治发展和区域协同立法的理论研究与实践探索。伴随着京津冀协同发展国家战略的正式确立和《规划纲要》的发布实施,京津冀协同立法不仅引领了新时期区域法治发展理论研究的新方向,而且拓展了新阶段区域法治建设实践的新空间。全面梳理和客观评价围绕京津冀区域立法展开的学术争鸣和实践探索,我们必须正确辨析影响和制约京津冀协同立法

---

❶ 张占斌:《京津冀协同发展战略富有时代气息》,载 http://news.xinhuanet.com/politics/2017-02/20/c_1120494569.htm,最后访问日期:2017年2月20日。

❷ 参见全永波:《区域公共治理的法律规制:一个比较的视野》,载周佑勇主编:《区域政府间合作的法治原理与机制》,法律出版社2016年版,第148页。

❸ 参见周英、张培林:《积极推进京津冀协同立法》,载《河北日报》2016年10月21日,第7版。

的理论争点和实践焦点，科学厘定京津冀协同立法的关键性因素。

(一) 京津冀协同立法的内在动因——错位发展与整体利益

"京津冀协同发展的核心是利益问题，而对利益进行平衡以及取舍，是一个法制问题。"❶ 利益是立法的原生动力，任何立法的动议，包括某种立法方式的产生，都是利益诉求的产物。区域协同立法从本质上讲，是协同各方的共同利益诉求的结果。❷ 这构成区域协同立法的逻辑起点。作为区域协同立法的直接利益相关方，京津冀三地在政治、经济、文化、社会和生态领域的差异化发展，不仅构筑了京津冀协同发展战略的现实基础，而且决定了三地未来协同发展功能定位的利益格局。但是，在长期的行政区划分割与阻滞的传统治理体制下，京津冀协同发展实际面临的却是产业同构与恶性竞争、市场分割与地方保护、政绩竞争与重复建设的现实图景。支撑京津冀三地错位发展的整体利益诉求，事实上被三地之间的地方利益博弈和无序竞争所淹没或替代。因此，欲求实现京津冀协同立法取得实质性进展，首先需要京津冀三地的政府、市场主体和社会公众就区域协同发展的整体利益诉求达成广泛共识，形成协同发展合力。其间，京津冀协同发展重大国家战略的适时确立，《规划纲要》的编制出台，为征询民意、凝聚共识、共谋发展奠定了战略基础和政策依据。但是，京津冀三地不能坐等这种共识的自然达成和协同合力的自然汇聚，而是要以京津冀协同发展国家战略的实施为契机，中央与京津冀三地共同推动京津冀协同立法的平稳起步，最终通过协同立法来巩固三方错位发展的基本利益关系，确认、规范与保障三地协同发展的整体利益格局。因为促成京津冀协同立法的过程本身，就是中央和京津冀三地各相关主体广泛参与、充分沟通、求同存异，进而就共同发展利益协商一致的过程。

(二) 京津冀协同立法的法律权限——中央立法权与地方立法权

"区域特色是区域法治的生命力。"❸ 从我国《宪法》和《立法法》的规定来看，并未给彰显"区域特色"的区域协同立法提供直接的法律依据，也未对其法律地位予以明确界定，但也并未阻滞中央和地方立法机关适应经济社会发展和全面深化改革的要求，积极主动作为，通过创新立法模式，科学

---

❶ 焦洪昌、席志文：《京津冀人大协同立法的路径》，载《法学》2016 年第 3 期。
❷ 王腊生：《地方立法协作重大问题探讨》，载《法治论丛（上海政法学院学报）》2008 年第 3 期。
❸ 夏锦文：《区域法治发展的基础理论研究框架》，载公丕祥主编：《变革时代的区域法治发展》，法律出版社 2014 年版，第 38 页。

合理地规定公民、法人和其他组织的权利与义务、国家机关的权力与责任，以发挥立法对于区域发展的引领和推动作用。鉴于"区域法治发展对于调整、保障、引导和服务区域内的五大建设、协调法治区域内的利益关系，促进区域内经济、社会可持续发展，提升法治区域内的核心竞争力，具有重大意义"，❶ 我们不能固守区域立法缺乏法律依据的盖然定论，也不应遵从中央与地方立法关系非此即彼的僵化逻辑。相反，我们应在维护国家宪法体制稳定和社会主义法治统一的前提下，在行使好中央立法机关的区域立法权或授权立法决定权的同时，着力发挥好地方立法权的自主性和创新性，为京津冀协同发展战略的持续推进提供法律依据和保障。正如有学者所言，"用好用足地方立法权乃地方所需，国家所望"。❷ 因为区域立法内生于中央与地方立法关系范畴，其存在的合理性首先指向如何调谐中央与地方立法关系，为区域合作与发展提供更为系统而有效的法制保障。❸ 换言之，京津冀协同立法应致力于构建中央与地方立法权之间的互动机制，在充分行使地方立法权的同时，注重发挥中央立法权对跨省域的、超越地方立法权限的立法事项的涵摄或补足功能。

（三）京津冀协同立法的角色定位——市场主导与政府引导

坚持市场主导和政府引导，既是推进京津冀协同发展应遵循的基本原则，又是对京津冀协同发展进程中市场与政府角色的科学定位。京津冀协同发展意味着资源要素在更大范围的流动与再配置，而来自市场主体的自发行动和理性选择是协同发展的动力源泉和可持续发展的关键所在。简言之，"市场对京津冀产业布局、协同效率、协同效果发挥着决定性作用"。❹ 同时，京津冀协同发展也离不开政府的积极作为。政府可以根据区域协同发展的实际，选择适用行政规划、行政协议和行政指导等方式，消除区域内的行政壁垒，实现区域内的市场统一，促进区域内产业结构的优化与升级。❺ 但是，"现代政府是以行使合法管辖权来执行其功能。所谓合法，意味着政府是根据宪法授

---

❶ 张文显：《变革时代区域法治发展的基本共识》，载公丕祥主编：《变革时代的区域法治发展》，法律出版社 2014 年版，第 3 页。

❷ 李步云主编：《立法法研究》，湖南人民出版社 1998 年版，第 101 页。

❸ 陈光：《区域立法协调机制的理论建构》，人民出版社 2014 年版，第 29 页。

❹ 周立群、王庆芳：《实施京津冀协同发展需处理好五个关系》，载《领导之友》（理论版）2017 年 1 月（上），总第 235 期。

❺ 参见叶必丰：《区域经济一体化的法律治理》，载《中国社会科学》2012 年第 8 期。

权来行使权威的"。❶ 换言之，市场的多元性和自发性，需要法制加以规范。因为法制作为抽象的规则，不能改变竞争的结果，但可以促进平等竞争的机会，从而改善市场的有序性。政府则应致力于更好发挥统筹协调、规划引导和政策保障作用，对市场绝不可以用具体的行政命令来干预或调控。市场和政府之间关系的科学定位，构成了在京津冀协同立法中，进行相关制度安排和权利义务配置时应当实时识别与坚守的原则底线。

### （四）京津冀协同立法的实现方式——人大立法与政府立法

根据我国现行的立法体制，京津冀协同立法有人大立法和政府立法两条路径可供选择。所谓人大立法，是指由全国人大及其常委会和地方有权的人大及其常委会，依照法律规定的职权和程序，就区域协同发展事务做出的立、改、废、释等活动；而政府立法，则是指由中央政府和有权的地方政府，依照法律规定的职责权限和程序要求，就区域协同发展事项开展的立法活动。从我国已有的区域立法实践来看，无论是长三角区域的法制协调，还是珠三角的区域发展规划立法，对于推动区域内经济社会发展的一体化进程所发挥的作用是积极而重要的。但从严格意义上讲，这种实践探索尚属区域立法合作的初始形式，仍然停留在行政协作和省域内区域立法的层面。京津冀协同立法，旨在就事关省际共同发展的重大事项，由区域内的有权立法主体采取共同的立法行动，构建协同一致的法律规则体系。在这方面，2006 年辽宁、黑龙江、吉林三省签署并付诸实施的《东北三省政府立法协作框架协议》，开创了全国范围内省际政府立法协作的先河，对解决区域内的立法横向冲突发挥了积极作用，也为京津冀三地开展政府协同立法提供了重要借鉴。自 2014 年以来，京津冀三地的省级政府法制部门已经在政府协同立法方面开展了有益的交流与互鉴。而京津冀三地的人大常委会于 2015 年联合发布的《关于加强京津冀人大协同立法的若干意见》，更是为实质性开展三地之间的人大协同立法做出了初步的制度安排。2017 年 2 月京津冀协同立法工作会议上原则通过的《京津冀人大立法项目协同办法》和年度立法协同项目的选定，标志着京津冀人大立法项目协同机制正式确立。❷ 在京津冀协同立法中，既要发挥人大立法的主导作用，又要注重与政府立法的协调对接，形成人大与政府在协

---

❶ [德] 马克斯·韦伯：《论经济与社会中的法律》，张乃根译，中国大百科全书出版社 1998 年版，第 42 页。

❷ 赵鸿宇：《京津冀人大立法项目协同机制正式确立》，载 http://news.xinhuanet.com/local/2017-02/14/c_1120465386.htm，最后访问日期：2017 年 2 月 15 日。

同立法中良性互动的新格局。

**三、京津冀协同立法的模式选择**

立法模式是对立法行为和立法活动的模式化设置。在立法活动中,立法模式的构造并非是单一的,立法模式的不同体现着立法者对立法价值与立法行为的不同选择,科学合理的立法模式选择无疑会对法律制度的创建和法治系统的运行起到至关重要的作用。[1] 目前,我国法律规范的供给模式主要有两种,一种是中央供给型,即由中央进行立法以满足全国的需要;另一种是地方供给型,即由各省级行政区划和设区市的地方进行立法以满足地方法制的需要。[2] 然而在区域一体化发展的新要求下,这两种供给模式的简单组合难以满足区域法治协同发展的需要。因此,京津冀协同立法应在坚持法治统一的前提下,积极寻求区域协同立法模式的新突破。鉴于京津冀协同发展功能定位的区域整体和三地各自特色,[3] 京津冀协同立法可探索确立中央专门立法、地方协作立法和地方单行立法相结合的"三位一体"立法模式。其中,中央专门立法是由中央立法机关就事关京津冀协同发展的全局性、战略性、原则性、结构性问题做出规定;地方协作立法是由京津冀三地的地方立法机关针对三地之间带有区域性、共同性、关联性的问题做出规定;而地方单行立法则是由京津冀地方立法机关针对自身在区域协同发展过程中所面临的特殊问题做出规定。在立法内容上,既要有面对京津冀协同发展全局的综合性立法,又要有针对某个具体领域、某一具体事项的单项立法。这种立法模式旨在通过合理配置立法资源,充分发挥"三地四方"[4] 的各自优势,以形成面与点相结合、一般原则与具体步骤相衔接、宏观调控与微观调节相配套、灵活性与可操作性相统一的,适应京津冀协同发展需要的法律制度体系。

(一)中央专门立法

中央专门立法是对京津冀协同发展的顶层制度设计,以确认京津冀协同

---

[1] 孟庆瑜、赵玮玮:《论西部开发中的区域法治建设》,载《甘肃政法学院学报》2001年第1期。
[2] 参见王春业:《我国区域法制构建中法律规范供给模式的创新》,载《南京社会科学》2013年1期。
[3] 根据《京津冀协同发展规划纲要》规定,京津冀整体定位是"以首都为核心的世界级城市群、区域整体协同发展改革引领区、全国创新驱动经济增长新引擎、生态修复环境改善示范区"。三省市定位分别为,北京市"全国政治中心、文化中心、国际交往中心、科技创新中心";天津市"全国先进制造研发基地、北方国际航运核心区、金融创新运营示范区、改革开放先行区";河北省"全国现代商贸物流重要基地、产业转型升级试验区、新型城镇化与城乡统筹示范区、京津冀生态环境支撑区"。
[4] 这里的"三地四方",是指北京市、天津市和河北省"三地",中央和京、津、冀"四方"。

发展的区域整体定位，贯彻三省市"一盘棋"的战略思想和具体要求。京津冀区域发展的特殊性决定了中央专门立法的必要性。京津冀地区有着深厚的历史渊源、密集的创新资源以及雄厚的产业基础，但作为一个区域经济整体却存在着严重的发展差距，这根源于我国条块分割的行政区划体制与京津两市的特殊地位。在京津冀三地以往的发展过程中，北京市作为首都，未发挥好对周边的辐射带动作用，反而对河北省产生了强大的虹吸效应，一定程度上导致河北省内大面积环京津贫困带的形成；北京和天津作为直辖市，其最高领导人是政治局委员，领导规格绝对高出河北省一格，❶ 拥有更为有力的话语权，表达利益诉求的渠道也更顺畅，获得的政策资源支持也更多；河北省则无论是政治地位、要素资源条件配置，还是生态环境治理等诸多方面都明显处于不利的弱势地位，在京津冀三方以往的互动过程中处于绝对从属地位。可以说京津冀区域的特殊性导致区域协同发展存在天生的弱质性，并且三地政治经济上的严重不对等性仍会成为制约其协同发展过程中进行平等协商、沟通合作的主要障碍。因此京津冀协同发展战略的有效实施，必须依靠中央立法机关通过专门立法的方式就重大利益调整和体制机制改革事项做出顶层设计，将协同发展的理念、原则、目标、任务和措施等通过宏观的综合的制度安排固定下来，进而为京津冀协同发展战略的实质推进提供立法依据和法律保障。为此，建议由全国人大常委会研究制定《京津冀协同发展促进法》，作为促进、规范与保障京津冀协同发展的基本法，将国家关于京津冀协同发展的战略决策和《规划纲要》的发展布局法制化，巩固和深化京津冀协同发展理念，统筹协调事关区域整体与京津冀三地各自发展的重大利益关系，为持续推进京津冀协同发展战略做出全局性、长远性制度安排，以消解地方协作立法中可能遭遇的各种利益阻隔和阻力，推动京津冀协同发展法律规则体系的逐步形成。

该法应主要包括总则、促进京津冀协同发展的制度保障与激励措施、违反京津冀协同发展的法律责任三大部分内容。其中，总则部分主要是对立法宗旨、京津冀协同发展原则、京津冀协同发展领导机构建制等问题做出规定。在立法宗旨上，应立足京津冀区域发展差异这一实际，强化京津冀协同发展战略的中远期目标指引，即"首都核心功能更加优化，京津冀区域一体化格局基本形成，区域经济结构更加合理，生态环境质量总体良好，公共服务水平趋于均衡，成为具有较强国际竞争力和影响力的重要区域，在引领和支撑

---

❶ 参见杨志荣：《北美大都市区改革对京津冀一体化的启示》，载《理论探索》2014年第4期。

全国经济社会发展中发挥更大作用"❶。在京津冀协同发展原则上，应贯彻《规划纲要》确立的五项原则要求，遵循法律原则的规律与特质，确立以下原则：一是坚持法治统一原则，推进京津冀区域协同立法；二是坚持平衡协调原则，明确京津冀三地协同的权利义务；三是坚持市场主导与政府引导相结合原则，释放京津冀协同发展的市场潜能；四是坚持可持续发展原则，促进京津冀协同发展行稳致远。在机构建制上，目前国务院成立由国务院副总理担任组长的京津冀协同发展领导小组和由国家发展改革委员会负责人任主任的京津冀协同发展领导小组办公室，为此，可进一步通过该法确立国家层面的京津冀协同发展协调机构，赋予其法律权威性的同时规范其职能权限，使其科学有效地统筹协调京津冀协同发展过程中利益调整、政策措施等问题。在促进京津冀协同发展的制度保障与激励措施部分，该法应着力从宏观上探索构建京津冀区域利益补偿、财政横向转移支付、税收激励、设立京津冀协同发展基金等方面的整体制度框架，同时，再分领域进行相关制度安排，如促进京津冀区域统一市场形成的规则、区域生态环境共建共享的相关制度、区域基本公共服务互认对接制度等。最后规定违反京津冀协同发展职责和义务时应承担的相应法律责任，以增强有关京津冀协同发展的各项制度的可操作性，保障协同发展的长期、稳定、有序推进。

### （二）地方协作立法

地方协作立法是对中央京津冀协同立法的贯彻与深化，是区域协同法律制度供给的主要途径。京津冀协作立法须以健全的地方立法协同机制为基础，通过地方立法权的协作行使来实现。就协作立法的对象而言，应以交通、环境保护和产业为重点领域，因为交通一体化、生态环境保护、产业转型升级是京津冀协同发展中需要率先实现突破的三大领域，当然构成京津冀协同立法需要重点关注和规范的领域。同时，教育、医疗、社保、文化、体育等也应纳入京津冀协同立法的范畴，因为依法推进京津冀教育合作、医疗卫生联动协作、社会保障衔接、文化体育交流合作等，对于深化相关方面改革，助推京津冀协同发展目标的最终实现，具有基础性意义。

相较而言，生态环境保护是京津冀协同立法的"富矿"所在和"创新"之地，因为这是京津冀协同发展战略实施中所面临的最突出问题和最大压力之所在，与交通一体化和产业转移相比，更易于达成协同立法共识，取得协

---

❶ 《京津冀协同发展领导小组办公室负责人就京津冀协同发展有关问题答记者问》，载 http://news.xinhuanet.com/politics/2015-08/23/c_1116342156.htm，最后访问日期：2017 年 2 月 19 日。

同立法成果。这并非仅仅是一种主观判断或理论推导，早在1984年12月11日由北京市、河北省和山西省人民政府共同发布的至今有效的《官厅水系水源保护管理办法》，就是在生态环境保护领域开展协同立法的成功实践，❶ 为京津冀区域开展相关协同立法提供了参考样本和实践依据。目前，在京津冀生态环境保护领域，三地面临的区域资源环境矛盾非常突出：风沙源、雾霾等空气污染问题突出，需要跨省域联防联控；水质与水环境问题突出，跨界水源地污染治理与水土保持机制需要协调；中心城市尤其京津地区自产水资源供需矛盾突出，跨界水源地保护与跨省流域上下游合作协调亟待加强。❷ 严峻的资源环境问题倒逼京津冀三地走生态环境协同保护之路，这离不开系统、协调的区域生态环境法律规范体系的制度保障。换言之，环境问题的区域性与环境要素的流动性要求京津冀三地应在环境保护领域积极开展地方立法协作：第一，就区域大气污染协同治理开展立法协作，确立区域重点大气污染物总量控制制度、大气污染物排污权交易制度，统一大气污染治理标准，建立区域大气污染治理联合执法机制，为规范区域大气污染联防联控提供法律支撑；第二，在区域水生态安全保护领域开展协作立法，共同确立最严格的水环境保护制度，实现区域水资源协同管理，统一水污染治理标准，建立区域水污染治理联合监测、治理机制；第三，确立重大区域性污染信息联合通报制度，以立法形式加强土地整治保护，防治土地内部及周围的环境污染与生态破坏；第四，开展关于区域生态补偿的协作立法，探索制定符合京津冀区域实际情况的生态补偿地方性法规，明确补偿办法，规范补偿标准、补偿程序，建立区际生态补偿长效机制。❸ 改变以往区域环境立法中多头立法、重复立法、冲突立法的现象，逐步建立起区域统一的环境规划、环境标准、环境影响评价、区域总量控制、区域监测与预警应急、区域生态补偿等法律制度和机制，从而为理顺区域资源环境保护法律法规体系打下基础。

在京津冀交通一体化发展过程中，京津冀经济圈虽然拥有相对完善的交通运输体系，但是区域交通一体化程度仍然较低，在区域交通统一规划、统一管理、统一组织、统一调配上存在地域、区划、部门界限的阻隔，区域交通运输服务一体化合作程度较低、城际交通发展存在自我导向思维致使"断

---

❶ 参见常敏：《京津冀协同发展的法律保障制度研究》，载《北京联合大学学报》（人文社会科学版）2015年第4期。
❷ 参见文魁、祝尔娟：《京津冀发展报告（2015）》，社会科学文献出版社2015年版，第80—83页。
❸ 参见孟庆瑜：《论京津冀环境治理的协同立法保障机制》，载《政法论丛》2016年第1期。

头路""瓶颈路"问题突出。❶ 究其原因，不仅有市场机制欠缺、区域发展观念欠缺的影响，也源于京津冀地区交通运输领域法律体系的不健全、不顺畅。为此，京津冀三地应结合国家《城市公共交通条例》《快递暂行条例》《收费公路管理条例》《道路运输条例》等的制定修订工作，以地方协作立法的方式及时跟进、制定本区域的地方性法规、规章，清理、废除妨碍京津冀区域交通一体化推进的政策、法规。在区域交通基础设施建设、区域公共交通发展、区域绿色交通发展、区域交通运输管理、区域道路交通安全管理以及多种交通运输方式协调对接、综合交通运输枢纽建设管理等方面积极开展协同立法，促进区域统一规则、统一标准的形成，理顺区域交通发展的法律体系，建立特许经营、PPP合作机制，支持和规范社会组织承接政府购买服务，以市场为导向，以资本为纽带，以法制为保障，建立三地在交通建设、运营、管理等方面的利益分担机制，❷ 从而形成衔接顺畅的区域交通运输法律法规体系，为区域交通建设责任分担、利益成果分享、区域交通物流信息联动共享平台建设、区域交通协调管理提供充分的法制保障。❸

京津冀区域地方协作立法的开展可借鉴东北三省在区域立法协作方面的实践经验，根据立法事项关联性与重要性程度的不同具体确立为紧密型、半紧密型和分散型三种立法协作模式：第一，对京津冀区域协同发展影响重大、关联度高、备受群众关心的热点、重点立法项目，要加强三地立法工作的联合攻关，共同起草示范性法律文本；第二，对区域共性的立法项目，交由一省（直辖市）牵头组织起草，其他两地予以配合；第三，对其他达成共识的立法事项由三地立法机关独立立法，立法成果由三地共享，并在三地交叉备案以便相互审查监督是否存在背离协同发展精神的规则条款。通过充分实现地方立法协作，有助于进一步整合京津冀三地立法优势，实现立法资源共享，从而降低立法成本，提高区域立法的效率和质量。

（三）地方单行立法

京津冀协同发展的差别化功能定位，决定了并非所有协同发展事项均需通过三地协作立法来调整，大量的基于各自发展需要的特殊事项或问题，仍然需要通过地方单行立法来解决。因此，地方单行立法就是由京津冀各地方

---

❶ 参见王中和：《以交通一体化推进京津冀协同发展》，载《宏观经济管理》2015年第7期。
❷ 参见徐涛：《打好京津冀交通一体化攻坚战》，载《前线》2015年第9期。
❸ 参见姚晓霞：《全面依法治国背景下的交通运输法治建设思路：加强重点领域立法、推进综合执法改革》，载http://www.zgjtb.com/2015-03/16/content_22271.htm，最后访问日期：2015年3月16日。

立法机关针对协同发展中自身面临的特殊性问题而进行的立、改、废、释等立法活动，构成京津冀协同立法的主体和常态。从表面看来，这种地方单行立法与京津冀协同立法并无直接关联，但其规制的对象或解决的问题与协同发展相关，与京津冀相关各方利益相连，与京津冀协同发展保持着内在的耦合性，实质上构成京津冀协同立法中不可或缺的重要组成部分。这就要求京津冀三地在进行相关方面的单行立法时，必须在立足本地实际，追求特殊发展利益的同时，自觉服务于京津冀协同发展战略的区域整体目标定位和三地特色目标要求，主动与相关方的地方立法进行协调与对接，自为行为与制度约束，消除区域分割与制度壁垒，逐步形成京津冀区域地方立法的合力，为促进京津冀三地之间的协同发展提供法治上的"推力""拉力"和"引力"。详言之，就北京市而言，地方立法应当紧紧围绕自身定位和有序疏解非首都功能这一要旨，通过权利义务在不同主体、不同产业之间的非均衡配置，以及鼓励、禁止和限制等多种法律措施的组合适用，实现通过法治"推力"引导与规范非首都功能的有序疏解；在津、冀两地，应服务于自身定位和三地协同发展进行差异化地方立法，并适时对照协同发展的要求，梳理、审查、清理各自的地方立法，营造制度"拉力"和"引力"，既要承接北京资源，又要助力首都发展；既重视引进外部资源，又关注激活内部要素，最终形成京津冀三地在法治上的功能互补、错位发展、相辅相成的新局面和新态势。

**四、京津冀协同立法的保障机制**

立法模式的科学选定为京津冀协同立法提供了全方位、多层次的方案设计，但实质意义的京津冀协同立法尚需有关机构和机制的适时建立和有效运行。京津冀协同发展战略实施以来，三地省级人大常委会和省级政府法制机构之间已经建立常态化的会商交流机制，并在现行制度框架内尝试开展了地方协作立法的初步探索与实践。但冲破体制机制障碍，可持续地推进京津冀协同立法的实质性开展，尚需一系列的制度安排和机制保障。

**（一）设立京津冀区域立法协调机构**

为了更好地促进京津冀协同立法持续、有序开展，需要适时成立京津冀区域立法协调机构，专司协调京津冀协同立法事宜。该机构应是一个常设的规范有效运作的具有权威性、代表性的立法协调机构。纵观国外区域立法的成功经验可以发现，成立专门的协调机构非常必要，此类机构的性质、职能定位以及人员构成不尽相同，但都成为区域立法协调的重要载体。例如，欧盟立法中的区域委员会在为欧盟立法提供相应咨询意见的同时，还及时将各区域内社会组织或公众意见反映给立法机构，从而有助于加强欧盟立法机构与区域组织或公众这两类主体间的协调；美国大都市区在面临一些区域性发展问题的时候，常常会组建某种形式的区域委员会或联合会作为区域内地方政府间合作的重要协调机构，对区域发展规划、区域立法事项做出协调。

鉴于我国京津冀协同发展领导小组和办公室的机构建制和运行实际，建议在京津冀协同发展领导小组领导下成立由京津冀三地人员组成的常设性、专门化的立法协调机构——京津冀协同立法工作委员会，作为保障区域立法协调机制有效运作的重要载体。该工作委员会应由京津冀三地分别选派代表组成，在代表人员构成中应当包括三地省级权力机关与政府法制机构的工作人员，以便于有效协调不同立法事项适宜采取的立法形式，为三地人大、政府在具体立法工作中协调沟通提供条件支撑。京津冀协同立法工作委员会在建制上可由三地人大牵头，通过共同签署设立协议的方式设立，机构性质应确定为京津冀立法协作的常设协调机构。设立协议应对委员会的组成人员范围、人员选任资格、委员会职能、工作流程、组织活动方式等内容做出明确规定，并从体制上确保委员会内部充分遵循平等协商、区域一体的原则开展立法协调工作，从而保证局部利益服从于整体利益。京津冀协同立法工作委员会的基本职能就是协调京津冀协同立法或从事与立法协调相关的工作，具体包括三个方面：一是专门就区域立法活动加以协调；二是承载某些区域立法协调机制的运作；三是开展与区域立法有关的其他协调工作。❶ 该工作委员会不具有区域立法事项的决策权，其职能主要是发现立法中潜在或已有的冲突情况、及时通报相关信息、召集和主持区域立法协调会议、提出拟立法事项建议等途径实现，并且其所协调的立法事项应限于三地权力机关和人民政府有权决定的事项，从内容上看，应为区域性的、涉及三地共同利益须由立法规定的事项，而非仅涉及个别省级行政区内部关系的事项。

（二）搭建京津冀区域立法信息交流共享平台

区域立法协作能否得以有效开展，很大程度上取决于立法信息能否在区域内实现迅捷、顺畅的共享互通，因为及时、准确的地方立法信息交流是地方协同立法有效开展的基础和前提。针对京津冀区域地方立法信息互通不畅的问题，三地迫切需要通过搭建便捷、高效的京津冀区域立法信息交流共享

---

❶ 参见陈光：《区域立法协调机制的理论构建》，人民出版社2014年版，第150页。

平台，加强三地在区域立法工作中的交流协作，实现立法进展联动互通，增强区域立法的可预测性，及时就立法工作中遇到的冲突、问题加以协调解决，最大限度地发挥三地在立法资源和制度规范方面协同推进的优势。

具体而言，由立法协调机构负责构建京津冀三地的立法信息数据库，使其成为区域内立法信息的交换中心。数据库汇总的信息至少应当包括以下内容：三地人大的五年立法规划和年度立法计划的制定和实施情况；三地政府的年度立法计划的制定和实施情况；相同主题立法项目的具体立法动态以及法规、规章文本制定情况；关联度高的区域重大立法项目联合攻关的动态进展情况；三地立法工作经验和立法成果等信息。立法协调机构负责汇总、更新、整理这些立法信息，并定期向京津冀三地立法机关通报所收集的立法信息，同时可以建立起京津冀立法信息网络平台，及时发布三地立法协作的相关信息。这不仅便于三地立法机关查询，也有助于增强区域协同立法工作的透明度。

### （三）构建京津冀协同立法工作机制

京津冀协同立法工作能否有序、高效、持续性开展，在很大程度上取决于协同立法工作机制的建立和有效运行。严格来说，地方立法权是指地方人大制定地方性法规的权力，规章制定权不能等同于立法权，规章只能根据法律、法规作出"执行性"规定，并且规章与法规相比，效力位阶也较低。随着京津冀协同发展战略的实施和推进，需要各地人大和政府通过协同立法作出调整和规范的事项层出不穷，因此，京津冀三地应在首先重点确保地方权力机关立法协作工作有效开展的同时，在省级人大立法机关与政府法制机构之间确立相应的协同立法工作机制，形成人大和政府两个工作机制支撑平台，[1]从而使区域协作立法中不同的立法形式能够实现有效地协调与衔接。

具体而言，京津冀协同立法工作机制包括：一是区域立法动态通报工作机制，即通过京津冀三地立法信息的及时交流与反馈，促进立法资源共享。二是立法规划协调对接机制，即在立法规划上就关联度高且需要协调推动的立法项目，通过协商对接实现京津冀三地立法规划的协调与同步。三是重大项目联合攻关机制，即对涉及区域各方利益的重大立法事项，建立京津冀三方联合攻关机制，充分优化整合区域立法资源，实现优势互补，增强立法实效。四是区域立法协调例会机制，即就协同立法事项，定期开展沟通、交流、

---

[1] 参见陈俊：《区域一体化进程中的地方立法协调机制研究》，法律出版社2013年版，第259页。

协商、对话，相互借鉴立法工作中的技术和经验，以协调解决区域立法推进中遇到的障碍与难题，此外，协调例会除了应具备定期召开的程序设定外，还应当设置临时召集召开的方案，以便保障区域内需要协调的立法事项得到及时有效的协调、论证。五是区域立法内容协调机制，具体包括共同起草或委托起草机制、立法论证机制、利益补偿机制、立法成果共享机制以及立法解释机制等，从而有助于提高协同立法文本的制定效率，增强区域立法的公正性。❶ 六是区域立法公众参与机制，即对区域协同发展中涉及各地公共事项、共同事项的立法协调，采用召开听证会、论证会、座谈会等多种方式来广泛征询社会公众意见。"对于法定立法主体之外的人民群众来说，民主立法主要应当保障他们知情和参与（包括监督）的民主权利"，❷ 通过确立公众参与协同立法的工作机制以增强区域协作立法的公开性、透明性、科学性。七是冲突规则清理常态机制，遵循《立法法》处理立法差异、冲突的一些原则性规定，立足京津冀区域实际，共同确定清理区域立法冲突规则的具体标准，❸ 规范清理冲突法规、规章及其他规范性文件的操作程序，在三地之间形成长效性的冲突规则清理机制，并保持动态跟踪，及时处理新出现的立法冲突问题。

（四）创新京津冀协同立法备案制度

备案审查是对立法情况进行全面了解，进而加强立法监督的重要环节，是发现立法冲突、维护法治统一的重要手段，在区域立法工作中尤其要做好备案审查工作，以确保区域立法的有效性。我国《立法法》第 98 条规定："行政法规、地方性法规、自治条例和单行条例、规章应在公布后的 30 日内依照规定报有关机关备案。"备案制度是一种有效发现地方性法规、政府规章是否同上位阶的规范性法律文件相互冲突的重要途径。

在京津冀协同立法开展过程中，完善区域立法备案制度主要可分为两个层面：一是要做到将协同立法成果按照《立法法》的规定及时报送国家有关机关备案，便于全国人大常委会和国务院加强对区域立法的事后监督，以避免其违反国家法律、行政法规和上位规章以及国家整体规划，确保协同立法成果的有效性。二是创新京津冀区域的立法备案制度，建立区域协同立法交

---

❶ 参见陈光、孙作志：《论我国区域发展中的立法协调机制及其构建》，载《中南大学学报》2011 年第 1 期。
❷ 李林：《如何理解民主立法的含义》，载《学习时报》2008 年 2 月 25 日，第 5 版。
❸ 参见孟庆瑜：《论京津冀环境治理的协同立法保障机制》，载《政法论丛》2016 年第 1 期。

叉备案制度。即京津冀区域内的地方立法机关在各自制定完成地方立法后，向区域内其他立法机关进行备案。如果其他两地的立法机关发现该地方立法有可能损及本地区利益或有违区域协同发展宗旨的情形时，可以就此依托立法协调机构通过立法协调机制予以协调处理或纠正。特别是根据现行《立法法》规定，京津冀区域内享有地方立法权的主体大规模扩容后，交叉备案制度对于确保京津冀协同立法的一致性和有效性，防范立法地方化和地方保护主义，就更显必要与紧迫。

## 结　语

我国自从实施区域发展战略以来，就在理论和实践上不断探索如何有效开展区域立法协调，以法律手段来破除地区间的利益壁垒。京津冀区域涉及河北省与京津两个直辖市，在区域一体化发展过程中普遍存在着"一亩三分地""画地为牢，各自为政"等问题，一直无法形成有效的协同发展格局，并且京津冀区域地方立法的差异、冲突亦对三地协同发展造成了制度规范层面的制约，三地亟须加强立法协作来优化区域发展的法治环境。2015年4月《规划纲要》的审议通过意味着三地协同发展的顶层设计基本完成，推动实施这一战略的总体方针已经明确。《纲要》明确了京津冀三地的功能定位、协同发展的突破点以及分阶段有序推进的目标，从多方面描绘了京津冀协同发展的宏伟蓝图。然而单有蓝图还不够，京津冀协同发展亟待通过立法将这一国家发展战略固定下来，以法律的权威性、稳定性、长期性，确保《规划纲要》得以贯彻落实，保障三地协同发展有序推进。近三年来，通过京津冀三地人大常委会和省级政府法制机构的主动作为、精诚协作和开拓创新，京津冀协同立法工作已然破题，并朝着纵深方向稳步迈进。我们可以预断，京津冀协同立法工作的每一步进展，都将是对我国区域法治实践和理论探索的重大创新。这也正是本文理论和研究的宏观背景、基本出发点和最终落脚点。

# 第二章
# 河北雄安新区的立法构想[*]

为了集中疏解北京非首都功能，推动京津冀协同发展战略的有效实施，党中央和国务院做出了设立河北雄安新区的战略选择。雄安新区位于京津冀区域的中心地带，是继深圳特区、浦东新区之后又一具有全国意义的创新发展示范区。[①] 在"四个全面"战略布局中，全面依法治国是发展中国特色社会主义的法治保障，雄安新区规划建设的各项事业都应该在法治框架下进行，坚持依法建区、依法治区。在雄安新区规划建设过程中践行依法治国方略首先要做到有法可依，这也是党中央和国务院针对雄安新区建设应坚持先谋后动的相关指示在法治层面的具体体现。立法是强化法治保障的首要环节，是执法、司法等法治工作赖以运行的前提和基础，只有强化立法保障才能为雄安新区建设夯实根基、引领方向，唯有充分依靠法治，雄安新区的规划建设才能行稳致远。

## 一、雄安新区功能定位及其立法必要性

### （一）雄安新区的功能定位

时任国务院副总理、京津冀协同发展领导小组组长张高丽接受新华社独家专访时，就如何理解雄安新区在疏解北京非首都功能方面的定位和功能这一问题时指出："党中央、国务院决定设立雄安新区，最重要的定位、最主要的目的就是打造北京非首都功能疏解集中承载地。"具体定位包括：绿色生态宜居新城区，创新驱动引领区，协调发展示范区，开放发展先行区。应该说，这是对雄安新区功能定位最准确的界定。雄安新区的这一定位，也使其区别

---

[*] 本文系河北省人民政府法制办公室 2017 年重点委托课题《雄安新区的立法构想》的研究报告。执笔人：伊士国。

[①] 中华网新闻频道：《新华社：设立雄安新区推进京津冀协同发展千年大计》，载 http://news.china.com/domestic/945/20170401/30382595.html，最后访问日期：2017 年 2 月 21 日。

于深圳和上海浦东新区的定位（见图2-1）。深圳经济特区是我国改革开放的产物，其当时的定位主要是对外开放功能。上海浦东新区是我国市场经济建设的产物，其主要定位是综合改革和金融功能。而河北雄安新区是京津冀协同发展的产物，其主要定位是北京非首都功能疏解集中承载地。正如习近平总书记指出的，规划建设雄安新区是具有重大历史意义的战略选择，是疏解北京非首都功能、推进京津冀协同发展的历史性工程。

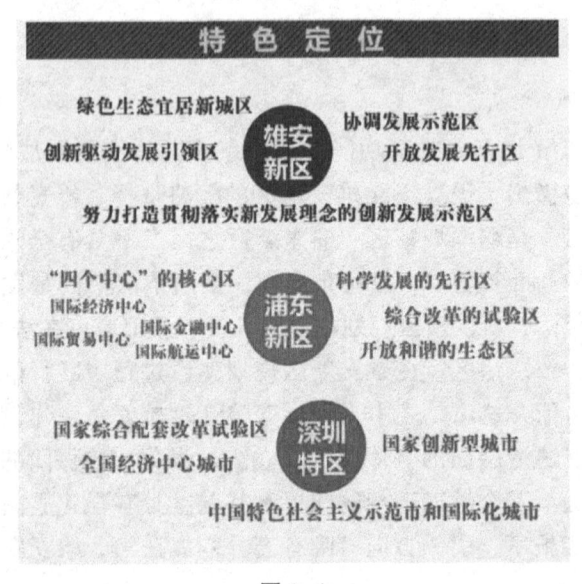

图 2-1

那么，为什么党中央、国务院会对雄安新区进行如此定位，并赋予其比肩深圳经济特区和上海浦东新区的地位？原因主要在于，北京作为我国的首都，是全国政治中心、文化中心、国际交往中心和科技创新中心，其丰富的资源产生了极强的"吸盘效应"，同时也导致了人口众多、交通拥堵、环境污染等一系列问题，使得北京不堪重负、难以为继。习近平总书记指出，北京是我国的首都，北京城市建设管理在不断取得成绩的同时，也面临很多令人揪心的问题，主要表现在集聚了过多的人口和功能，经济社会各要素处于"紧平衡状态"。要坚持和强化首都核心功能，调整和弱化不适宜首都的功能，把一些功能转移到河北、天津去，这就是大禹治水的道理。在当年年底召开的中央经济工作会议上，习近平总书记强调，京津冀协同发展的核心问题是疏解北京非首都功能，降低北京人口密度，促进经济社会发展与人口资源环境相适应。而纵观世界各国解决"大城市病"问题，基本都采用"跳出去"建新城的办法，所以，在经过认真谋划、研究论证、调研考察等一系列步骤后,党中央、国务院选择了设立河北雄安新区作为疏解北京非首都功能的集中承载地。而选择雄安的理由主要有:首先,雄安新区具有天然的区位优势,作为京津冀的腹地,新区到各地的直线距离都很近,加之四通八达的交通线路使得雄安新区的优势跻身前列。其次,雄安新区目前的开发程度极低,人口密度也很小,可开发建设的土地较为充裕,干净得像一张白纸,有利于重新规划蓝图,可塑性极强。最后,以华北平原最大的淡水湖——白洋淀作依托,为雄安新区的设立和发展提供了良好的自然生态环境。

既然要将雄安新区主要定位为北京非首都功能疏解集中承载地,对雄安新区的具体定位必然要高。一是绿色生态宜居新城区。即雄安新区建设要充分体现生态文明建设的要求,成为生态标杆,坚持生态优先、绿色发展,不能建成高楼林立的城市,要疏密有度、绿色低碳、返璞归真,自然生态要更好。要坚持绿水青山就是金山银山,合理确定新区建设规模,完善生态功能,突出"科技、生态、宜居、智能"发展方向,创造优良人居环境,构建蓝绿交织、清新明亮、水城共融、多组团集约紧凑发展的生态城市,实现生态空间山清水秀、生活空间宜居适度、生产空间集约高效,促进人与自然和谐共处,建设天蓝地绿、山清水秀的美丽家园。二是创新驱动引领区。即雄安新区千万不能搞成工业集聚区,更不是传统工业和房地产主导的集聚区,要在创新上下功夫,成为改革先行区。要坚持实施创新驱动发展战略,把创新驱动作为雄安新区发展的基点,加快制度创新、科技创新,完善创新创业环境,积极吸纳和集聚京津及全国创新要素资源,通过集聚科研院所和发展高端高新产业,打造一批高水平的创新创业载体,吸引高新技术企业集聚,建设技术研发和转移交易、成果孵化转化、产城融合的创新引领区和综合改革试验区,打造京津冀体制机制高地和协同创新重要平台。三是协调发展示范区。即雄安新区要发挥对冀中南乃至整个河北的辐射带动作用,促进城乡区域、经济社会、资源环境协调发展。要通过集中承接北京非首都功能疏解,为有效缓解北京"大城市病"和天津、石家庄市区"瘦身"问题创造空间,促进河北城乡区域和经济社会协调发展,提升区域公共服务整体水平,打造要素有序自由流动、主体功能约束有效、基本公共服务均等、资源环境可承载的区域协调发展示范区,为京津冀建设世界级城市群提供支撑。四是开放发展先行区。即必须适应经济发展新常态,主动顺应经济全球化潮流,坚持对外开放,在更大范围、更宽领域、更深层次上提高开放型经济水平。雄安新区规划建设要积极融入"一带一路"建设,加快政府职能转变,积极探索管理模式创新，形成与国际投资贸易通行规则相衔接的制度创新体系，培育区域开放合作竞争新优势，打造扩大开放新高地和对外合作新平台，为提升京津冀开放型经济水平作出更大贡献。

(二) 雄安新区立法的必要性

雄安新区建设，核心是促进京津冀三地作为一个整体协同发展，要以疏解非首都核心功能、解决北京"大城市病"为基本出发点，调整优化城市布局和空间结构，构建现代化交通网络系统，扩大环境容量生态空间，推进产业升级转移，推动公共服务共建共享，加快市场一体化进程，打造现代化新型首都圈，努力形成京津冀目标同向、措施一体、优势互补、互利共赢的协同发展新格局。但是，雄安新区建设面临着诸多困境和问题，其中，生态压力是最大瓶颈，京津周边城市不发育是最大短板，产业结构不合理是最大难题，强势行政分割是最根本症结，如不能妥善予以解决，必将影响雄安新区建设目标的实现。而要解决雄安新区建设面临的这些困境和问题，保证雄安新区建设定位和目标的实现，促进京津冀协同发展，就离不开立法的保障。

这是因为，立法可以为推进雄安新区建设提供制度化、规范化的引领、促进和保障，可以有效解决雄安新区建设面临的困境和问题，可以保障雄安新区建设目标的顺利实现。具体来说，第一，立法为雄安新区建设提供了根本保障。推进雄安新区建设，实现京津冀协同发展的目标，必须要在法治的框架内进行，必须要以立法为基石。只有从法律上、制度上体现雄安新区建设的规律和要求，把京津冀协同发展的理念和方式法律化、规范化、制度化，才能真正实现雄安新区建设的目标；只有从法律上、制度上体现以人为本，依法保障雄安新区人民群众的各项合法权益，才能最终实现雄安新区建设为了人民、依靠人民、惠及人民的目的；只有从法律上、制度上确立协同发展原则，制定京津冀协同发展规划，使雄安新区建设体现统筹发展要求，才能以雄安新区建设为抓手，真正实现京津冀三地经济社会的全面协同发展。第二，立法是加快完善雄安新区市场经济体制和加快转变雄安新区经济发展方式的重要保障。推进雄安新区建设，关键要破除行政壁垒，发挥市场在资源配置中的基础性作用，这就需要加快完善雄安新区市场经济体制和加快转变雄安新区经济发展方式。这离不开立法的保障，因为加快完善雄安新区市场经济体制，关键是要通过加强立法，从制度上发挥市场在资源配置中的基础性作用，形成有利于科学发展的宏观调控体系，使国民经济的发展纳入良性轨道，从而保证国民经济又好又快发展；加快转变雄安新区经济发展方式，关键是要通过立法，加强制度和体制建设。只有深化经济体制改革，建立健全有利于自主创新和全面协调可持续发展的体制机制，为科学发展提供制度基础，才能实现雄安新区经济发展方式的转变。第三，立法是破解雄安新区建设"生态困境"的重要保障。由于京津冀三地产业结构的不合理，以钢铁工业为主的发展模式，导致京津冀协同发展面临着严重的生态危机，雄安新区建设也面临着严重的环境污染问题。例如，白洋淀的水质正在逐年恶化。河北省环保厅历年发布的《河北省环境状况公报》显示，2011年，白洋淀水质在Ⅳ类到劣Ⅴ类之间。此后，白洋淀水质一直持续在劣Ⅴ类，只有2014年有6个监测断面水质在Ⅳ到Ⅴ类之间。而要解决这一"生态困境"，就必须发挥立法的保障作用。只有从法律上、制度上确立人与自然和谐相处原则，依法规范人与自然的关系，制定京津冀可持续协同发展规划，合理布局京津冀三地产业结构，建设生态文明，才能真正促进人与自然和谐相处，才能使雄安新区建设充分体现生态文明建设的要求，成为生态标杆，才能实现雄安新区经济社会的可持续发展。

**二、国家级新区、经济特区和自贸区的立法现状**

如前所述，中共中央、国务院对雄安新区定位很高，将之称为"继深圳经济特区和上海浦东新区之后又一具有全国意义的新区"。可见，雄安新区既不同于一般的经济特区，也不同于一般的国家级新区，再加上雄安新区兼具自贸区的部分功能，因而，雄安新区应是经济特区、国家级新区、自贸区的一种综合体，或者说是一种超越，且"千年大计、国家大事"的表述，表明雄安新区的定位和地位是独一无二的。因而，对雄安新区的立法就无现成的经验和模式可以遵循，但我们可以从国家级新区立法、经济特区立法、自贸区立法中汲取营养，为雄安新区立法工作的开展提供一定的借鉴和参考。

（一）国家级新区立法状况分析

1. 国家级新区立法现状概述

国家级新区是由国务院批准设立，承担国家重大发展和改革开放战略任务的综合功能区。截至2017年4月，中国国家级新区总数共19个，按其成立时间先后顺序分别为：上海浦东新区（1992年10月）、天津滨海新区（2006

年3月)、重庆两江新区（2010年6月)、浙江舟山群岛新区（2011年6月)、兰州新区（2012年8月)、广州南沙新区（2012年9月)、陕西西咸新区（2014年1月)、贵州贵安新区（2014年1月)、青岛西海岸新区（2014年6月)、大连金普新区（2014年6月)、四川天府新区（2014年10月)、湖南湘江新区（2015年4月)、南京江北新区（2015年6月)、福建福州新区（2015年9月)、云南滇中新区（2015年9月)、哈尔滨新区（2015年12月)、长春新区（2016年2月)、江西赣江新区（2016年6月)、河北雄安新区（2017年4月)。

目前，上述19个国家级新区中只有上海浦东新区和天津滨海新区设置了区人大和区政府，但因其只是直辖市的市辖区，区人大和区政府并无立法权。其他新区均设置了管委会，自然无立法权。因而，整体而言，19个国家级新区均无立法权。唯一特殊的一点是，根据2007年上海市人大常委会《关于促进和保障浦东新区综合配套改革试点工作的决定》，浦东先行先试的改革事项，可由市政府和浦东新区政府制定相关文件，或由新区人大及其常委会做出决定、决议，报市人大备案，从而具有市级法律性文件的效力，而且市人大常委会《决定》还授权，浦东"可以变通执行地方性法规的有关规定，以及对法律、法规未作规定且属于本市地方性法规权限范围的事项授权进行先行先试"。《天津滨海新区条例》第28条也有类似规定。从而使得上海浦东新区和天津滨海新区享有了一定的立法权限。

综上所述，由于19个国家级新区均无立法权，因而，其相关立法主要是由其所在行政区域或上一级立法主体制定的。据统计，截止到2017年，与国家级新区直接有关的地方立法有18项，其中，上海浦东新区3项、天津滨海新区2项、重庆两江新区2项、浙江舟山群岛新区2项、广州南沙新区3项、贵州贵安新区1项、青岛西海岸新区2项、大连金普新区1项、四川天府新区1项、湖南湘江新区1项。兰州新区、陕西西咸新区、南京江北新区、福建福州新区、云南滇中新区、哈尔滨新区、长春新区、江西赣江新区、河北雄安新区等9个国家级新区均为0项，具体内容见表2-1。这一现状反映出目前国家级新区立法严重不足，难以为国家级新区的改革和创新提供法制保障，亟待加强。

表2-1　中国国家级新区立法状况一览表

| 序号 | 新区名称 | 批获时间 | 主体城市 | 机构设置 | 立法权限 | 现有立法状况 |
|---|---|---|---|---|---|---|
| 1 | 浦东新区 | 1992年10月11日 | 上海 | 区人大、区政府 | 无立法权限，但根据2007年上海市人大常委会《关于促进和保障浦东新区综合配套改革试点工作的决定》，浦东先行先试的改革事项，可由市政府和浦东新区政府制定相关文件，或由新区人大及其常委会做出决定、决议，报市人大备案，从而具有市级法律性文件的效力，而且市人大《决定》还授权，浦东"可以变通执行地方性法规的有关规定，以及对法律、法规未作规定且属于本市地方性法规权限范围的事项授权进行先行先试" | 《上海市人民代表大会常务委员会关于促进和保障浦东新区综合配套改革试点工作的决定》《上海市人民代表大会常务委员会关于开展"证照分离"改革试点在浦东新区暂时调整实施本市有关地方性法规规定的决定》《上海浦东机场综合保税区管理办法》 |
| 2 | 滨海新区 | 2006年05月26日 | 天津 | 区人大、区政府 | 无立法权限，但根据《天津滨海新区条例》第二十八条，在坚持国家法制统一前提下，滨海新区改革和创新涉及法律、法规、规章未规定的事项，市人民政府、滨海新区人民政府可以在职权范围内作出相关规定，滨海新区人民代表大会及其常务委员会可以在职权范围内作出相关决定、决议，并应当履行备案程序 | 《天津市人民政府转发市口岸委〈关于在天津滨海新区新建仓储库场的审批办法〉》《天津滨海新区条例》 |
| 3 | 两江新区 | 2010年05月05日 | 重庆 | 管委会 | 无立法权限 | 《重庆市人民代表大会常务委员会关于重庆两江新区行政管理事项的决定》《重庆两江新区管理办法》 |
| 4 | 舟山群岛新区 | 2011年06月30日 | 浙江舟山 | 管委会 | 无立法权限 | 《浙江省人民政府关于下放行政审批事项推进舟山群岛新区建设发展的决定》《浙江舟山港综合保税区管理办法》 |
| 5 | 兰州新区 | 2012年08月20日 | 甘肃兰州 | 管委会 | 无立法权限 | 无 |

续表

| 序号 | 新区名称 | 批获时间 | 主体城市 | 机构设置 | 立法权限 | 现有立法状况 |
|---|---|---|---|---|---|---|
| 6 | 南沙新区 | 2012年09月06日 | 广东广州 | 管委会 | 无立法权限 | 《广州市人民政府关于向中国（广东）自由贸易试验区南沙新区片区下放第一批市级管理权限的决定》《广州市人民政府关于在中国（广东）自由贸易试验区广州南沙新区片区暂时调整实施本市有关政府规章规定的决定》《广东省第一批调整由广州南沙新区管理机构实施的省级管理权限事项目录》 |
| 7 | 西咸新区 | 2014年01月06日 | 陕西西安、咸阳 | 管委会 | 无立法权限 | 无 |
| 8 | 贵安新区 | 2014年01月06日 | 贵州贵阳、安顺 | 管委会 | 无立法权限 | 《省人民政府关于向贵安新区、国家级经济技术开发区、国家级高新技术产业开发区和贵阳综合保税区下放一批行政审批项目的决定》 |
| 9 | 西海岸新区 | 2014年06月03日 | 山东青岛 | 管委会 | 无立法权限 | 《青岛市人民政府关于向西海岸新区（黄岛区）赋权的决定》《青岛市人民政府关于授予青岛西海岸新区（黄岛区）市级国土资源行政审批权限的决定》 |
| 10 | 金普新区 | 2014年06月23日 | 辽宁大连 | 管委会 | 无立法权限 | 《大连市人民政府关于向金普新区赋权的决定》 |
| 11 | 天府新区 | 2014年10月02日 | 四川成都、眉山 | 管委会 | 无立法权限 | 《成都市兴隆湖区域生态保护条例》 |
| 12 | 湘江新区 | 2015年04月08日 | 湖南长沙 | 管委会 | 无立法权限 | 《长沙市湘江流域水污染防治条例》 |
| 13 | 江北新区 | 2015年06月27日 | 江苏南京 | 管委会 | 无立法权限 | 无 |

续表

| 序号 | 新区名称 | 批获时间 | 主体城市 | 机构设置 | 立法权限 | 现有立法状况 |
|---|---|---|---|---|---|---|
| 14 | 福州新区 | 2015年08月30日 | 福建福州 | 管委会 | 无立法权限 | 无 |
| 15 | 滇中新区 | 2015年09月07日 | 云南昆明 | 管委会 | 无立法权限 | 无 |
| 16 | 哈尔滨新区 | 2015年12月16日 | 黑龙江哈尔滨 | 管委会 | 无立法权限 | 无 |
| 17 | 长春新区 | 2016年02月03日 | 吉林长春 | 管委会 | 无立法权限 | 无 |
| 18 | 赣江新区 | 2016年06月14日 | 江西南昌、九江 | 管委会 | 无立法权限 | 无 |
| 19 | 雄安新区 | 2017年04月01日 | 河北保定 | 临时党委、筹委会 | 无立法权限 | 无 |

2. 国家级新区立法的对比分析

纵观我国国家级新区立法现状，可以发现，从立法主体来划分，其包括省级人大常委会（4项）、省级政府（7项）、设区的市人大常委会（2项）、设区的市政府（5项）等；从立法效力等级来划分，其包括省级地方性法规（4项）、省政府规章（7项）、设区的市地方性法规（2项）、设区的市政府规章（5项）等；从立法内容来划分，其包括综合性立法（1项）、授权性立法（10项）、保税区管理立法（2项）、环境保护立法（2项）、其他单行立法（3项）等。

综合上述情况，我们进行对比分析后，可以得出如下结论：第一，天津滨海新区在目前国家级新区立法中是做得最好的，值得借鉴。天津市人大常委会于2002年10月24日制定通过的《天津滨海新区条例》，对天津滨海新区的管理体制、改革创新、投资贸易便利化、社会建设、生态文明建设等一系列问题做了明确规定，有效保障和促进了天津滨海新区开发、开放。而目前其他国家级新区中无类似立法。第二，授权性立法是目前国家级新区立法中的主流，占了一半以上。授权性立法主要为了解决两个问题，一是为了解决国家级新区的管理体制问题，通过立法建立国家级新区的管理机构，并赋予其相应的权限；二是为了解决国家级新区的管理权限问题，通过立法授予其上一级政府的某些管理权限，特别是行政审批权限，便于国家级新区管理机构集中高效地开展工作。通过比较这些授权性立法，可以发现其内容大同小异，只是对不同国家级新区授权范围大小不一。第三，环境资源保护立法受到重视。成都市人大常委会、长沙市人大常委会分别就四川天府新区和湖南湘江新区中的环境资源保护问题进行了相关立法，即《成都市兴隆湖区域生态保护条例》《长沙市湘江流域水污染防治条例》，体现了开发与环境保护并重的发展思路。

（二）经济特区立法状况分析

1. 经济特区立法权的由来及发展

经济特区是国家依法建立的，为刺激经济发展而提供特殊的经济政策、制度环境和物质环境的行政区域。截至2017年8月，中国经济特区总数共7个，按其成立时间先后顺序分别为：深圳经济特区（1980年8月26日）、珠海经济特区（1980年8月26日）、厦门经济特区（1980年10月7日）、汕头经济特区（1981年10月16日）、海南经济特区（1988年4月13日）、喀什经济特区（2010年5月）、霍尔果斯经济特区（2014年6月）。

经济特区和经济特区立法权都是我国改革开放的产物，并伴随着改革开放的发展而发展。1980年8月2日，国务院向全国人大常委会提出了在广东省深圳、珠海、汕头和福建省的厦门设立经济特区，并同时将《广东省经济特区条例（草案）》提请审议。同年8月26日，五届全国人大常委会第十五次会议批准了国务院提出的《广东省经济特区条例》，深圳等经济特区逐渐成立。但此时，深圳等经济特区并无立法权。此后，为了顺利建设经济特区，并为经济特区建设提供法制保障，全国人大及其常委会作出了一系列关于经济特区立法的授权决定。1981年11月26日，第五届全国人民代表大会常务委员会第二十一次会议通过了《全国人民代表大会常务委员会关于授权广东省和福建省人民代表大会及其常务委员会制定所属经济特区的各项单行经济法规的决议》，授权广东省、福建省人大及其常委会，根据有关法律、法令和政策规定的原则，按照各该省经济特区的具体情况和实际需要，制定经济特区的各项单行经济法规，并报全国人大常委会和国务院备案。1988年4月13日，七届全国人大一次会议决定划定海南岛为海南经济特区，同时授权海南省人大及其常委会，根据海南经济特区的具体情况和实际需要，遵循国家有关法律、全国人大及其常委会有关决定和国务院有关行政法规的原则制定法规，在海南经济特区实施，并报全国人大常委会和国务院备案。自经济特区立法开始以来，广东省、福建省以及海南省人大及其常委会根据国家法律、法规和政策以及行政法规的原则，结合经济特区的实际情况，制定了大量的经济特区法规，对于推进经济特区建设发挥了重要作用。

为了更好地发挥立法对经济特区建设的保障作用，1992年7月1日，第七届全国人民代表大会常务委员会第二十六次会议通过了《全国人民代表大会常务委员会关于授权深圳市人民代表大会及其常务委员会和深圳市人民政府分别制定法规和规章在深圳经济特区实施的决定》，授权深圳市人大及其常委会在不违反宪法以及法律和行政法规的基本原则的前提下，根据具体情况和实际需要制定法规；授权深圳市政府制定规章，在深圳经济特区范围内实施。1994年3月22日第八届全国人大第二次会议和1996年3月17日第八届全国人大第四次会议，又分别决定授权厦门市和汕头市、珠海市的人大及其常委会和各该市的人民政府分别制定法规和规章，在各该经济特区范围内实施。至此，经济特区立法权正式获得。2000年《立法法》对经济特区立法权进行了确认，还赋予了经济特区所在地的市以较大的立法权。2015年《立法法》在2000年《立法法》的基础上作了进一步的确认和补充。

2. 经济特区立法成果与特征分析

伴随着经济特区建设的进程，经济特区立法日益增多，也日益呈现出体系化的特点。其中，深圳经济特区成立最早、发展最好，立法成果和经验也最为丰富，其作为经济特区立法的试验田和排头兵，本着"先行先试"的精神，大胆探索，积极实践，取得了丰硕的立法成果。下面我们以深圳经济特区为例对经济特区立法状况进行分析。

（1）深圳经济特区立法成果分析。通过收集整理可以发现，深圳自经济特区成立至2016年底，一共制定了231项经济特区立法，立法成果壮观，种类丰富，创新性与变通性特点明显。从立法主体来看，主要包括广东省人大常委会、广东省人民政府、深圳市人大常委会以及深圳市政府；从立法效力等级来看，包括经济特区法规和经济特区规章；从立法类型来看，主要有以下类别：行政法类（51项）、经济法类（59项）、民商法类（21项）、社会法类（85项）、综合法类（15项）等；从立法内容来看，主要涉及规范政府管理、市场规则、经济发展促进、城市管理、环境保护、教育以及社会等方面，具体内容见表2-2。

**表 2-2 深圳经济特区立法情况一览表**

（按类型排列）

| 序号 | 颁布日期 | 标题 | 制定主体 | 类型 |
|---|---|---|---|---|
| 1 | 2016/12/22 | 深圳市人民代表大会常务委员会关于废止《深圳经济特区旅游管理条例》的决定 | 深圳市人民代表大会常务委员会 | 行政法 |
| 2 | 2014/11/14 | 深圳市人民代表大会常务委员会关于修改《深圳经济特区道路交通安全违法行为处罚条例》的决定（附：修正本） | 深圳市人民代表大会常务委员会 | 行政法 |
| 3 | 2014/1/28 | 深圳经济特区规划土地监察条例 | 深圳市人民代表大会常务委员会 | 行政法 |
| 4 | 2014/1/2 | 深圳市人民代表大会常务委员会关于废止《深圳经济特区人民警察巡察条例》的决定 | 深圳市人民代表大会常务委员会 | 行政法 |
| 5 | 2013/11/15 | 深圳经济特区特种设备安全条例 | 深圳市人民代表大会常务委员会 | 行政法 |
| 6 | 2013/9/3 | 深圳市人民政府关于修改《深圳经济特区禁止销售燃放烟花爆竹管理规定》等三项规章的决定 | 深圳市人民政府 | 行政法 |
| 7 | 2013/8/7 | 深圳经济特区城市管理综合执法条例 | 深圳市人民代表大会常务委员会 | 行政法 |
| 8 | 2013/4/17 | 深圳经济特区政府采购条例实施细则 | 深圳市人民政府 | 行政法 |
| 9 | 2012/12/25 | 深圳市人民代表大会常务委员会关于修改《深圳经济特区道路交通安全违法行为处罚条例》的决定 | 深圳市人民代表大会常务委员会 | 行政法 |
| 10 | 2012/12/25 | 深圳市人民代表大会常务委员会关于修改《深圳经济特区道路交通安全管理条例》的决定 | 深圳市人民代表大会常务委员会 | 行政法 |
| 11 | 2012/9/18 | 深圳经济特区实施《中华人民共和国教师法》若干规定 | 深圳市人民代表大会常务委员会 | 行政法 |
| 12 | 2012/9/18 | 深圳经济特区政府投资项目审计监督条例 | 深圳市人民代表大会常务委员会 | 行政法 |
| 13 | 2012/7/13 | 深圳市人民代表大会常务委员会关于修改《深圳经济特区政府投资项目审计监督条例》的决定 | 深圳市人民代表大会常务委员会 | 行政法 |
| 14 | 2012/7/13 | 深圳市人民代表大会常务委员会关于修改《深圳经济特区实施〈中华人民共和国教师法〉若干规定》的决定 | 深圳市人民代表大会常务委员会 | 行政法 |
| 15 | 2012/7/13 | 深圳市人民代表大会常务委员会关于修改《深圳经济特区机动车排气污染防治条例》的决定 | 深圳市人民代表大会常务委员会 | 行政法 |

续表

| 序号 | 颁布日期 | 标题 | 制定主体 | 类型 |
|---|---|---|---|---|
| 16 | 2012/5/4 | 深圳市人民代表大会常务委员会关于修改《深圳经济特区反走私综合治理条例》的决定（附：修正本） | 深圳市人民代表大会常务委员会 | 行政法 |
| 17 | 2012/2/21 | 深圳经济特区政府采购条例 | 深圳市人民代表大会常务委员会 | 行政法 |
| 18 | 2011/12/31 | 深圳市人民政府关于废止《深圳经济特区房屋拆迁管理办法》的决定 | 深圳市人民政府 | 行政法 |
| 19 | 2011/8/16 | 深圳经济特区信访条例 | 深圳市人民代表大会常务委员会 | 行政法 |
| 20 | 2011/6/27 | 关于修改《深圳经济特区道路交通安全违法行为处罚条例》的决定 | 深圳市人民代表大会常务委员会 | 行政法 |
| 21 | 2009/9/21 | 深圳经济特区消防条例 | 深圳市人民代表大会常务委员会 | 行政法 |
| 22 | 2008/3/6 | 深圳市人民代表大会常务委员会关于修改《深圳经济特区授予荣誉市民称号规定》的决定（附：修正本） | 深圳市人民代表大会常务委员会 | 行政法 |
| 23 | 2007/5/30 | 深圳市人民代表大会常务委员会关于修改《深圳经济特区审计监督条例》等四项法规的决定 | 深圳市人民代表大会常务委员会 | 行政法 |
| 24 | 2006/9/26 | 深圳市人民代表大会常务委员会关于废止《深圳经济特区事业单位登记管理条例》的决定 | 深圳市人民代表大会常务委员会 | 行政法 |
| 25 | 2006/7/26 | 深圳市人民代表大会常务委员会关于废止《深圳经济特区限制养犬规定》的决定 | 深圳市人民代表大会常务委员会 | 行政法 |
| 26 | 2005/10/14 | 关于修改《深圳经济特区盐业管理处罚规定》的决定（附：修正本） | 深圳市人民政府 | 行政法 |
| 27 | 2004/10/29 | 深圳市人民代表大会常务委员会关于废止《深圳经济特区会计管理条例》的决定 | 深圳市人民代表大会常务委员会 | 行政法 |
| 28 | 2004/8/26 | 深圳经济特区水路旅客运输管理规定 | 深圳市人民政府 | 行政法 |
| 29 | 2004/8/26 | 深圳经济特区社会团体管理规定 | 深圳市人民政府 | 行政法 |
| 30 | 2004/8/26 | 深圳经济特区维修行业管理办法 | 深圳市人民政府 | 行政法 |
| 31 | 2004/8/26 | 深圳经济特区物业管理行业管理办法 | 深圳市人民政府 | 行政法 |
| 32 | 2004/8/26 | 《深圳经济特区住宅区物业管理条例》实施细则 | 深圳市人民政府 | 行政法 |
| 33 | 2004/6/25 | 深圳市人民代表大会常务委员会关于修改《深圳经济特区公共中小型客车营运管理条例》的决定（附：修正本） | 深圳市人民代表大会常务委员会 | 行政法 |

续表

| 序号 | 颁布日期 | 标题 | 制定主体 | 类型 |
|---|---|---|---|---|
| 34 | 2004/6/25 | 深圳市人民代表大会常务委员会关于修改《深圳经济特区锅炉压力容器压力管道质量监督与安全监察条例》的决定（附：修正本） | 深圳市人民代表大会常务委员会 | 行政法 |
| 35 | 2004/6/25 | 深圳市人民代表大会常务委员会关于修改《深圳经济特区成人教育管理条例》的决定（附：修正本） | 深圳市人民代表大会常务委员会 | 行政法 |
| 36 | 2004/4/16 | 深圳市人民代表大会常务委员会关于废止《深圳经济特区畜禽屠宰与屠宰检疫管理条例》的决定 | 深圳市人民代表大会常务委员会 | 行政法 |
| 37 | 2003/12/24 | 深圳市人民代表大会常务委员会关于废止《深圳经济特区工伤保险条例》的决定 | 深圳市人民代表大会常务委员会 | 行政法 |
| 38 | 2003/10/28 | 深圳市人民代表大会常务委员会关于修改《深圳经济特区社会治安综合治理条例》的决定（附：修正本） | 深圳市人民代表大会常务委员会 | 行政法 |
| 39 | 2002/2/25 | 《深圳经济特区处理历史遗留违法私房若干规定》实施细则 | 深圳市人民政府 | 行政法 |
| 40 | 2002/2/25 | 《深圳经济特区处理历史遗留生产经营性违法建筑若干规定》实施细则 | 深圳市人民政府 | 行政法 |
| 41 | 2001/12/19 | 深圳经济特区处理历史遗留违法私房若干规定 | 深圳市人民代表大会常务委员会 | 行政法 |
| 42 | 2001/12/19 | 深圳经济特区处理历史遗留生产经营性违法建筑若干规定 | 深圳市人民代表大会常务委员会 | 行政法 |
| 43 | 2001/3/22 | 深圳经济特区查处无照经营行为的规定 | 深圳市人民代表大会常务委员会 | 行政法 |
| 44 | 1999/9/8 | 深圳经济特区污染物排放许可证管理办法 | 深圳市人民政府 | 行政法 |
| 45 | 1999/8/24 | 深圳经济特区陆路口岸和特区管理线检查站物业管理规定 | 深圳市人民代表大会常务委员会 | 行政法 |
| 46 | 1998/7/28 | 深圳经济特区政府招标采购条例（草案） | 深圳市人民代表大会常务委员会 | 行政法 |
| 47 | 1996/1/8 | 深圳经济特区教育督导条例 | 深圳市人民代表大会常务委员会 | 行政法 |
| 48 | 1995/2/25 | 深圳经济特区异地机动车辆管理规定 | 深圳市人民政府 | 行政法 |
| 49 | 1994/11/2 | 深圳经济特区查禁赌博办法 | 深圳市人民政府 | 行政法 |
| 50 | 1994/1/29 | 深圳经济特区禁止销售燃放烟花爆竹管理规定 | 深圳市人民政府 | 行政法 |

续表

| 序号 | 颁布日期 | 标题 | 制定主体 | 类型 |
|---|---|---|---|---|
| 51 | 1984/11/9 | 广东省人民代表大会常务委员会关于授权深圳市人民政府自行决定调整深圳经济特区土地使用费收费标准的决定 | 广东省人民代表大会常务委员会 | 行政法 |
| 52 | 2016/4/27 | 深圳市人民代表大会常务委员会关于废止《深圳经济特区商品市场条例》的决定 | 深圳市人民代表大会常务委员会 | 经济法 |
| 53 | 2015/12/29 | 香港特别行政区和澳门特别行政区会计专业人士担任深圳经济特区会计师事务所合伙人办法（试行） | 深圳市人民政府 | 经济法 |
| 54 | 2014/8/28 | 深圳经济特区审计监督条例 | 深圳市人民代表大会常务委员会 | 经济法 |
| 55 | 2012/9/18 | 深圳经济特区创业投资条例 | 深圳市人民代表大会常务委员会 | 经济法 |
| 56 | 2012/7/13 | 深圳市人民代表大会常务委员会关于修改《深圳经济特区创业投资条例》的决定 | 深圳市人民代表大会常务委员会 | 经济法 |
| 57 | 2012/5/4 | 深圳市人民代表大会常务委员会关于废止《深圳经济特区企业破产条例》等三项特区法规的决定 | 深圳市人民代表大会常务委员会 | 经济法 |
| 58 | 2012/1/4 | 深圳经济特区产品质量管理条例 | 深圳市人民代表大会常务委员会 | 经济法 |
| 59 | 2011/3/3 | 深圳经济特区股份合作公司条例 | 深圳市人民代表大会常务委员会 | 经济法 |
| 60 | 2010/12/24 | 深圳市人民代表大会常务委员会关于修改《深圳经济特区股份合作公司条例》等三项特区法规的决定 | 深圳市人民代表大会常务委员会 | 经济法 |
| 61 | 2010/8/6 | 深圳经济特区中小企业发展促进条例 | 深圳市人民代表大会常务委员会 | 经济法 |
| 62 | 2009/8/13 | 深圳经济特区企业技术秘密保护条例 | 深圳市人民代表大会常务委员会 | 经济法 |
| 63 | 2009/5/27 | 深圳市人民代表大会常务委员会关于修改《深圳经济特区企业技术秘密保护条例》的决定 | 深圳市人民代表大会常务委员会 | 经济法 |
| 64 | 2009/5/25 | 深圳市人民代表大会常务委员会关于废止《深圳经济特区劳务工条例》的决定 | 深圳市人民代表大会常务委员会 | 经济法 |
| 65 | 2009/5/25 | 深圳市人民代表大会常务委员会关于废止《深圳经济特区劳动合同条例》的决定 | 深圳市人民代表大会常务委员会 | 经济法 |
| 66 | 2008/4/24 | 深圳经济特区金融发展促进条例 | 深圳市人民代表大会常务委员会 | 经济法 |

续表

| 序号 | 颁布日期 | 标题 | 制定主体 | 类型 |
| --- | --- | --- | --- | --- |
| 67 | 2008/1/31 | 深圳市人民代表大会常务委员会关于废止《深圳经济特区价格管理条例》的决定 | 深圳市人民代表大会常务委员会 | 经济法 |
| 68 | 2007/9/12 | 关于废止《〈深圳经济特区企业清算条例〉实施细则》的决定 | 深圳市人民政府 | 经济法 |
| 69 | 2007/5/31 | 深圳经济特区统计条例（修订） | 深圳市人民代表大会常务委员会 | 经济法 |
| 70 | 2007/2/1 | 深圳经济特区注册会计师条例（第二次修订） | 深圳市人民代表大会常务委员会 | 经济法 |
| 71 | 2006/11/28 | 深圳市人民代表大会常务委员会关于废止《深圳经济特区股份有限公司条例》和《深圳经济特区有限责任公司条例》的决定 | 深圳市人民代表大会常务委员会 | 经济法 |
| 72 | 2006/9/26 | 深圳市人民代表大会常务委员会关于废止《深圳经济特区企业清算条例》的决定 | 深圳市人民代表大会常务委员会 | 经济法 |
| 73 | 2006/3/22 | 深圳经济特区循环经济促进条例 | 深圳市人民代表大会常务委员会 | 经济法 |
| 74 | 2005/11/23 | 深圳市人民代表大会常务委员会关于修改《深圳经济特区计量条例》的决定（附：第五次修正本） | 深圳市人民代表大会常务委员会 | 经济法 |
| 75 | 2004/9/13 | 深圳市人民政府关于废止《深圳经济特区企业经济性裁减员工办法》等19件规章的决定 | 深圳市人民政府 | 经济法 |
| 76 | 2004/8/26 | 深圳经济特区预拌混凝土管理规定 | 深圳市人民政府 | 经济法 |
| 77 | 2004/8/26 | 《深圳经济特区出租小汽车管理条例》实施细则 | 深圳市人民政府 | 经济法 |
| 78 | 2004/6/25 | 深圳市人民代表大会常务委员会关于修改《深圳经济特区港口管理条例》的决定（附：修正本） | 深圳市人民代表大会常务委员会 | 经济法 |
| 79 | 2004/6/25 | 深圳市人民代表大会常务委员会关于修改《深圳经济特区建设工程施工招标投标条例》的决定（附：修正本） | 深圳市人民代表大会常务委员会 | 经济法 |
| 80 | 2004/6/25 | 深圳市人民代表大会常务委员会关于修改《深圳经济特区劳务工条例》的决定（附：第三次修正本） | 深圳市人民代表大会常务委员会 | 经济法 |
| 81 | 2004/6/25 | 深圳市人民代表大会常务委员会关于修改《深圳经济特区股份有限公司条例》的决定（附：修正本） | 深圳市人民代表大会常务委员会 | 经济法 |

续表

| 序号 | 颁布日期 | 标题 | 制定主体 | 类型 |
|---|---|---|---|---|
| 82 | 2004/6/25 | 深圳市人民代表大会常务委员会关于修改《深圳经济特区出租小汽车管理条例》的决定（附：第四次修正本） | 深圳市人民代表大会常务委员会 | 经济法 |
| 83 | 2004/6/25 | 深圳经济特区实施《印刷业管理条例》若干规定 | 深圳市人民代表大会常务委员会 | 经济法 |
| 84 | 2004/6/25 | 深圳市人民代表大会常务委员会关于废止《深圳经济特区房地产行业管理条例》等4项法规的决定 | 深圳市人民代表大会常务委员会 | 经济法 |
| 85 | 2004/6/25 | 深圳市人民代表大会常务委员会关于修改《深圳经济特区劳动合同条例》的决定（附：修正本） | 深圳市人民代表大会常务委员会 | 经济法 |
| 86 | 2003/10/28 | 深圳市人民代表大会常务委员会关于废止《深圳经济特区建设工程质量条例》的决定 | 深圳市人民代表大会常务委员会 | 经济法 |
| 87 | 2003/6/20 | 深圳市人民代表大会常务委员会关于修改《深圳经济特区福田保税区条例》的决定（附：修正本） | 深圳市人民代表大会常务委员会 | 经济法 |
| 88 | 2002/6/10 | 深圳市人民政府关于废止《深圳经济特区外贸企业进出口业务管理暂行规定》等5件规章的决定 | 深圳市人民政府 | 经济法 |
| 89 | 2002/4/26 | 深圳市人民代表大会常务委员会关于废止《深圳经济特区制止牟取暴利规定》的决定 | 深圳市人民代表大会常务委员会 | 经济法 |
| 90 | 2001/5/25 | 深圳市人民代表大会常务委员会关于废止《深圳经济特区农副产品集贸市场条例》的决定 | 深圳市人民代表大会常务委员会 | 经济法 |
| 91 | 2000/12/22 | 深圳市人民代表大会常务委员会关于修改《深圳经济特区国有企业法定代表人任期经济责任审计条例》的决定 | 深圳市人民代表大会常务委员会 | 经济法 |
| 92 | 2000/10/24 | 深圳市人民代表大会常务委员会关于《深圳经济特区企业清算条例》第十四条第一款的解释 | 深圳市人民代表大会常务委员会 | 经济法 |
| 93 | 1999/6/30 | 深圳市人民代表大会常务委员会关于修改《深圳经济特区房地产转让条例》的决定（附：修正本） | 深圳市人民代表大会常务委员会 | 经济法 |
| 94 | 1999/5/6 | 深圳市人民代表大会常务委员会关于修改《深圳经济特区产品质量管理条例》第二十五条的决定 | 深圳市人民代表大会常务委员会 | 经济法 |
| 95 | 1999/2/12 | 关于废止《深圳经济特区企业登记管理实施细则》等18项规章及规范性文件的通知 | 广东省人民政府办公厅 | 经济法 |

续表

| 序号 | 颁布日期 | 标题 | 制定主体 | 类型 |
| --- | --- | --- | --- | --- |
| 96 | 1999/1/26 | 深圳市人民政府关于清理《深圳经济特区金银市场管理暂行规定》等18项规章的决定 | 深圳市人民政府 | 经济法 |
| 97 | 1998/9/14 | 深圳经济特区技术成果入股管理办法 | 深圳市人民政府 | 经济法 |
| 98 | 1997/12/17 | 深圳市人民代表大会常务委员会关于修改《深圳经济特区严厉打击生产、销售假冒、伪劣商品违法行为条例》第四十条、第四十一条、第四十六条、第四十七条、第四十八条的决定 | 深圳市人民代表大会常务委员会 | 经济法 |
| 99 | 1997/12/17 | 深圳市人民代表大会常务委员会关于修改《深圳经济特区实施〈中华人民共和国反不正当竞争法〉规定》第十五条、第十八条的决定 | 深圳市人民代表大会常务委员会 | 经济法 |
| 100 | 1997/12/17 | 深圳市人民代表大会常务委员会关于修改《深圳经济特区有限责任公司条例》第二十条、第二十七条的决定 | 深圳市人民代表大会常务委员会 | 经济法 |
| 101 | 1997/12/17 | 深圳市人民代表大会常务委员会关于修改《深圳经济特区实施〈中华人民共和国消费者权益保护法〉办法》第三十六条、第三十七条的决定 | 深圳市人民代表大会常务委员会 | 经济法 |
| 102 | 1997/9/5 | 深圳市人民代表大会常务委员会关于修改《深圳经济特区股份合作公司条例》第二十七条的决定 | 深圳市人民代表大会常务委员会 | 经济法 |
| 103 | 1997/7/29 | 关于修改《深圳经济特区严厉打击生产、销售假冒伪劣商品违法行为条例》有关条款的决定 | 深圳市人民代表大会常务委员会 | 经济法 |
| 104 | 1997/5/27 | 深圳经济特区严厉打击生产、销售假冒伪劣商品违法行为条例（第二次修正） | 深圳市人民代表大会常务委员会 | 经济法 |
| 105 | 1996/12/26 | 深圳经济特区实施《中华人民共和国消费者权益保护法》办法（修正） | 深圳市人民代表大会 | 经济法 |
| 106 | 1995/11/3 | 深圳市人民代表大会常务委员会关于延长《深圳经济特区股份有限公司条例》《深圳经济特区有限责任公司条例》实施前设立的股份有限公司、有限责任公司规范工作期限的决定 | 深圳市人民代表大会常务委员会 | 经济法 |
| 107 | 1995/4/15 | 深圳经济特区内部审计办法 | 深圳市人民政府 | 经济法 |
| 108 | 1994/11/2 | 深圳经济特区实施《中华人民共和国反不正当竞争法》规定 | 深圳市人民代表大会常务委员会 | 经济法 |

续表

| 序号 | 颁布日期 | 标题 | 制定主体 | 类型 |
|---|---|---|---|---|
| 109 | 1993/10/21 | 深圳市人民政府关于确认《深圳经济特区职工伤、病、残劳动能力鉴定暂行办法》等二十二件规范性文件具有市政府规章效力的决定 | 深圳市人民政府 | 经济法 |
| 110 | 1993/8/6 | 深圳经济特区严厉打击生产、销售假冒伪劣商品违法行为条例 | 深圳市人民代表大会常务委员会 | 经济法 |
| 111 | 2015/8/28 | 深圳市人民代表大会常务委员会关于废止《深圳经济特区房屋租赁条例》的决定 | 深圳市人民代表大会常务委员会 | 民法商法 |
| 112 | 2014/1/2 | 深圳市人民代表大会常务委员会关于废止《深圳经济特区经纪人管理条例》的决定 | 深圳市人民代表大会常务委员会 | 民法商法 |
| 113 | 2014/1/2 | 深圳市人民代表大会常务委员会关于废止《深圳经济特区商事条例》的决定 | 深圳市人民代表大会常务委员会 | 民法商法 |
| 114 | 2013/11/27 | 《深圳经济特区物业管理条例》实施若干规定 | 深圳市人民政府 | 民法商法 |
| 115 | 2013/4/24 | 深圳经济特区房地产登记条例 | 深圳市人民代表大会常务委员会 | 民法商法 |
| 116 | 2013/2/28 | 深圳市人民代表大会常务委员会关于修改《深圳经济特区房地产登记条例》的决定 | 深圳市人民代表大会常务委员会 | 民法商法 |
| 117 | 2013/2/28 | 深圳市人民代表大会常务委员会关于修改《深圳经济特区房屋租赁条例》的决定 | 深圳市人民代表大会常务委员会 | 民法商法 |
| 118 | 2012/11/14 | 深圳经济特区商事登记若干规定 | 深圳市人民代表大会常务委员会 | 民法商法 |
| 119 | 2012/9/18 | 深圳经济特区实施《中华人民共和国归侨侨眷权益保护法》规定 | 深圳市人民代表大会常务委员会 | 民法商法 |
| 120 | 2012/7/13 | 深圳市人民代表大会常务委员会关于修改《深圳经济特区实施〈中华人民共和国归侨侨眷权益保护法〉规定》的决定 | 深圳市人民代表大会常务委员会 | 民法商法 |
| 121 | 2012/5/29 | 深圳经济特区合同格式条款条例 | 深圳市人民代表大会常务委员会 | 民法商法 |
| 122 | 2011/3/3 | 深圳经济特区土地使用权出让条例 | 深圳市人民代表大会常务委员会 | 民法商法 |
| 123 | 2010/4/23 | 深圳经济特区中医药条例 | 深圳市人民代表大会常务委员会 | 民法商法 |
| 124 | 2008/4/1 | 深圳经济特区加强知识产权保护工作若干规定 | 深圳市人民代表大会常务委员会 | 民法商法 |
| 125 | 2007/10/17 | 深圳经济特区物业管理条例 | 深圳市人民代表大会常务委员会 | 民法商法 |

续表

| 序号 | 颁布日期 | 标题 | 制定主体 | 类型 |
| --- | --- | --- | --- | --- |
| 126 | 2004/6/25 | 深圳市人民代表大会常务委员会关于修改《深圳经济特区建设工程监理条例》的决定（附：修正本） | 深圳市人民代表大会常务委员会 | 民法商法 |
| 127 | 2004/6/25 | 深圳市人民代表大会常务委员会关于修改《深圳经济特区殡葬管理条例》的决定（附：修正本） | 深圳市人民代表大会常务委员会 | 民法商法 |
| 128 | 2004/6/25 | 深圳市人民代表大会常务委员会关于修改《深圳经济特区建设工程施工安全条例》的决定（附：修正本） | 深圳市人民代表大会常务委员会 | 民法商法 |
| 129 | 2001/3/22 | 深圳经济特区家庭服务业条例 | 深圳市人民代表大会常务委员会 | 民法商法 |
| 130 | 1997/2/26 | 深圳经济特区奖励和保护见义勇为人员条例 | 深圳市人民代表大会常务委员会 | 民法商法 |
| 131 | 1993/8/11 | 深圳经济特区房屋租赁条例实施细则 | 深圳市人民政府 | 民法商法 |
| 132 | 2016/12/22 | 深圳市人民代表大会常务委员会关于废止《深圳经济特区实施〈中华人民共和国固体废物污染环境防治法〉若干规定》的决定 | 深圳市人民代表大会常务委员会 | 社会法 |
| 133 | 2016/11/1 | 深圳市人民政府关于废止《深圳经济特区城市绿化管理办法》等三项规章的决定 | 深圳市人民政府 | 社会法 |
| 134 | 2016/10/26 | 深圳经济特区实施《中华人民共和国残疾人保障法》办法 | 深圳市人民代表大会常务委员会 | 社会法 |
| 135 | 2016/8/25 | 深圳经济特区医疗条例 | 深圳市人民代表大会常务委员会 | 社会法 |
| 136 | 2016/6/28 | 深圳经济特区绿化条例 | 深圳市人民代表大会常务委员会 | 社会法 |
| 137 | 2015/12/24 | 深圳经济特区全民阅读促进条例 | 深圳市人民代表大会常务委员会 | 社会法 |
| 138 | 2015/12/24 | 深圳市人民代表大会常务委员会关于修改《深圳经济特区人口与计划生育条例》的决定（附：修正本） | 深圳市人民代表大会常务委员会 | 社会法 |
| 139 | 2015/12/24 | 深圳市人民代表大会常务委员会关于《深圳经济特区和谐劳动关系促进条例》第五十八条的解释 | 深圳市人民代表大会常务委员会 | 社会法 |
| 140 | 2015/10/29 | 深圳市人民代表大会常务委员会关于修改《深圳经济特区失业保险若干规定》的决定（附：修正本） | 深圳市人民代表大会常务委员会 | 社会法 |

续表

| 序号 | 颁布日期 | 标题 | 制定主体 | 类型 |
| --- | --- | --- | --- | --- |
| 141 | 2015/4/29 | 深圳市人民代表大会常务委员会关于修改《深圳经济特区道路交通安全管理条例》的决定（附：修正本） | 深圳市人民代表大会常务委员会 | 社会法 |
| 142 | 2014/11/11 | 深圳经济特区无偿献血条例 | 深圳市人民代表大会常务委员会 | 社会法 |
| 143 | 2014/11/6 | 深圳经济特区居住证条例 | 深圳市人民代表大会常务委员会 | 社会法 |
| 144 | 2014/8/28 | 深圳经济特区促进全民健身条例 | 深圳市人民代表大会常务委员会 | 社会法 |
| 145 | 2014/8/28 | 《深圳经济特区欠薪保障条例》实施细则 | 深圳市人民政府 | 社会法 |
| 146 | 2014/1/9 | 深圳经济特区科技创新促进条例 | 深圳市人民代表大会常务委员会 | 社会法 |
| 147 | 2014/1/8 | 关于修改《深圳经济特区科技创新促进条例》的决定 | 深圳市人民代表大会常务委员会 | 社会法 |
| 148 | 2013/11/25 | 《深圳经济特区社会养老保险条例》实施细则 | 深圳市人民政府 | 社会法 |
| 149 | 2013/11/15 | 深圳经济特区控制吸烟条例 | 深圳市人民代表大会常务委员会 | 社会法 |
| 150 | 2013/6/28 | 深圳经济特区救助人权益保护规定 | 深圳市人民代表大会常务委员会 | 社会法 |
| 151 | 2013/3/18 | 深圳经济特区技术转移条例 | 深圳市人民代表大会常务委员会 | 社会法 |
| 152 | 2013/1/16 | 深圳经济特区文明行为促进条例 | 深圳市人民代表大会常务委员会 | 社会法 |
| 153 | 2012/11/29 | 深圳经济特区社会养老保险条例 | 深圳市人民代表大会常务委员会 | 社会法 |
| 154 | 2012/10/30 | 深圳经济特区碳排放管理若干规定 | 深圳市人民代表大会常务委员会 | 社会法 |
| 155 | 2012/10/29 | 深圳经济特区饮用水源保护条例 | 深圳市人民代表大会常务委员会 | 社会法 |
| 156 | 2012/10/29 | 深圳经济特区建设项目环境保护条例 | 深圳市人民代表大会常务委员会 | 社会法 |
| 157 | 2012/9/18 | 深圳经济特区机动车排气污染防治条例 | 深圳市人民代表大会常务委员会 | 社会法 |
| 158 | 2012/9/18 | 深圳经济特区国有企业法定代表人任期经济责任审计条例 | 深圳市人民代表大会常务委员会 | 社会法 |

续表

| 序号 | 颁布日期 | 标题 | 制定主体 | 类型 |
| --- | --- | --- | --- | --- |
| 159 | 2012/9/11 | 深圳市人民代表大会常务委员会关于废止《深圳经济特区实施〈中华人民共和国妇女权益保障法〉若干规定》的决定 | 深圳市人民代表大会常务委员会 | 社会法 |
| 160 | 2012/7/13 | 深圳市人民代表大会常务委员会关于修改《深圳经济特区建设项目环境保护条例》的决定 | 深圳市人民代表大会常务委员会 | 社会法 |
| 161 | 2012/7/13 | 深圳市人民代表大会常务委员会关于修改《深圳经济特区国有企业法定代表人任期经济责任审计条例》的决定 | 深圳市人民代表大会常务委员会 | 社会法 |
| 162 | 2012/7/13 | 深圳市人民代表大会常务委员会关于修改《深圳经济特区饮用水源保护条例》的决定 | 深圳市人民代表大会常务委员会 | 社会法 |
| 163 | 2012/7/10 | 深圳经济特区性别平等促进条例 | 深圳市人民代表大会常务委员会 | 社会法 |
| 164 | 2012/7/5 | 深圳市人民代表大会常务委员会关于废止《深圳经济特区失业保险条例》的决定 | 深圳市人民代表大会常务委员会 | 社会法 |
| 165 | 2012/2/21 | 深圳经济特区社会建设促进条例 | 深圳市人民代表大会常务委员会 | 社会法 |
| 166 | 2011/12/31 | 深圳市人民政府关于修改《深圳经济特区城市绿化管理办法》等8项规章的决定 | 深圳市人民政府 | 社会法 |
| 167 | 2011/12/14 | 深圳经济特区环境噪声污染防治条例 | 深圳市人民代表大会常务委员会 | 社会法 |
| 168 | 2011/10/9 | 深圳经济特区市容和环境卫生管理条例 | 深圳市人民代表大会常务委员会 | 社会法 |
| 169 | 2011/9/29 | 深圳经济特区心理卫生条例 | 深圳市人民代表大会常务委员会 | 社会法 |
| 170 | 2011/9/27 | 关于修改《深圳经济特区市容和环境卫生管理条例》的决定 | 深圳市人民代表大会常务委员会 | 社会法 |
| 180 | 2011/3/10 | 深圳经济特区河道管理条例 | 深圳市人民代表大会常务委员会 | 社会法 |
| 181 | 2010/12/30 | 深圳经济特区加快经济发展方式转变促进条例 | 深圳市人民代表大会常务委员会 | 社会法 |
| 182 | 2010/12/24 | 深圳市人民代表大会常务委员会关于废止《深圳经济特区文化市场管理条例》等7项特区法规的决定 | 深圳市人民代表大会常务委员会 | 社会法 |
| 183 | 2009/8/13 | 深圳经济特区环境保护条例 | 深圳市人民代表大会常务委员会 | 社会法 |
| 184 | 2009/7/21 | 深圳市人民代表大会常务委员会关于废止《深圳经济特区安全管理条例》的决定 | 深圳市人民代表大会常务委员会 | 社会法 |

第二章　河北雄安新区的立法构想

续表

| 序号 | 颁布日期 | 标题 | 制定主体 | 类型 |
| --- | --- | --- | --- | --- |
| 185 | 2009/2/5 | 深圳经济特区梧桐山风景名胜区条例 | 深圳市人民代表大会常务委员会 | 社会法 |
| 186 | 2008/10/6 | 深圳经济特区和谐劳动关系促进条例 | 深圳市人民代表大会常务委员会 | 社会法 |
| 187 | 2008/8/19 | 深圳经济特区科技创新促进条例 | 深圳市人民代表大会常务委员会 | 社会法 |
| 188 | 2008/6/30 | 深圳市人民政府关于修改《〈深圳经济特区实施医疗机构管理条例若干规定〉实施细则》的决定（附：修正本） | 深圳市人民政府 | 社会法 |
| 189 | 2008/4/24 | 深圳经济特区欠薪保障条例 | 深圳市人民代表大会常务委员会 | 社会法 |
| 190 | 2007/7/24 | 深圳市人民代表大会常务委员会关于废止《深圳经济特区燃气管理条例》的决定 | 深圳市人民代表大会常务委员会 | 社会法 |
| 191 | 2006/8/8 | 深圳经济特区建筑节能条例 | 深圳市人民代表大会常务委员会 | 社会法 |
| 192 | 2006/3/20 | 深圳经济特区改革创新促进条例 | 深圳市人民代表大会常务委员会 | 社会法 |
| 193 | 2005/4/29 | 深圳市人民代表大会常务委员会关于废止《深圳经济特区国有资产管理条例》的决定 | 深圳市人民代表大会常务委员会 | 社会法 |
| 194 | 2004/10/29 | 深圳市人民代表大会常务委员会关于废止《深圳经济特区最低工资条例》的决定 | 深圳市人民代表大会常务委员会 | 社会法 |
| 195 | 2004/8/26 | 深圳市人民政府关于修改《深圳经济特区职业介绍规定》等34件规章的决定 | 深圳市人民政府 | 社会法 |
| 196 | 2004/8/26 | 深圳经济特区职业介绍规定 | 深圳市人民政府 | 社会法 |
| 197 | 2004/8/26 | 深圳经济特区城市雕塑管理规定 | 深圳市人民政府 | 社会法 |
| 198 | 2004/8/26 | 深圳经济特区梧桐山风景区管理办法 | 深圳市人民政府 | 社会法 |
| 199 | 2004/8/26 | 深圳经济特区市政排水管理办法 | 深圳市人民政府 | 社会法 |
| 200 | 2004/8/26 | 深圳经济特区计算机信息系统公共安全管理规定 | 深圳市人民政府 | 社会法 |
| 201 | 2004/8/26 | 深圳经济特区生活饮用水二次供水管理规定 | 深圳市人民政府 | 社会法 |
| 202 | 2004/8/26 | 深圳经济特区计划生育管理办法 | 深圳市人民政府 | 社会法 |
| 203 | 2004/6/25 | 深圳市人民代表大会常务委员会关于修改《深圳经济特区城市园林条例》的决定（附：修正本） | 深圳市人民代表大会常务委员会 | 社会法 |
| 204 | 2004/6/25 | 深圳市人民代表大会常务委员会关于修改《深圳经济特区海域污染防治条例》的决定（附：修正本） | 深圳市人民代表大会常务委员会 | 社会法 |

续表

| 序号 | 颁布日期 | 标题 | 制定主体 | 类型 |
| --- | --- | --- | --- | --- |
| 205 | 2004/6/25 | 深圳市人民代表大会常务委员会关于修改《深圳经济特区城市供水用水条例》的决定（附：第二次修正本） | 深圳市人民代表大会常务委员会 | 社会法 |
| 206 | 2004/6/25 | 深圳市人民代表大会常务委员会关于修改《深圳经济特区信息化建设条例》的决定（附：修正本） | 深圳市人民代表大会常务委员会 | 社会法 |
| 207 | 2004/6/25 | 深圳市人民代表大会常务委员会关于修改《深圳经济特区水资源管理条例》的决定（附：修正本） | 深圳市人民代表大会常务委员会 | 社会法 |
| 208 | 2004/4/16 | 深圳市人民代表大会常务委员会关于修改《深圳经济特区律师条例》的决定（附：第二次修正本） | 深圳市人民代表大会常务委员会 | 社会法 |
| 209 | 2004/4/16 | 深圳市人民代表大会常务委员会关于修改《深圳经济特区实施〈中华人民共和国未成年人保护法〉办法》的决定（附：第二次修正本） | 深圳市人民代表大会常务委员会 | 社会法 |
| 210 | 2003/10/28 | 深圳市人民代表大会常务委员会关于修改《深圳经济特区暂住人员户口管理条例》的决定（附：第二次修正本） | 深圳市人民代表大会常务委员会 | 社会法 |
| 211 | 2003/9/8 | 深圳市人民代表大会常务委员会关于《深圳经济特区实施〈医疗机构管理条例〉若干规定》第十六条第二款有关问题的解释 | 深圳市人民代表大会常务委员会 | 社会法 |
| 212 | 2003/9/8 | 深圳经济特区人体器官捐献移植条例 | 深圳市人民代表大会常务委员会 | 社会法 |
| 213 | 2003/9/8 | 深圳经济特区禁止食用野生动物若干规定 | 深圳市人民代表大会常务委员会 | 社会法 |
| 214 | 2002/7/29 | 深圳经济特区人才市场条例 | 深圳市人民代表大会常务委员会 | 社会法 |
| 215 | 2002/2/11 | 深圳经济特区服务行业环境保护管理办法 | 深圳市人民政府 | 社会法 |
| 216 | 2001/8/16 | 关于修改《深圳经济特区防洪防风规定》的决定［附：深圳市防洪防风规定（修正本）］ | 深圳市人民政府 | 社会法 |
| 217 | 2001/2/23 | 深圳经济特区居民就业促进条例 | 深圳市人民代表大会常务委员会 | 社会法 |
| 218 | 1999/11/22 | 深圳经济特区防止海域污染条例 | 深圳市人民代表大会常务委员会 | 社会法 |
| 219 | 1999/11/19 | 《深圳经济特区企业员工基本养老保险条例》若干实施规定 | 深圳市人民政府 | 社会法 |

续表

| 序号 | 颁布日期 | 标题 | 制定主体 | 类型 |
|---|---|---|---|---|
| 220 | 1998/10/27 | 深圳经济特区宗教事务条例 | 深圳市人民代表大会常务委员会 | 社会法 |
| 221 | 1998/7/11 | 深圳经济特区法律援助办法 | 深圳市人民政府 | 社会法 |
| 222 | 1997/12/17 | 深圳市人民代表大会常务委员会关于修改《深圳经济特区环境噪声污染防治条例》第四十一条的决定 | 深圳市人民代表大会常务委员会 | 社会法 |
| 223 | 1997/10/29 | 深圳经济特区捐赠公益事业管理条例 | 深圳市人民代表大会常务委员会 | 社会法 |
| 224 | 1997/7/15 | 深圳经济特区公共图书馆条例（试行） | 深圳市人民代表大会常务委员会 | 社会法 |
| 225 | 1997/2/26 | 深圳经济特区水土保持条例 | 深圳市人民代表大会常务委员会 | 社会法 |
| 226 | 2014/10/30 | 深圳市人民代表大会常务委员会关于加强深圳经济特区标准建设若干问题的决定 | 深圳市人民代表大会常务委员会 | 综合性 |
| 227 | 2014/8/28 | 深圳经济特区政府投资项目管理条例 | 深圳市人民代表大会常务委员会 | 综合性 |
| 228 | 2014/1/8 | 深圳经济特区行业协会条例 | 深圳市人民代表大会常务委员会 | 综合性 |
| 229 | 2011/7/6 | 深圳经济特区前海深港现代服务业合作区条例 | 深圳市人民代表大会常务委员会 | 综合性 |
| 230 | 2010/6/30 | 深圳市人民代表大会常务委员会关于2010年7月1日前制定的经济特区法规在扩大后的经济特区适用的决定 | 深圳市人民代表大会常务委员会 | 综合性 |
| 231 | 2010/6/30 | 关于深圳经济特区规章在经济特区范围扩大后的宝安龙岗两区实施有关事项的决定 | 深圳市人民政府 | 综合性 |
| 232 | 2009/2/17 | 深圳经济特区无线电管理条例 | 深圳市人民代表大会常务委员会 | 综合性 |
| 233 | 2008/7/22 | 深圳市人民代表大会常务委员会关于废止《深圳经济特区暂住人员户口管理条例》的决定 | 深圳市人民代表大会常务委员会 | 综合性 |
| 234 | 2006/9/26 | 深圳市人大常委会关于修改《深圳经济特区高新技术产业园区条例》的决定（附：修正本） | 深圳市人民代表大会常务委员会 | 综合性 |
| 235 | 2005/4/28 | 深圳市人民政府关于修改《深圳经济特区组织机构代码管理办法》的决定（附：修正本） | 深圳市人民政府 | 综合性 |
| 236 | 2002/5/16 | 深圳经济特区档案与文件收集利用条例 | 深圳市人民代表大会常务委员会 | 综合性 |

续表

| 序号 | 颁布日期 | 标题 | 制定主体 | 类型 |
|---|---|---|---|---|
| 237 | 2002/4/26 | 深圳市人民代表大会常务委员会关于修改《深圳经济特区实施〈医疗机构管理条例〉若干规定》的决定（附：第二次修正本） | 深圳市人民代表大会常务委员会 | 综合性 |
| 238 | 2001/10/24 | 深圳市人民代表大会常务委员会关于修改《深圳经济特区公证条例》的决定（附：修正本） | 深圳市人民代表大会常务委员会 | 综合性 |
| 239 | 1997/8/15 | 广东省人民代表大会常务委员会关于修改《深圳经济特区与内地之间人员往来管理规定》第十三条的决定（附：修正本） | 广东省人民代表大会常务委员会 | 综合性 |
| 240 | 1980/4/15 | 广东省经济特区条例 | 广东省人民代表大会常务委员会 | 综合性 |

（2）深圳经济特区立法特征分析。

第一，经济特区立法属于授权立法。由于经济特区立法权直接来源于全国人大及其常委会的特别授权，即全国人大及其常委会通过决定、决议对我国经济特区立法权分别作出专门的授权，《立法法》又赋予这些决定以法律依据。而其他的地方立法权，是根据我国《宪法》《地方组织法》《立法法》的规定而来，不是源于专门的授权。这就说明，包括深圳在内的经济特区立法属于授权立法，不属于一般性的地方立法。这也决定了经济特区立法所产生的规范性法律文件，按其性质来说，其效力等级一般低于授权主体本身制定的规范性法律文件，又高于一般地方与受权主体相同级别的国家机关所制定的普通规范性法律文件。

第二，经济特区立法范围日益广泛。纵观深圳经济特区的立法历程，可以发现，其立法范围呈现不断扩大的趋势。在1992年之前，深圳经济特区的立法基本上都是经济方面的立法，这是由全国人大常委会的授权决定的。例如，1981年11月26日，第五届全国人大常委会第21次会议通过了《关于授权广东省、福建省人大及其常委会制定所属经济特区的各项单行经济法规的决议》，授权广东省、福建省人大及其常委会，制定所属经济特区的各项单行经济法规，并报全国人大常委会和国务院备案。这也说明，在1992年之前，广东省人大及其常委会只能制定经济法规在深圳经济特区实施。而1992年7月1日，第七届全国人大常委会第26次会议通过的《关于授权深圳市人大及其常委会和深圳市人民政府分别制定法规和规章在深圳经济特区实施的决定》，取消了深圳经济特区立法只限于经济方面的限制，使得深圳经济特区立法范围不断扩大。而且，根据全国人大及其常委会的授权决定，经济特区立法权范围比一般的地方立法权范围更广,没有明确的立法权限范围,只要其不与宪法的规定以及法律、行政法规的原则相抵触,不涉及国家专属立法权事项,就可以根据经济特区的具体情况和实际需要及时作出规定,几乎没有什么限制。从而使得深圳经济特区立法由经济立法扩展到经济、文化、社会、行政管理等各个方面立法。但其中,70%左右是有关市场经济和城市管理方面的立法,表明经济体制改革和市场经济建设依然是经济特区立法的重点所在。

第三,经济特区立法创新性强,敢于变通。总结深圳经济特区的立法成果,我们可以看出,经济特区立法最突出的特点便是创新,即创新是经济特区立法权的本质特征所在。因为,按照经济特区的历史使命,经济特区立法必然要突破国家一些不适应社会主义市场经济发展的、不适应新形势下改革发展稳定需要的旧规范、旧规定,必然具有破格性、先行性、试行性的特点。经济特区立法创新的手段主要包括对立法空白进行填补和对现行立法进行变通两种方式。而对立法空白的填补在深圳经济特区最早表现为"先行先试立法",约占经济特区立法的1/3,这部分立法主要借鉴了中国香港和国外法律,通过经济特区立法使其发挥"先行先试"的作用,逐步积累经验,进而在全国进行推广。从深圳经济特区立法实践来看,经济特区立法往往具有开创性和实验性,如深圳经济特区创造了国内数十个立法上的"第一":第一批公司方面的立法——《深圳经济特区股份有限公司条例》《深圳经济特区有限责任公司条例》,第一个物业管理法规——《深圳经济特区住宅区物业管理条例》,第一个有关企业欠薪保障的法规——《深圳经济特区企业保障条例》,第一个政府采购法案——《政府采购条例》,第一部义工法规——《义工服务条例》等。但随着国家立法的不断完善与健全,这种填补逐渐表现为对新制度的创设,以借助制度创新推动深圳经济特区实现从"政策性特区"向"制度性特区"的转变。如2006年通过的《深圳经济特区改革创新促进条例》、2014年8月28日颁布的《深圳经济特区促进全民健身条例》、2015年12月24日颁布的《深圳经济特区全民阅读促进条例》等。

变通权是当前国家授权经济特区进行立法创新的另一种方式。即授权经济特区立法主体在遵循宪法以及法律、行政法规基本原则的前提下,可以根据自身的具体情况和实际需要,对国家法律、行政法规做出变通性规定。这种立法变通权得到了国家的授权和《立法法》的肯定,是其他形式的地方立法所不能承接或者替代的。从深圳经济特区30多年的立法历程来看,这种立法变通权对创新立法发挥了重要作用,通过对法律和行政法规的变通,在规范房地产市场、规范市场主体和市场秩序、维护社会治安、保障公民权益等方面都做出了创新性的规定。如 2010 年 8 月 1 日施行的《深圳经济特区道路交通安全违法行为处罚条例》中关于驾车闯红灯的规定。国家《道路交通安全法》第九十条规定给予警告或者处以二十元至两百元的罚款，而深圳规定处以五百元的罚款。据统计，在深圳经济特区立法中，有三分之一是根据经济特区经济发展及改革开放的实际需要，根据法律、行政法规的基本原则，对国家法律、行政法规进行必要的变通、补充和细化的。而从深圳经济特区变通立法的效果来看，经济特区立法变通遵循了宪法的规定以及法律、行政法规的基本原则，具有合法性，其不仅借鉴了发达地区（如中国香港）的成功做法和经验，还注重自身的实际情况，为经济特区发展提供了重要的法律保障，还为国家相关立法积累了有益经验。

第四，经济特区立法具有优先适用性。尽管《立法法》对一般法律的适用给予了明确规定，但由于经济特区对法律、行政法规具有变通权，且在许多领域可以"先行先试"，使得经济特区的法律适用问题更加复杂。一般情况下，当经济特区法规与法律、行政法规的规定不一致时，则在不违反法律、行政法规的基本原则时，在特区内优先适用经济特区法规。又由于经济特区立法主体具有立法变通权，即使特区立法在先，国家立法在后，在规定存在不一致时也在经济特区内优先适用经济特区立法。另外，在 2000 年《立法法》颁布之后，由于经济特区所在地的市同时获得了较大的市的立法权，使得经济特区也面临着经济特区立法与较大的市立法如何优先适用的问题。这里需要说明的是，尽管两者的立法主体是同一的，但如前所述，经济特区立法的性质和效力不同于较大的市立法，当两者发生冲突时，应优先适用经济特区立法。此外，在 2010 年之前，由于经济特区的范围只是其所在地的市的一部分，因而，其还面临"一市两法"的问题，但随着 2010 年 5 月 27 日国务院就广东省提出的《关于延伸深圳经济特区范围的请示》，作出了《关于扩大深圳经济特区范围的批复》，从 2010 年 7 月 1 日起，深圳经济特区范围扩大到深圳全市，这样，在深圳全市既统一实施深圳经济特区法规，又统一实施深圳市地方性法规，"一市两法"问题得到了全面、彻底解决。

（三）中国自由贸易区立法状况分析

1. 中国自由贸易区立法现状概述

自由贸易区，简称自贸区，是指在贸易和投资等方面实施比世贸组织有关规定更加优惠的贸易政策，准许外国商品豁免关税自由进出的特定区域。

截至2017年4月1日，中国自由贸易区共有11个，分3批成立，按其成立时间的先后顺序分别是：中国（上海）自由贸易试验区（2013年9月29日）、中国（广东）自由贸易试验区（2015年4月21日）、中国（天津）自由贸易试验区（2015年4月21日）、中国（福建）自由贸易试验区（2015年4月21日）、中国（辽宁）自由贸易试验区（2017年4月1日）、中国（浙江）自由贸易试验区（2017年4月1日）、中国（河南）自由贸易试验区（2017年4月1日）、中国（湖北）自由贸易试验区（2017年4月1日）、中国（重庆）自由贸易试验区（2017年4月1日）、中国（四川）自由贸易试验区（2017年4月1日）、中国（陕西）自由贸易试验区（2017年4月1日）。

与行政区划不同，各自贸区由不同的片区组成，下设管委会，所以自贸区均无立法权。当前相关立法主要由国务院的行政法规、自贸区所属省份的省级地方性法规以及自贸区片区所在市的地方性法规组成。值得讨论的是自贸区授权立法的合法性问题，2013年8月30日十二届全国人大常委会第四次会议审议通过了《关于授权国务院在中国（上海）自由贸易试验区等国务院决定的试验区内暂时停止实施有关法律规定的决定（草案）》，根据该"决定"，上海自贸区内对负面清单之外的外商投资暂时停止实施《外资企业法》《中外合资经营企业法》《中外合作经营企业法》以及《文物保护法》的有关规定。这种授权已经构成自贸区内法律适用的变动，已由法律实施问题变成立法问题。虽然全国人大及其常委会授权国务院变更实施法律规定有先例可寻，但这种授权无疑超出了国务院相应立法权限，且自贸区授权立法模式仍无明文规定，其合法性有待商榷。

据统计，当前与自贸区直接相关的国务院文件共22项，地方性法规共12项，地方政府规章共15项。地方性法规与地方政府规章中有关上海自贸区的共5项（不包含已失效的），有关广东自贸区的共7项，有关天津自贸区的共2项（不包含已失效的），有关福建自贸区的共6项，有关河南自贸区的共1项，有关湖北自贸区的共1项，有关陕西自贸区的共2项，有关辽宁自贸区、浙江自贸区、重庆自贸区以及四川自贸区的0项，具体见表2-3。通过整理归纳，我们可以发现，当前自贸区法制建设仍处于起步阶段，尚未形成明确的立法模式，中央也无明确立法，解决已有的国家法和创新制度改革之间的矛盾是当前自贸区立法亟待解决的问题。

表 2-3　中国自贸区立法现状一览表

| 序号 | 自贸区名称 | 成立时间 | 机构设置 | 自贸区相关立法 ||
|---|---|---|---|---|---|
| | | | | 地方立法 | 国务院相关文件 |
| 1 | 中国（上海）自由贸易试验区 | 2013年9月29日 | 管委会 | （1）《中国（上海）自由贸易试验区条例》<br>（2）《上海市人民政府关于中国（上海）自由贸易试验区管理委员会集中行使本市有关行政审批权和行政处罚权的决定》<br>（3）《上海市人大常委会关于在中国（上海）自由贸易试验区调整实施本市有关地方性法规规定的决定》（2016修正）<br>（4）《上海市人民代表大会常务委员会关于修改〈上海市人民代表大会常务委员会关于在中国（上海）自由贸易试验区暂时调整实施本市有关地方性法规规定的决定〉的决定》<br>（5）《上海市人民政府关于废止〈中国（上海）自由贸易试验区管理办法〉的决定》 | （1）国务院办公厅关于印发自由贸易试验区外商投资准入特别管理措施（负面清单）（2017年版）的通知<br>（2）国务院关于印发全面深化中国（上海）自由贸易试验区改革开放方案的通知<br>（3）国务院关于印发中国（重庆）自由贸易试验区总体方案的通知<br>（4）国务院关于印发中国（陕西）自由贸易试验区总体方案的通知<br>（5）国务院关于印发中国（四川）自由贸易试验区总体方案的通知<br>（6）国务院关于印发中国（河南）自由贸易试验区总体方案的通知 |
| 2 | 中国（广东）自由贸易试验区 | 2015年4月21日 | 管委会 | （1）《中国（广东）自由贸易试验区条例》<br>（2）《珠海市人民代表大会常务委员会关于促进中国（广东）自由贸易试验区珠海横琴新区片区廉洁示范区建设的决定》<br>（3）《中国（广东）自由贸易试验区各片区管委会实施的第二批省级管理事项目录》<br>（4）《广州市人民政府关于向中国（广东）自由贸易试验区南沙新区片区下放第一批市级管理权限的决定》<br>（5）《珠海经济特区促进中国（广东）自由贸易试验区珠海横琴新区片区建设办法》<br>（6）《中国（广东）自由贸易试验区各片区管委会实施的第一批省级管理事项目录》<br>（7）《中国（广东）自由贸易试验区管理试行办法》 | （7）国务院关于印发中国（辽宁）自由贸易试验区总体方案的通知<br>（8）国务院关于印发中国（浙江）自由贸易试验区总体方案的通知<br>（9）国务院关于印发中国（湖北）自由贸易试验区总体方案的通知<br>（10）国务院关于做好自由贸易试验区新一批改革试点经验复制推广工作的通知<br>（11）国务院关于在自由贸易试验区暂时调整有关行政法规、国务院文件和经国务院批准的部门规章规定的决定<br>（12）国务院关于自由贸易试验区工作进展情况的报告 |

续表

| 序号 | 自贸区名称 | 成立时间 | 机构设置 | 自贸区相关立法 地方立法 | 自贸区相关立法 国务院相关文件 |
|---|---|---|---|---|---|
| 3 | 中国（天津）自由贸易试验区 | 2015年4月21日 | 管委会 | （1）《中国（天津）自由贸易试验区条例》<br>（2）《天津市人大常委会关于在中国（天津）自由贸易试验区暂时调整实施本市有关地方性法规规定的决定》 | （13）国务院关于印发中国（福建）自由贸易试验区总体方案的通知<br>（14）国务院关于印发进一步深化中国（上海）自由贸易试验区改革开放方案的通知<br>（15）国务院关于印发中国（天津）自由贸易试验区总体方案的通知<br>（16）国务院关于印发中国（广东）自由贸易试验区总体方案的通知<br>（17）国务院办公厅关于印发自由贸易试验区外商投资国家安全审查试行办法的通知<br>（18）国务院关于同意建立国务院自由贸易试验区工作部际联席会议制度的批复<br>（19）国务院关于推广中国（上海）自由贸易试验区可复制改革试点经验的通知<br>（20）国务院关于在中国（上海）自由贸易试验区内暂时调整实施有关行政法规和经国务院批准的部门规章规定的准入特别管理措施的决定 |
| 4 | 中国（福建）自由贸易试验区 | 2015年4月21日 | 管委会 | （1）《中国（福建）自由贸易试验区条例》<br>（2）《厦门经济特区促进中国（福建）自由贸易试验区厦门片区建设规定》<br>（3）《厦门市人民代表大会常务委员会关于在中国（福建）自由贸易试验区厦门片区暂时调整实施本市有关地方性法规规定的决定》<br>（4）《福州市人民代表大会常务委员会关于在中国（福建）自由贸易试验区福州片区暂时调整实施本市有关地方性法规规定的决定》<br>（5）《中国（福建）自由贸易试验区相对集中行政复议权实施办法》<br>（6）《中国（福建）自由贸易试验区管理办法》 | |
| 5 | 中国（辽宁）自由贸易试验区 | 2017年4月1日 | 管委会 | 无 | |
| 6 | 中国（浙江）自由贸易试验区 | 2017年4月1日 | 管委会 | 无 | （21）国务院关于在中国（上海）自由贸易试验区内暂时调整有关行政法规和国务院文件规定的行政审批或者准入特别管理措施的决定 |
| 7 | 中国（河南）自由贸易试验区 | 2017年4月1日 | 管委会 | 《中国（河南）自由贸易试验区管理试行办法》 | （22）国务院关于印发中国（上海）自由贸易试验区总体方案的通知 |

续表

| 序号 | 自贸区名称 | 成立时间 | 机构设置 | 自贸区相关立法 ||
|---|---|---|---|---|---|
| | | | | 地方立法 | 国务院相关文件 |
| 8 | 中国（湖北）自由贸易试验区 | 2017年4月1日 | 管委会 | 《中国（湖北）自由贸易试验区建设管理办法》 | |
| 9 | 中国（重庆）自由贸易试验区 | 2017年4月1日 | 管委会 | 无 | |
| 10 | 中国（四川）自由贸易试验区 | 2017年4月1日 | 管委会 | 无 | |
| 11 | 中国（陕西）自由贸易试验区 | 2017年4月1日 | 管委会 | （1）《陕西省人民政府关于中国（陕西）自由贸易试验区实施部分省级管理事项的决定》<br>（2）《西安市人民政府关于中国（陕西）自由贸易试验区西安各片区管委会实施部分市级行政管理事项的决定》 | |

**2. 中国自由贸易试验区立法的对比分析**

作为深化对外开放的一项国家战略，自贸区建设最重要的就是法制建设，以为自贸区建设提供法治保障。纵观我国自由贸易试验区的立法现状，我们可以看出：从立法主体来划分，主要包括国务院、省人大常委会、省级政府、经济特区人大常委会、设区的市人大常委会、设区的市政府；从立法效力等级来划分，主要包括行政法规、经济特区法规、省级地方性法规、设区的市地方性法规、省级政府规章、设区的市政府规章等；从立法内容来划分，主要涉及综合性立法、法规调整立法、管理体制立法、行政执法立法、外商投资立法等。

通过上述分析，我们可以得出以下几点结论：首先，当前我国自贸区立法主要由国务院以规范性文件的形式推进，以地方立法为主，缺乏统一的国家层面的立法。其次，自贸区地方立法参差不齐，做得最好的是广东自贸区和上海自贸区，立法状况领先其他自贸区，值得借鉴。而辽宁自贸区、浙江自贸区、重庆自贸区以及四川自贸区至今尚未制定一部地方立法。目前大部分自贸区都制定了《自由贸易试验区条例》，对自贸区的管理体制、投资开放、贸易便利、金融服务、综合监管、法治环境等问题作出了明确规定,为自贸区建设提供了明确的法制依据。再次,自贸区立法具有"变通"性质。为了推进和保障自由贸易试验区建设,充分发挥其推进改革和提高开放型经济水平"试验田"的作用,全国人大常委会授权国务院在自由贸易试验区暂时调整有关法律规定的行政审批,国务院在自由贸易试验区内暂时调整了有关行政法规和国务院文件规定的行政审批或者准入特别管理措施等,地方人大常委会也在自由贸易试验区所在片区暂时调整实施了本行政区域有关地方性法规,从而使得自贸区立法具有了"变通"性质,可以为自贸区建设提供灵活的法制保障。需要说明的是,随着自贸区战略深入开展,全国人大常委会授权国务院在自贸区范围内暂停实施部分法律的决定并未改变,这种授权立法在授权依据和授权主体方面都存在争议,需要进一步深入研究。最后,当前自贸区立法内容主要集中在自贸区片区建设、管理体制改革、下放行政管理和行政审批权限等方面,表明自贸区立法以简政放权、放管结合的制度创新为核心,以加快政府职能转变、探索体制机制创新为重点,也表明自贸区立法正处于探索与经验总结期。

**三、河北雄安新区的立法建议**

在考察分析国家级新区、经济特区、自由贸易试验区立法现状的基础上,根据中共中央、国务院关于雄安新区的定位,并结合河北雄安新区的实际情况,我们认为,加强雄安新区立法已经势在必行,但雄安新区立法应分阶段、有计划进行,其具体立法建议如下。

**(一)雄安新区立法主体**

根据中共中央、国务院对雄安新区的定位,雄安新区的立法主体应该包括三类:一是全国人大及其常委会、国务院。考虑到雄安新区的主要定位是北京非首都功能疏解集中承载地,涉及北京非首都功能的疏解,涉及大量央企、高校、事业单位的搬迁与安置等问题,这方面的立法只能由中央立法主体即全国人大及其常委会、国务院承担,而不能由地方立法主体承担。另外,由于雄安新区未来将实行特殊的房地产开发模式、户籍管理制度、行政管理体制等,这必然与我国现行立法的有关规定相冲突,因而,应由全国人大常委会或授权国务院暂行停止或调整有关法律在雄安新区的实施。国务院也应暂时调整有关行政法规和经国务院批准的部门规章在雄安新区的实施。此外,考虑到雄安新区的定位前所未有,全国人大及其常委会、国务院可以直接立法，在雄安新区范围内直接实施。二是河北省人大及其常委会、河北省政府。由于雄安新区是河北省下辖的行政区域，因而，按照立法权限的划分，河北省人大及其常委会、河北省政府有权制定地方性法规和政府规章，在雄安新区范围内实施。特别是在当前雄安新区无立法权的情况下，雄安新区的立法主要应由河北省人大及其常委会、河北省政府来进行。三是雄安新区人大及其常委会、雄安新区政府。在未来雄安新区人大及其常委会建立的情况下，雄安新区人大及其常委会、雄安新区政府将成为最重要的立法主体，类似于今天的深圳市人大及其常委会、深圳市政府。

（二）雄安新区立法权限

由于中共中央、国务院对雄安新区定位很高，雄安新区应是国家级新区、经济特区、自由贸易试验区等的综合体，再加上雄安新区承担着集中疏解北京非首都功能、探索人口经济密集地区优化开发新模式、调整优化京津冀城市布局和空间结构、培育创新驱动发展新引擎等重大使命，需要先行先试，采取一些特殊的政策和做法，这就需要立法上的重大创新，对现行法律、法规进行变通，以突破现行立法的约束或障碍，因而，全国人大及其常委会将来在雄安新区人大及其常委会成立后，应赋予雄安新区较高的立法权限，既赋予其经济特区立法权，也相应赋予其国家级新区、自由贸易试验区的立法权，以便对现行法律、法规作出变通性规定。由于雄安新区被定位为副省级城市，在雄安新区人大及其常委会成立以后，根据新《立法法》第72条等的规定，其自然享有设区的市立法权。此外，一旦雄安新区被定位为经济特区，赋予经济特区立法权，那么，根据新《立法法》第74条的规定，河北省人大及其常委会根据全国人大的授权决定，便有权制定经济特区法规，在经济特区范围内实施。

（三）雄安新区具体立法计划

鉴于雄安新区整体详细规划尚未出台，且雄安新区建设分阶段进行，因而，雄安新区立法也应分阶段、有计划进行，在借鉴国家级新区、经济特区、自贸区立法经验的基础上，我们建议，在河北省人大及其常委会、河北省政府立法权限范围内，雄安新区具体立法计划如下。

1. 第一阶段：就当前而言，雄安新区建设急需如下立法

（1）应制定雄安新区管理机构及其职权方面的立法。2017年6月，经中央机构编制委员会批准，中央机构编制委员会办公室《中央编办关于设立河

北雄安新区管理机构有关问题的批复》同意设立河北雄安新区管理机构。中共河北省委、河北省人民政府印发《关于组建河北雄安新区管理机构的通知》。按照"党政合设"和"精简、高效、统一"的原则，组建中共河北雄安新区工作委员会、河北雄安新区管理委员会，为中共河北省委、河北省人民政府派出机构。建设初期，雄安新区党工委、管委会下设党政办公室、党群工作部、改革发展局、规划建设局、公共服务局、综合执法局和安全监管局，内设机构按工作需要适时调整完善。

基于此，河北省人大常委会、河北省政府应抓紧时间制定雄安新区管理机构及其职权方面的立法，依法明确雄安新区管理机构的法律地位，依法明确雄安新区管委会与雄安新区三县政府等其他政府机构之间的关系，并依法赋予雄安新区管委会及其下设机构相应职权，以使雄安新区管理机构依法运转、依法行使职权，实现依法行政。否则，就会导致雄安新区的运行机制、工作程序和管委会的职责权限不明晰，就可能造成其运作不规范、办事效率低下。具体来说，河北省人大常委会应尽快制定《河北省人民代表大会常务委员会关于河北雄安新区行政管理事项的决定》，河北省政府应尽快制定《河北雄安新区管理办法》，依法建立河北雄安新区的管理体制，明确雄安新区管理机构的法律地位及其权限，厘清雄安新区管委会与雄安新区三县政府之间的关系。

（2）应制定下放行政管理权限和行政审批权限方面的立法。为便于雄安新区进行行政管理体制的改革与创新，提供优质公共服务，建设优质公共设施，创建城市管理新样板，同时便于雄安新区管理机构集中高效地开展工作，河北省政府应尽快制定下放行政管理权限和行政审批权限方面的立法，将省级政府及其下属厅、局享有的部分管理权限、部分行政审批权限下放到雄安新区管委会，由其集中行使。

具体来说，河北省政府应尽快制定《河北省第一批调整由河北雄安新区管理机构实施的省级管理权限事项目录》《河北省人民政府关于下放行政审批事项推进河北雄安新区建设发展的决定》等，使河北雄安新区管理机构具有相应的省级政府管理权限和行政审批权限（集中行使处罚权、许可权、审批权、城市管理权等），便于集中高效地开展工作。此外，考虑到雄安新区将来的驱动力主要是创新，而创新首先是机制体制的创新，有必要学习和借鉴先进经验，对雄安新区的行政管理体制创新作出规定。因此，河北省政府应尽快制定《河北雄安新区行政管理体制改革与创新的若干规定》，以推进体制机制改革，减少行政壁垒，发挥市场在资源配置中的决定性作用和更好发挥政府作用，激发市场活力。

（3）应制定雄安新区规划方面的立法。如前所述，雄安新区定位很高，未来建设目标是绿色生态宜居新城区、创新驱动发展引领区、协调发展示范区、开放发展先行区，因而，雄安新区建设要坚持先谋后动、规划引领，借鉴国际经验，坚持高起点、高标准，高标准编制新区总体规划等相关规划，组织国内一流规划人才进行城市设计，要按照"世界眼光、国际标准、中国特色、高点定位"的要求进行，先规划好再开工建设，决不留历史遗憾。因而，在制定雄安新区规划的同时，应该配套制定明确和保障规划效力和权威的法律规范性文件，以规范、保障和引领雄安新区规划制定工作的顺利进行，并保障雄安新区规划的最终落实，使雄安新区规划"不因领导人的改变而改变，不因领导人看法和注意力的改变而改变"。

当前，雄安新区规划正在周密制定过程中，规划总体形成"1+N"体系，"1"就是雄安新区总体规划，"N"就是起步区控制性规划、启动区控制性详规、白洋淀生态环境治理和保护规划等综合性规划，以及雄安新区经济社会发展、创新体系、产业布局、交通路网等专项规划。"1+N"，这是技术性的，而规划立法是规范性的、制度性的，对前者具有规范、保障与引领的作用。因而，河北省人大常委会应尽快制定《河北雄安新区规划建设条例》，依法对雄安新区规划问题作出明确规定，以保证"一张蓝图绘到底"。此外，考虑到雄安新区将来作为一个世界性的城市，不仅应当重视雄安新区地上的规划与建设，还必须从一开始就重视地下交通、管网的总体规划与开发建设、管理，再不能像拉链，挖了建，建了挖。因而，河北省政府应尽快制定《河北雄安新区地下空间开发利用管理暂行办法》，对雄安新区地下空间的规划与建设问题作出明确规定，以规范雄安新区地下空间开发利用活动，合理利用雄安新区地下空间资源，促进雄安新区土地节约集约利用。

（4）应制定雄安新区有序承接北京非首都功能方面立法。雄安新区定位首先是疏解北京非首都功能集中承载地，重点是承接北京非首都功能疏解和人口转移。因而，未来将有大量的企事业单位、金融机构、高校等被疏解到雄安新区来，也必然有大量人口被转移到雄安新区来，而对这些重要问题和重要事情不能仅仅依靠内部的政策文件，更不能由个别领导决定，而应该通过具有法律效力的规范性文件进行规制。要通过立法，明确迁出北京和落户雄安新区的条件和优惠政策，规定有关法律规则、法律措施和法定程序，规范、引导、促进疏解北京非首都功能、建设北京非首都功能疏解集中承载地，保障北京非首都功能疏散、转移得有序、顺利、干净，保障雄安新区接收、安置、承载北京非首都功能稳定、高效，达到调整优化京津冀城市布局和空间结构、促进与北京等周边城市融合发展的目标。因而，为了有序承接北京非首都功能，河北省人大常委会应尽快制定《河北雄安新区有序承接北京非首都功能暂行规定》，对如何有序承接北京非首都功能作出暂行的规定，以规范和保障北京非首都功能疏解和人口转移的有序进行，实现雄安新区建设的目的。

（5）应制定雄安新区生态环境保护方面的立法。雄安新区的定位之一就是建设绿色生态宜居新城区。习近平总书记指出，规划建设雄安新区要突出七个方面的重点任务，其中，第一个任务就是建设绿色智慧新城，建成国际一流、绿色、现代、智慧城市。第二个任务就是打造优美生态环境，构建蓝绿交织、清新明亮、水城共融的生态城市。可见，生态环境保护在雄安新区建设中是重中之重的任务，也关系到雄安新区建设的成败。因此，有必要针对雄安新区的生态环境保护问题制定专门的立法，依法加强对雄安新区生态环境的保护，以坚持生态优先、绿色发展，避免走先污染、后治理的老路。

具体说来，河北省人大常委会应首先制定《河北雄安新区生态环境保护条例》，对雄安新区生态环境保护问题作出总的规定，严格划定开发边界和生态红线，实现两线合一，着力建设绿色、森林、智慧、水城于一体的新区，避免"未开发、先破坏"局面的出现。其次，20世纪制定的《河北省白洋淀水产资源管理办法（试行）》（1989年）、《河北省白洋淀水面有偿使用管理费收费办法》（1993年）、《河北省白洋淀水体环境保护管理规定》（1995年）等法规已经不能适应和满足白洋淀环境保护的需要，河北省人大常委会应尽快制定《白洋淀区域生态修复与保护条例》，对白洋淀区域的生态环境修复与保护问题做出明确规定，以切实修复和保护好白洋淀生态屏障，建设绿色生态宜居新城区。实际上，中央之所以选择雄安新区，一个重要原因就是因为雄安新区有个白洋淀，所谓"华北明珠、北国江南"，但当前白洋淀区域生态环境污染比较严重，应当抓紧制定专门的修复与保护方面立法。此外，白洋淀也是雄安新区生态环境保护中一个特别重要的部分，即"华北之肾"，需要制定专门立法。

2. 第二阶段：100平方公里核心区建设阶段

（1）应制定雄安新区文化遗产保护方面立法。雄安新区历史文化久远，文物和非物质文化遗产丰富。现有国保单位2处，省保单位7处，市、县级文保单位37处，因而，我们有必要高度重视雄安新区历史文化遗产的保护。开创新局面，不能忘记历史文化，这也是河北省的印迹。如果将来雄安新区从河北省中独立出去，也能够留下河北的印迹，不至于这三个县的历史被开发建设完全掩盖。具体说来，河北省人大常委会应尽快制定《河北雄安新区历史文化遗产保护规定》，以加强对雄安新区历史文化遗产的保护和管理，传承雄安新区优秀的历史文化遗产。

（2）应制定雄安新区房地产开发与管理方面的立法。为了避免雄安新区建设再走房地产开发的老路，必须努力打造贯彻落实新发展理念的创新发展示范区。在雄安新区建设中，应严格把控入区产业，制定负面清单，特别是严禁大规模开发房地产，严禁违规建设，避免借机炒作、抬高建设成本。严控周边规划，严控周边人口，严控周边房价，严防炒地炒房投机行为。因而，雄安新区应实行新的房地产开发与管理模式，如今，雄安新区城市发展的新思路清晰：变土地平衡为城市平衡；变政府争利为让市民获利；变产权少数人拥有为社会共有。政府不再以"卖"地为主，房地产商根据规划进行开发。住房租售并举，其中公租房是大头。初步设想，新区将实行积分制，来新区工作的人租房居住，积分多了可以买房。房产出售时，政府以略高于同期银行本息的价格回购。这些都需要相应的立法予以规范、保障和引领。因此，河北省人大常委会应尽快制定《河北雄安新区房地产管理规定》，以探索新的房地产开发与管理模式，破解各级地方政府"土地财政"的困境。

（3）应制定雄安新区创新发展方面的立法。雄安新区的定位之一即为创新驱动发展引领区。这就要求按照习近平总书记的要求，坚持实施创新驱动发展战略，把创新驱动作为雄安新区发展的基点，加快制度创新、科技创新，完善创新创业环境，积极吸纳和集聚京津及全国创新要素资源，通过集聚科研院所和发展高端高新产业，打造一批高水平的创新创业载体，吸引高新技术企业集聚，建设集技术研发和转移交易、成果孵化转化、产城融合的创新引领区和综合改革试验区，打造京津冀体制机制高地和协同创新重要平台。但应当看到，雄安新区不具备深圳经济特区、上海浦东新区起步时的历史机遇、区位优势和外部环境条件。实现弯道超车、后来居上，雄安新区必须高举改革创新大旗，发挥市场在资源配置中的决定性作用和更好发挥政府作用，才能形成巨大虹吸效应，吸引外来投资、项目、企业、人才源源不断涌入，确保雄安新区持续健康发展。这就离不开立法对创新的规范、保障和引领作用的发挥。

因而，河北省人大常委会应尽快制定《河北雄安新区创新发展促进条例》《河北雄安新区高端高新技术产业促进条例》等，以充分调动和保护全社会改革创新的积极性，把改革创新摆在雄安新区建设全局的核心位置，深入实施创新驱动发展战略，发展高端高新产业，积极吸纳和集聚创新要素资源，培育创新驱动发展新引擎，着力形成有利于促进雄安新区改革创新的制度环境和社会环境，将雄安新区建成一座以新发展理念引领的现代新型城区。此外，考虑到不能吸引和留住高新技术人才，谈创新、发展都是一句空话，因此，雄安新区应当特别重视人才的引进和奖励制度建设。为此，我们建议河北省政府应尽快制定《河北雄安新区高新技术人才引进和奖励办法》，对雄安新区人才的引进和奖励工作作出明确规定，以使人才"引得来、留得住"，从而为雄安新区创新发展提供人才支撑。

（4）应制定推进雄安新区基本公共服务均等化方面的立法。雄安新区建设，核心是促进京津冀三地作为一个整体协同发展，要以疏解北京非首都核心功能、解决北京"大城市病"为基本出发点，努力形成京津冀目标同向、措施一体、优势互补、互利共赢的协同发展新格局。但是，与北京、天津相比，雄安新区的基本公共服务还存在规模不足、质量不高、发展不平衡等短板，突出表现在：城乡区域间资源配置不均衡，硬件软件不协调，服务水平差异较大；基层设施不足和利用不够并存，人才短缺严重；一些服务项目存在覆盖盲区，尚未有效惠及全部流动人口和困难群体；体制机制创新滞后，社会力量参与不足。这就导致雄安新区的吸引力不足，聚集效应不强，如不从制度上尽快解决，就难以形成对北京企事业单位、高校和人才的吸引力，就难以完成疏解北京非首都核心功能的使命。

因此，河北省人大常委会应抓紧时间制定推进雄安新区基本公共服务均等化方面的立法，如《河北省人大常委会关于推进雄安新区基本公共服务均等化的决定》等，以涵盖教育、劳动就业创业、社会保险、医疗卫生、社会服务、住房保障、文化体育等领域的基本公共服务清单为核心，以促进城乡、区域、人群基本公共服务均等化为主线，以各领域重点任务、保障措施为依托，以统筹协调、财力保障、人才建设、多元供给、监督评估等五大实施机制为支撑，从而为推进雄安新区基本公共服务均等化提供立法保障。此外，由于这一立法的主要目的在于推进京津冀区域基本公共服务均等化，因而，这一立法可以由京津冀三地立法机构开展协同立法，以避免三地规定不一而导致的公共服务方面的差距。例如，北京的社保政策要与雄安新区的一致或差不多，不然容易导致疏解到雄安新区的人员有后顾之忧。

3. 第三阶段：200平方公里核心区建设阶段

随着雄安新区建设的逐步推进，我们建议，应在借鉴天津滨海新区立法经验的基础上，在雄安新区立法经验和立法时机成熟的时候，河北省人大常委会应制定雄安新区建设的"总章程"即《河北雄安新区条例》，对雄安新区建设的总则、管理体制、改革创新、投资贸易便利化、社会建设、生态环境保护等问题作出明确规定，为雄安新区建设提供一个总的章程，依法规范、保障和促进雄安新区建设的顺利进行，实现雄安新区建设的目标定位。根据课题组在天津滨海新区调研的情况，发现这一立法只能在各方面实践经验比较成熟的情况下才能制定，特别是在管理体制、配套制度等趋于稳定时，才能制定此类立法，否则，在前期探索与改革阶段贸然制定此类立法，就会成为雄安新区建设的立法障碍。因而，我们建议在经过第一期100平方公里核心区建设的实践经验积累后，才由河北省人大常委会制定此类立法。

此外，需要说明的是，考虑到未来在200平方公里核心区建设阶段，雄安新区人大及其常委会、雄安新区政府很可能已经成立（参照深圳1980年设置特区，一直没有设立人大及其常委会，1990年12月深圳市人大及其常委会正式成立），这时立法就应由雄安新区人大及其常委会、雄安新区政府自主开展，因而，这一阶段立法建议就如上所述。

# 第三章
# 河北省重大行政决策程序立法研究[*]

重大行政决策关乎国计民生、社会安定、人心向背，必须慎之又慎、严之又严，力求"零差错、零失误"。近年来，各级政府科学民主依法决策机制不断完善，各级领导干部决策能力水平不断提高，但与此同时，实践中也存在一些突出问题：有的重大行政决策调查研究不深入，听取群众意见不充分，专家论证走过场，问责追责不严肃，违法决策、专断决策、拍脑袋决策、应决策而久拖不决等问题比较突出。一些重大项目因群众不理解、不支持而不能出台，一些重大项目因不科学、不符合实际而半途而废，一些重大决策遇到反对就匆匆下马，一些重大决策明显失误却无人负责等情况时有发生，既给国家和人民造成重大损失，也严重影响政府公信力和执行力。实践证明，一套科学、合理、严密的决策程序规定对于提高重大行政决策质量，保证重大行政决策效率，最大限度地减少重大行政决策失误，提高依法行政能力，构建法治政府具有重要意义。目前，我国地方政府已经出台了不少有关规范重大行政决策程序的文件，专家学者也发表了不少相关的理论研究文章，对重大行政决策程序的法制化作出了巨大贡献。但是，重大行政决策程序法制化是一个重大而复杂的理论问题，实践中也存在诸多争议。为解决这些问题和争议，法学工作者迫切需要总结我国地方政府的相关经验，借鉴国外相对较为成熟的做法，运用行政法的基本理论，进一步推进重大行政决策程序研究，为河北省，乃至我国重大行政决策程序的科学化、民主化、法制化提供支持。

## 一、《河北省重大行政决策程序规定（草案）》的起草说明

根据《河北省地方政府立法规定》的有关规定，现对《河北省重大行政决策程序规定（草案）》（以下简称《程序规定》）的起草作如下说明。

---

[*] 本文系河北省人民政府法制办公室2015年度委托课题《河北省重大行政决策程序立法研究》的结项成果。执笔人：尚海龙。

## （一）制定《程序规定》的必要性

制定《程序规定》是贯彻落实党中央、国务院以及河北省政府相关文件精神，深入推进依法行政、加快建设法治政府的需要。《中共中央关于全面推进依法治国若干重大问题的决定》提出："把公众参与、专家论证、风险评估、合法性审查、集体讨论决定确定为重大行政决策法定程序，确保决策制度科学、程序正当、过程公开、责任明确。"中共中央、国务院印发的《法治政府建设实施纲要（2015—2020年）》提出："推进行政决策科学化、民主化、法治化""完善重大行政决策程序制度，明确决策主体、事项范围、法定程序、法律责任，规范决策流程，强化决策法定程序的刚性约束。"河北省人民政府《关于深入推进依法行政加快建设法治政府的实施意见》进一步提出："制定《河北省重大行政决策程序规定》，明确重大行政决策范围，把公众参与、专家论证、风险评估、合法性审查、集体讨论决定确定为重大行政决策的法定程序。"为了贯彻落实上述文件精神，深入推进依法行政，加快建设法治政府，有必要制定《程序规定》。

制定《程序规定》是保证河北省经济社会持续健康发展，切实维护广大群众利益的需要。重大行政决策关系一个地区经济社会发展的全局，涉及广大群众的切身利益。重大行政决策一旦失误，将造成难以挽回的巨大损失，极大破坏政府的形象，极大损害政府在群众中的威信，甚至影响社会的稳定。因此，重大行政决策必须慎之又慎。然而，实践中，河北省少数行政机关热衷于政绩工程、面子工程，出现了为群众所诟病的"拍脑袋决策、拍胸脯保证、拍屁股走人"的"三拍"现象，对河北省经济社会发展造成了巨大的负面影响，给老百姓合法权益造成了重大损害。实践证明，在重大行政决策过程中，严格遵循科学、严密的决策程序，充分听取各方面的意见和建议，有利于提高决策的质量和效率，从根本上保证重大行政决策的科学性、民主性、合法性和可操作性，从而最大限度地避免"三拍"式决策的出现。因此，有必要制定《程序规定》。

## （二）起草过程和主要依据

我单位接受省法制研究中心关于《程序规定》的课题委托后，迅速展开了起草工作。第一，成立课题组。课题组成员的主体是以行政法为研究方向的具有高级职称的教师，同时，吸收以宪法、行政管理为研究方向的，具有高级职称的教师参加课题组。第二，制定研究计划。根据合同服务期限的要求,合理安排研究的进度。第三,搜集和整理资料。课题组成员以"决策""行政程序"为标题搜集了"北大法宝"数据库中的所有相关法律法规资料,在此基础上围绕"重大决策"对相关资料进行了归类整理。第四,草拟《程序规定》初稿。课题组将与重大行政决策程序规定相关的问题分为十个方面,分别进行专题研究。在此基础上,拟定了初稿。第五,召开研讨会,拟定《程序规定》草案。课题组以《程序规定》初稿为主题召开了有相关专业课教师和学科点研究生参加的研讨会。在吸收研讨会与会人员合理意见与建议的基础上,对初稿进行了修改和完善,形成了目前的《程序规定》草案。

起草《程序规定》的主要依据包括:《中共中央关于全面推进依法治国若干重大问题的决定》;《中华人民共和国地方各级人民代表大会和地方各级人民政府组织法》;中共中央、国务院印发的《法治政府建设实施纲要(2015—2020年)》;河北省人民政府《关于深入推进依法行政加快建设法治政府的实施意见》等有关规定。同时,参考了湖南、江苏、山东、辽宁、浙江、内蒙古、宁夏等地已经出台的,有关重大行政决策的政府规章和规范性文件。

(三)主要内容和需要说明的问题

1. 关于起草原则

依据《河北省地方政府立法规定》的有关规定,在起草《程序规定》过程中,课题组始终注意遵守以下两个原则:第一,备而不繁,有所侧重。广义的重大行政决策程序包括决定、执行与监督的全过程,而狭义的重大行政决策程序仅指决定程序。在一部政府规章中,难以对决定、执行与监督的每个环节都作出详细规定,因此,应当在全面涵盖相关决策程序的前提下,有所侧重。《程序规定》的侧重点是对决策及决策作出前的各个程序环节,即狭义的决策程序进行规范,对决策的执行与监督环节则仅择取重要问题进行规定。第二,落实相关文件规定,力求有所创新。目前,党中央、国务院以及河北省人民政府的相关文件对重大行政决策程序已经有了原则性的规定。拟定《程序规定》的过程中,课题组始终注意贯彻这些文件精神,落实这些文件的相关内容,细化这些文件的相关规定。同时,在参考其他地区已有规定、吸收其他地区决策实践经验的基础上,注意结合河北省实际,力求在重大行政程序的设定上有所创新。

2. 关于篇章结构

《程序规定》共八章,包括总则;决策动议;公众参与、专家论证;风险评估、合法性审查;集体讨论决定;决策执行;法律责任;附则。共计四十六条。

综观其他地区已有的相关规定，其篇章结构大致有三种模式：第一种，不分章节；第二种，分章但不分节；第三种，分章且分节。课题组采用的是第二种模式，理由是：《程序规定》所涉及问题意义重大，所涉及内容较为丰富，因此，有必要分章。但是，分节显得规定过于烦琐，因此不分节。同时，考虑到如果将公众参与、专家论证、风险评估、合法性审查分别作为独立的一章，《程序规定》将有十章之多，且这四章中的每一章条文较少。因此将公众参与和专家论证合并为一章，将风险评估和合法性审查合并为一章。就章节顺序而言，除总则和附则两章外，其他六章是按照重大行政决策的一般流程，按照决策环节的先后次序进行排列的。

3. 关于适用范围

部分地区关于适用范围的立法模式是"适用+参照"，即适用于县级以上人民政府，县级以上人民政府工作部门等参照执行。课题组认为，县级以上人民政府工作部门，特别是级别较高的政府工作部门经常会作出重大行政决策，"适用+参照"的模式实极大地限制了程序规定的适用范围，并不可取。由此，《程序规定》第二条第一款规定："本省县级以上人民政府及其工作部门重大行政决策的制定、执行及其监督活动，适用本规定。"为了进一步明确适用范围，《程序规定》第二条第二款规定："拟订地方性法规草案、制定地方政府规章、应对突发事件、人事任免、内部事务管理以及依法应当保密的行政决策，适用有关法律、法规、规章的规定。"另外，《程序规定》第四十五条规定："街道办事处、乡（镇）人民政府和法律、法规、规章授权组织的重大行政决策程序，参照本规定执行。"

4. 关于重大行政决策事项

重大行政决策是典型的不确定法律概念，各地对重大行政决策事项的规定存在明显差异。基于备而不繁的考虑，《程序规定》第三条第一款采取了"列举+概括"的方法划定重大决策事项的范围。首先，参考各地相关规定，明确列举了四大类重大决策事项。其次，参考《法治政府建设实施纲要（2015—2020年）》相关规定，以"关系本行政区域经济社会发展全局，涉及公民、法人和其他组织切身利益的其他重大事项"作为重大行政决策事项兜底条款。同时，第三条第二款要求县级以上人民政府及其工作部门制作本机关重大行政决策目录并向社会公布。

5. 关于重大行政决策程序的五大环节

党中央、国务院以及河北省政府的相关文件都明确要求要将公众参与、专家论证、风险评估、合法性审查、集体讨论决定确定为重大行政决策的法定程序。《程序规定》按照上述文件要求，对重大行政决策程序的五个环节作出了细化规定：

（1）关于公众参与。《程序规定》第十一条规定："决策事项承办单位在起草重大行政决策草案过程中，征求公众意见，并可以采取听证会、座谈会、民意调查、协商对话等方式广泛吸收公众参与。"同时，《程序规定》分别对征求公众意见的方式与期限、举行听证会的情形与基本要求以及召开座谈会、开展民意调查的基本要求进行了规定。

（2）关于专家论证。《程序规定》第十八条规定："对专业性、技术性较强的决策事项，重大行政决策承办单位应当组织三名以上专家或者专业机构对决策草案进行必要性、可行性、科学性论证，并为其论证提供全面、准确的信息资料等必要支持。"考虑到重大行政决策本身的严肃性与重要性，《程序规定》要求参与论证的专家为三名以上。同时，《程序规定》第十九条对承办单位选择专家或者专业机构的原则进行了规定。另外，《程序规定》要求决策机关建立专家库，并将专家的基本信息向社会公开。

（3）关于风险评估。《程序规定》第二十二条规定："重大行政决策事项可能对社会稳定、生态环境、经济等造成重大影响的，决策承办单位应当自行或者委托具备资质条件的专业机构开展风险评估。"为了确保风险评估成为重大行政决策的重要参考，《程序规定》第二十四条规定："风险评估报告认为重大行政决策事项存在重大风险或者较大风险的，决策机关不得作出决策，或者调整决策方案、降低风险并采取有效防范措施后再行决策。"

（4）关于合法性审查。《程序规定》第二十五条规定："提请决策机关集体讨论决定前，重大行政决策承办单位应当将决策草案提交决策机关法制机构进行合法性审查。未经合法性审查或经审查不合法的，不得提交集体讨论。"《程序规定》第二十六条细化了法制机构合法性审查的内容，即"（一）决策权限是否合法；（二）决策内容是否合法；（三）决策程序是否合法；（四）其他需要进行合法性审查的事项"。

（5）关于集体讨论决定。《程序规定》第二十八条第二款规定："未经集体讨论的，决策机关不得作出重大行政决策。"第三十条对集体讨论的会议组织形式进行了明确："政府决策的事项，由政府常务会议或者全体会议进行集体讨论；政府工作部门决策的事项，由部门领导班子会议进行集体讨论。"为了贯彻行政首长负责制，同时避免行政首长"一言堂"现象的出现，《程序规定》第三十一条规定："决策机关集体讨论时，会议组成人员应当充分发表意见。""行政首长的决定与会议组成人员多数人的意见不一致的,应当在会上说明理由。"另外,为了与责任追究条款相衔接,第三十一条规定:"集体讨论情况和决定应当如实记录、完整存档,对不同意见应当特别载明。"

6. 关于决策后评估与决策调整

决策后评估是重大行政决策执行的重要环节,也是对重大行政政策进行调整的重要依据。《纲要》明确要求:"决策机关应当跟踪决策执行情况和实施效果,根据实际需要进行重大行政决策后评估。"据此,《程序规定》第三十六条对决策后评估的适用情形作了细化规定:"有下列情形之一的,应当适时组织决策后评估:(一)决策所依据的法律、法规、规章或者政策发生重大变化的;(二)决策所依据的客观实际情况发生重大变化的;(三)社会各方面对决策的实施提出较多意见的;(四)决策的试点试行期限届满的;(五)其他需要进行决策后评估的情形。"另外,实践中,决策机关随意调整决策的现象比较突出,为了避免这种现象的出现,维护重大行政决策的严肃性,第三十八条明确规定:"停止执行、暂缓执行、修改决策方案的决定,应当履行集体讨论程序。对决策方案进行实质性重大修改的决定,应当依照本规定重新履行决策程序。"

7. 关于法律责任

依据《法治政府建设实施纲要(2015—2020年)》的相关要求,《程序规定》第四十条规定:"重大行政决策实行终身责任追究制度和责任倒查机制。"同时,参考其他地区的相关规定,《程序规定》分别对重大行政决策机关及其工作人员、重大行政决策承办机关及其工作人员以及重大行政决策执行机关及其工作人员的法律责任追究作了规定。其中,对重大行政决策机关及其工作人员的责任追究情形细化为:"(一)未履行决策程序做出决策的;(二)决策严重失误的;(三)依法应该及时作出决策但久拖不决造成重大损失、恶劣影响的。"同时,第四十一条规定:"集体讨论决策事项时,对严重失误的决策持反对意见或者保留意见的,应当免除或者减轻责任。"

## 二、《河北省重大行政决策程序规定(草案)》建议稿

### 第一章 总 则

第一条【目的和依据】 为健全重大行政决策程序,规范重大行政决策行为,提高重大行政决策质量,根据《中华人民共和国地方各级人民代表大会和地方各级人民政府组织法》等有关法律、法规规定,结合本省实际,制定本规定。

第二条【适用范围】 本省县级以上人民政府及其工作部门重大行政决策的制定、执行及其监督活动,适用本规定。

拟订地方性法规草案、制定地方政府规章、应对突发事件、人事任免、内部事务管理以及依法应当保密的行政决策,适用有关法律、法规、规章的规定。

第三条【重大行政决策事项】 重大行政决策事项包括:

(一)国民经济和社会发展规划、各类总体规划、重要的区域规划以及重要的专项规划的编制;

(二)财政预算的编制、重大财政资金的使用、重大政府投资项目的安排以及重大国有资产的处置;

(三)城乡建设、环境保护、医疗卫生、劳动就业、社会保障等涉及民生的重大改革方案和政策措施的制定;

(四)重要的行政事业性收费标准以及政府定价的重要商品、服务价格的确定;

(五)关系本行政区域经济社会发展全局,涉及公民、法人和其他组织切身利益的其他重大事项。

县级以上人民政府及其工作部门应当根据前款规定,在其职责权限范围内确定本机关重大行政决策的具体事项,制作目录并向社会公布。

第四条【决策原则】 重大行政决策应当坚持科学、民主、合法、公开的原则,遵循公众参与、专家论证、风险评估、合法性审查和集体讨论决定相结合的程序,确保决策的公信力与执行力。

第五条【部门职责】 决策机关负责重大行政决策程序的启动、决策的作出、决策后评估的组织等工作。

决策承办单位负责重大行政决策草案的拟订以及公众参与、专家论证、风险评估的组织工作。

决策机关法制机构负责本机关重大行政决策的合法性审查工作。

决策机关办公机构负责本机关重大行政决策的综合协调和信息公开工作。

其他机关和机构按照各自职责做好重大行政决策的执行、监督等工作。

第六条【考核机制】 重大行政决策程序的履行情况纳入政府绩效考核以及依法行政考核体系,作为对决策机关以及决策机关负责人考核评价的重要内容。

第二章 决策动议

第七条【决策建议】 各级人民政府及其工作部门依照各自职责权限提

出重大行政决策建议。

人大代表、政协委员可以通过议案、提案等方式建议政府及其工作部门作出重大行政决策。

公民、法人或者其他组织有权向政府及其工作部门提出重大行政决策建议。

第八条【决策启动】 决策机关行政首长提出的重大行政决策事项,由行政首长交承办单位,启动决策程序。

决策机关分管负责人、下级行政机关提出的重大行政决策建议,由决策机关行政首长确定是否启动决策程序。

人大代表、政协委员提出的重大行政决策建议,由有关部门提出初审意见,经决策机关分管负责人审核后报行政首长确定是否启动决策程序。

公民、法人或者其他组织提出的重大行政决策建议,由决策机关办公机构会同有关部门提出初审意见,经分管领导审核后报行政首长确定是否启动决策程序。

第九条【承办单位】 重大行政决策承办单位依照法定职责确定或者由决策机关行政首长指定。决策事项涉及两个以上单位职责的,应当明确主要承办单位。

第十条【草案拟定】 重大行政决策承办单位应当深入调查研究,全面、准确掌握决策所需信息,并按照决策事项涉及的范围征求有关方面意见,经充分协商协调,结合实际拟订决策草案。

## 第三章 公众参与、专家论证

第十一条【参与形式】 决策承办单位应当向社会公布重大行政决策草案,征求公众意见,并可以采取听证会、座谈会、民意调查、协商对话等方式广泛吸收公众参与。

第十二条【征求公众意见】 重大行政决策草案应当通过政府门户网站、广播电视、报纸杂志等便于公众知晓的方式公布。

征求公众意见的时间自重大行政决策草案公布之日起不得少于二十日。

第十三条【听证会】 重大行政决策事项涉及公众重大利益的、公众对决策草案有重大分歧的或者可能影响社会稳定的,决策承办单位应当公开举行听证会。

决策承办单位应当在听证会举行二十日前公告听证的事项、时间、地点、听证代表名额、报名方式和条件等。

决策承办单位应当根据广泛性和代表性的原则，综合考虑听证事项的性质、影响范围、复杂程度等因素，在符合报名条件的公民、法人或者其他组织中遴选听证代表，并将听证代表的基本信息向社会公布。

与听证事项有利害关系的公民、法人或者其他组织可以优先遴选为听证代表，现职公务员不得遴选为听证代表。

听证会应当制作笔录，并交听证会参加人签字或者盖章。决策承办单位应当根据听证笔录制作听证报告。

法律、法规、规章对听证会的举行另有规定的，从其规定。

第十四条【座谈会】 以座谈会方式征求公众意见的，重大行政决策承办单位应当在座谈会召开前五日将决策草案及起草说明送达参会代表。

第十五条【民意调查】 以民意调查方式征求公众意见的，重大行政决策承办单位应当委托专门调查研究机构进行。调查结束后，专门调查研究机构应当制作书面调查报告。

第十六条【协商对话】 重大行政决策承办单位应当根据需要以协商对话等方式听取人大代表、政协委员以及民主党派、工商联、人民团体、基层组织、社会组织等对决策草案的意见和建议。

第十七条【意见采纳】 重大行政决策承办单位应当对各方面关于决策草案的意见和建议进行归类整理、汇总研究，采纳合理的意见和建议；未予采纳的，应当以适当方式说明理由。

第十八条【专家论证】 对专业性、技术性较强的决策事项，重大行政决策承办单位应当组织三名以上专家或者专业机构对决策草案进行必要性、可行性、科学性论证，并为其论证提供全面、准确的信息资料等必要支持。

第十九条【专家选择】 重大行政决策承办单位选择专家或者专业机构，应当考虑其职业操守，注重其专业性、代表性与均衡性。

第二十条【论证报告】 论证结束后，专家或者专业研究机构应当出具签名或者盖章的论证报告。重大行政决策承办单位应当向论证专家或者专业机构反馈意见采纳情况。

第二十一条【专家库】 决策机关应当建立行政决策咨询论证专家库，健全受聘专家水平考核、诚信考核以及聘任、解聘机制。

行政决策咨询论证专家库专家的基本信息应当向社会公开。

## 第四章 风险评估、合法性审查

第二十二条【风险评估启动】 重大行政决策事项可能对社会稳定、生态环境、经济等造成重大影响的，决策承办单位应当自行或者委托具备资质条件的专业机构开展风险评估。

第二十三条【风险评估方式】 承担风险评估工作的单位或者机构应当通过舆情跟踪、抽样调查、重点走访、会商分析等方式，全面查找风险源、风险点，对重大行政决策可能引发的风险进行科学预测、综合研判，形成风险评估报告，并提出风险防范措施和处置预案。

第二十四条【风险评估报告】 风险评估报告认为重大行政决策事项存在重大风险或者较大风险的，决策机关不得作出决策，或者调整决策方案、降低风险并采取有效防范措施后再行决策。

第二十五条【合法性审查启动】 提请决策机关集体讨论决定前，重大行政决策承办单位应当将决策草案提交决策机关法制机构进行合法性审查。未经合法性审查或经审查不合法的，不得提交集体讨论。

第二十六条【合法性审查内容】 决策机关法制机构应当从以下方面对重大行政决策草案进行合法性审查：

（一）决策权限是否合法；

（二）决策内容是否合法；

（三）决策程序是否合法；

（四）其他需要进行合法性审查的事项。

第二十七条【合法性审查结果】 审查完毕后，决策机关法制机构应当根据重大行政决策草案的不同情况，提出建议提交审议、建议修改后提交审议、建议履行相关程序后提交审议或者建议暂不提交审议的合法性审查意见书。

## 第五章 集体讨论决定

第二十八条【集体讨论启动】 决策承办单位应当根据各方面的意见和建议，对重大行政决策草案进行修改、完善后提请决策机关进行集体讨论决定。

未经集体讨论的，决策机关不得作出重大行政决策。

第二十九条【提请讨论材料】 提请决策机关集体讨论决定时，决策承办单位应当报送重大行政决策草案和说明、公众参与汇总材料和处理情况说明、合法性审查意见书以及其他与决策有关的材料。

召开听证会的，应当附送听证报告；进行民意调查的，应当附送调查报告；组织专家或者专业机构论证的，应当附送论证报告；开展风险评估的，应当附送评估报告。

第三十条【集体讨论组织】 政府决策的事项,由政府常务会议或者全体会议进行集体讨论;政府工作部门决策的事项,由部门领导班子会议进行集体讨论。

决策机关法制机构工作人员应当列席集体讨论会议。

第三十一条【集体讨论决定】 决策机关集体讨论时,会议组成人员应当充分发表意见。

在集体讨论的基础上,行政首长代表本机关作出通过、不通过、修改、搁置或者再次讨论等决定。行政首长的决定与会议组成人员多数人的意见不一致的,应当在会上说明理由。

集体讨论情况和决定应当如实记录、完整存档,对不同意见应当特别载明。

第三十二条【决策报批】 集体讨论通过的重大行政决策事项依法需要报上级行政机关批准,依法需要提请本级人民代表大会或者其常务委员会审议的,依照有关规定执行。

第三十三条【决策公布】 除法律、法规、规章另有规定外,重大行政决策应当自作出之日起二十日内向社会公布。

## 第六章　决策执行

第三十四条【执行要求】 决策执行机关应当根据各自职责,全面、及时、正确贯彻执行重大行政决策。决策机关及相关部门应当通过督办、考核等措施督促重大行政决策的贯彻执行。

第三十五条【执行受阻】 重大行政决策执行过程中,出现不可抗力等严重影响决策目标实现情况的,决策执行机关应当及时向决策机关报告。

公民、法人或者其他组织认为重大行政决策及其执行存在问题的,可以向决策机关或决策执行机关提出。

第三十六条【决策后评估启动】 决策机关应当跟踪检查重大行政决策的执行情况、实施效果,有下列情形之一的,应当适时组织决策后评估:

(一)决策所依据的法律、法规、规章或者政策发生重大变化的;

(二)决策所依据的客观实际情况发生重大变化的;

(三)社会各方面对决策的实施提出较多意见的;

(四)决策的试点试行期限届满的;

(五)其他需要进行决策后评估的情形。

第三十七条【决策后评估开展】 决策机关可以自行开展重大行政决策后评估，也可以指定决策承办机关、决策执行机关、其他机关或者委托具备相关资质的专业机构进行评估。

评估结束后，决策后评估机关或者机构应当制作书面评估报告。

第三十八条【决策调整】 决策机关应当认真研究重大行政决策后评估报告，综合各方面的意见和建议，作出继续执行、停止执行、暂缓执行或者修改决策方案的决定。

停止执行、暂缓执行、修改决策方案的决定，应当履行集体讨论程序。

对决策方案进行实质性重大修改的决定，应当依照本规定重新履行决策程序。

第三十九条【应对措施】 决策机关作出停止执行、暂缓执行或者修改重大行政决策方案决定的，决策执行机关应当采取有效措施，避免或者减少可能产生的损失和不利影响。

## 第七章　法律责任

第四十条【追责原则】 重大行政决策实行终身责任追究制度和责任倒查机制。

第四十一条【决策责任】 重大行政决策机关及其工作人员违反本规定，有下列行为之一的，对行政首长、负有责任的其他领导人员和相关责任人员依法给予处分；构成犯罪的，依法追究刑事责任：

（一）未履行决策程序作出决策的；

（二）决策严重失误的；

（三）依法应该及时作出决策但久拖不决造成重大损失、恶劣影响的。

集体讨论决策事项时，对严重失误的决策持反对意见或者保留意见的，应当免除或者减轻责任。

第四十二条【承办责任】 重大行政决策承办机关及其工作人员玩忽职守，怠于履行承办职责，造成决策严重失误的，对行政首长、负有责任的其他领导人员和相关责任人员依法给予处分；构成犯罪的，依法追究刑事责任。

第四十三条【执行责任】 重大行政决策执行机关及其工作人员拒不执行、拖延执行或者偏离决策方案执行，导致决策不能全面、及时、正确实施的，对行政首长、负有责任的其他领导人员和相关责任人员依法给予处分；构成犯罪的，依法追究刑事责任。

第四十四条【参与责任】 承担重大行政决策民意调查、咨询论证、风险评估以及后评估工作的社会组织或者个人弄虚作假，出具严重违反客观事实或者科学规律的报告，造成严重后果的，由决策机关将其纳入不良信用记录，取消其决策参与资格。

## 第八章　附　则

第四十五条【参照执行】　街道办事处、乡（镇）人民政府和法律、法规、规章授权组织的重大行政决策程序，参照本规定执行。

第四十六条【施行日期】　本规定自　年　月　日起施行。

### 三、《河北省重大行政决策程序规定（草案）》参考资料说明

（一）截止时间

2018年6月30日

（二）资料来源

《北大法宝》法律法规数据库

（三）资料分类

搜集的资料共84份文件，分为五类：

第一类，近年党中央、国务院以及河北省人民政府发布的相关文件（共5份）；

第二类，地方人民政府发布的有关行政程序的综合性文件（共15份）；

第三类，省级人民政府发布的关于重大行政决策程序的综合性文件（共16份），其中，有8份适用于行政区域内所有行政机关，8份仅适用本级政府；

第四类，省级以下人民政府发布的关于重大行政决策程序的综合性文件（共21份），其中，12份规定适用于行政区域内所有行政机关，9份仅适用于本级政府；

第五类，各级政府发布的有关重大行政程序某环节的专门性文件（共27份）。其中，关于听证的6份，关于合法性审查的7份，关于专家咨询论证的5份，关于责任追究等的9份。

（四）资料目录

1. 第一类

（1）中共中央关于全面推进依法治国若干重大问题的决定（2014.10.23

发布)

(2) 法治政府建设实施纲要(2015—2020年)(中发〔2015〕36号)

(3) 国务院法制办公室《重大行政决策程序暂行条例(征求意见稿)》(2017.06.09公布)

(4) 河北省人民政府关于深入推进依法行政加快建设法治政府的实施意见(2015.05.12发布)

(5) 河北省法治政府建设实施方案(冀发〔2016〕24号)

2. 第二类

省级政府规章

(1) 浙江省行政程序办法/2016.10.01发布/2017.01.01实施

(2) 宁夏回族自治区行政程序规定/2015.01.10发布/2015.03.01实施

(3) 江苏省行政程序规定/2015.01.06发布/2015.03.01实施

(4) 湖南省行政程序规定/2008.04.17发布/2008.10.01实施

(5) 山东省行政程序规定/2011.06.22发布/2012.01.01实施

市级政府规章

(6) 蚌埠市行政程序规定/2017.12.06发布/2018.01.01实施

(7) 兰州市行政程序规定/2015.01.14发布/2015.03.01实施

(8) 海口市行政程序规定/2013.06.07发布/2013.08.01实施

(9) 西安市行政程序规定/2013.03.25发布/2013.05.01实施

(10) 汕头市行政程序规定/2011.04.01发布/2016.12.03修正

行政规范性文件

(11) 兴安盟行政程序规定(试行)/2015.02.09发布/2015.03.09实施

(12) 凉山州行政程序规定/2013.10.28发布/2013.10.28实施

(13) 邢台市行政程序规定/2013.10.18发布/2013.12.01实施

(14) 酒泉市行政程序规定(试行)/2012.11.16发布/2013.01.01实施

(15) 白山市行政程序规则的通知/2012.02.29发布/2012.02.29实施

3. 第三类

适用于省级行政区域

(1) 上海市重大行政决策程序暂行规定/2016.10.31发布/2017.01.01实施

(2) 云南省重大行政决策程序规定/2016.05.04发布/2016.06.10实施

（3）辽宁省重大行政决策程序规定/2015.10.19 发布/2015.11.19 实施

（4）浙江省重大行政决策程序规定/2015.08.31 发布/2015.10.01 实施

（5）内蒙古自治区重大行政决策程序规定/2015.03.16 发布/2015.06.01 实施

（6）宁夏回族自治区重大行政决策规则/2015.01.10 发布/2015.03.01 实施

（7）广西壮族自治区重大行政决策程序规定/2013.11.28 发布/2014.01.01 实施

（8）江西省县级以上人民政府重大行政决策程序规定/2008.08.20 发布/2008.10.01 实施

适用于本级政府

（9）甘肃省人民政府重大行政决策程序暂行规定/2015.04.05 发布/2015.06.01 实施

（10）福建省人民政府重大行政决策十条规定/2013.11.29 发布/2013.11.29 实施

（11）湖北省人民政府重大行政决策程序规定（试行）/2013.07.16 发布/2013.07.01 实施

（12）贵州省人民政府重大决策程序规定/2012.07.17 发布/2012.08.01 实施

（13）青海省人民政府重大行政决策程序规定/2009.02.10 发布/2009.04.01 实施

（14）天津市人民政府重大事项决策程序规则/2008.05.23 发布/2008.07.01 实施

（15）黑龙江省人民政府重大决策规则/2006.06.26 发布/2006.07.01 实施

（16）重庆市政府重大决策程序规定/2005.11.01 发布/2006.01.01 实施

4. 第四类

适用于本行政区域

（1）沧州市重大行政决策程序规定/（冀政办发［2016］136 号）

（2）淄博市重大行政决策程序规定/2014.06.04 发布/2017.12.11 修订

（3）德州市重大行政决策程序规定//2017.01.08 发布/2017.03.01 实施

（4）沈阳市重大行政决策程序规定/2016.02.29 发布/2016.05.01 实施

（5）南宁市重大行政决策程序规定/2016.01.30 发布/2016.03.01 实施

（6）呼和浩特市重大行政决策程序规定/2015.12.28 发布/2016.01.01

实施

(7) 无锡市重大行政决策程序规定/2015.12.15 发布/2016.01.01 实施
(8) 成都市重大行政决策程序规定/2015.11.13 发布/2016.01.01 实施
(9) 邯郸市重大行政决策程序规定/2015.10.26 发布/2015.12.01 实施
(10) 苏州市重大行政决策程序规定/2013.10.25 发布/2014.01.01 实施
(11) 淮南市重大行政决策程序规定/2012.07.10 发布/2012.09.01 实施
(12) 广州市重大行政决策程序规定/2010.10.18 发布/2011.01.01 实施

仅适用于本级政府

(13) 南通市人民政府重大行政决策程序规定/2017.05.02 发布/2017.07.01 实施
(14) 昆明市人民政府重大行政决策程序规定/2017.02.07 发布/2017.03.01 实施
(15) 徐州市人民政府重大行政决策程序规定/2017.01.04 发布/2017.03.01 实施
(16) 鞍山市人民政府重大行政决策程序规定/2016.06.05 发布/2016.06.05 实施
(17) 西安市政府重大行政决策程序规定/2015.11.20 发布/2015.12.20 实施
(18) 杭州市人民政府重大行政决策程序规则/2015.10.13 发布/2015.10.13 实施
(19) 长沙市人民政府重大行政决策程序规定/2014.04.11 发布/2014.05.11 实施
(20) 西宁市人民政府重大行政决策程序规定/2012.07.11 发布/2012.09.01 实施
(21) 哈尔滨市人民政府重大决策规则/2012.05.22 发布/2012.07.01 实施

5. 第五类

听证

(1) 青岛市重大行政决策听证办法/2018.01.17 发布/2018.03.01 实施
(2) 广东省重大行政决策听证规定/2013.04.01 发布/2013.06.01 实施
(3) 贵阳市重大行政决策听证规定（试行）/2005.05.31 发布/2006.01.01 实施

（4）重庆市行政决策听证暂行办法/2004.06.02 发布/2004.07.01 实施

（5）汕头市人民政府行政决策听证规定/2008.08.28 发布/2008.11.01 实施

（6）大连市重大行政决策听证办法/2009.06.19 发布/2009.08.01 实施

合法性审查

（7）唐山市重大行政决策合法性审查规定（唐山市人民政府令［2016］1号）/2017.01.01 实施

（8）湖南省重大行政决策合法性审查暂行办法/2015.12.31 发布/2016.05.01 实施

（9）江西省县级以上人民政府重大行政决策合法性审查规定/2015.10.22 发布/2015.10.22 实施

（10）四川省行政决策合法性审查规定/2015.01.09 发布/2015.01.09 实施

（11）贵阳市人民政府重大行政决策合法性审查规定/2010.01.15 发布/2010.04.01 实施

（12）汕头市人民政府行政决策法律审查规定/2008.08.28 发布/2008.11.01 实施

（13）鞍山市政府重大决策事项合法性论证程序规定/2006.06.16 发布/2006.08.01 实施

专家咨询论证

（14）广西壮族自治区人民政府重大行政决策专家咨询论证办法/2018.01.08 发布/2018.01.08 实施

（15）广东省重大行政决策专家咨询论证办法（试行）/2012.04.27 发布/2012.04.27 实施

（16）广州市重大行政决策专家论证办法/2014.03.22 发布/2014.07.01 实施

（17）湖南省人民政府重大行政决策专家咨询论证办法/2011.06.30 发布/2011.07.30 实施

（18）黑龙江省人民政府重大决策专家咨询论证制度/2006.11.14 发布/2006.11.14 实施

其他

（19）云南省重大行政决策终身责任追究办法（试行）/2017.11.13 发布/2018.01.01 实施

（20）四川省重大行政决策责任追究暂行办法/2016.09.01 发布/2016.11.01 实施

（21）深圳市行政决策责任追究办法/2009.09.03 发布/2009.11.01 实施

（22）南昌市人民政府重大行政决策责任追究办法/2011.01.27 发布/2011.01.01 实施

（23）深圳市人民政府重大决策公示暂行办法/2006.06.15 发布/2006.07.01 实施

（24）汕头市人民政府重大行政决策量化标准规定/2014.01.23 发布/2014.03.01 实施

（25）合肥市人民政府重大行政决策风险评估办法（试行）2014.01.08 发布/2014.01.08 实施

（26）湖南省人民政府重大决策实施效果评估办法（试行）/2014.06.30 发布/2014.06.30 实施

（27）合肥市人民政府重大行政决策实施效果评估办法（试行）/2014.01.08 发布/2014.01.08 实施

# 第四章
# 河北省清洁生产立法问题研究[*]

河北省作为我国环境污染的"重灾区",近年来生态环境问题频发,在原国家环境保护部公布的 2017 年城市空气质量排行榜中,后 10 位中河北省独占 6 席。[1] 面对严峻的环保形势,河北省须在生态环境治理的现有成果之上,继续全面强化各种防污治污措施,其中应明确突出清洁生产的核心地位。清洁生产作为预防污染和治理环境的一种全新战略,它综合考虑了生产和消费过程中的环境风险和经济效益,已经成为包括我国在内的世界各国解决生态环境问题的首选。法治是推进清洁生产最基本、最长效的方式,坚持立法先行,可以为清洁生产工作的开展奠定扎实的法治基础、营造良好的外部环境。随着京津冀协同发展国家战略的出台及建设河北雄安新区战略决策的落地,河北省包括清洁生产发展在内的各项事业都面临全新的挑战。当前,为根治河北省突出的生态环境问题,进而为京津冀协同发展及雄安新区规划建设保驾护航,应大力加强河北省清洁生产立法工作、建立健全相关立法机制、完善和创新地方清洁生产制度。

## 一、清洁生产的内涵及其立法考察

以污染预防和节能降耗为价值追求的清洁生产方式突破了环境问题末端治理的瓶颈,对防治污染、缓解能源危机意义重大。世界各国为保障清洁生产的持续发展以及促进相关工艺的完善更新,都先后通过立法这一根本、长效的方式对本国清洁生产工作进行了远景规划和制度设计。

---

[*] 本文系 2017 年度河北省社会科学基金项目《河北省清洁生产立法问题研究》(项目编号:HB17FX004)的研究成果。执笔人:孟庆瑜、张思茵。

[1] 中华人民共和国生态环境部:《环境保护部通报 2017 年 12 月和 1—12 月重点区域和 74 个城市空气质量状况》,载 http://www.mep.gov.cn/gkml/hbb/qt/201801/t20180118_429903.htm?COLLCC=548666851&,最后访问日期:2018 年 1 月 18 日。

## （一）清洁生产的基本内涵

清洁生产是在资源消耗过快、环境污染加剧的倒逼下产生的。20世纪中叶，人口暴增和工业经济迅猛发展导致的生态环境问题逐渐受到发达工业化国家的重视，这些国家开始通过各种手段对生产过程末端的废弃物进行处理，这种末端治理方式忽视了生产过程和环境治理的联系，实质上只是对污染物的转移，无法从根本上清除污染物，因而不能长效解决环境污染问题。鉴于此，一些国家着眼于污染预防，从生产过程入手，提出了清洁生产这一治理环境问题的全新战略。[1]清洁生产起源于20世纪70年代，国外对其概念表述并不一致，我国调整清洁生产的专门性法律即《中华人民共和国清洁生产促进法》（以下简称《清洁生产促进法》）对清洁生产的法律定义进行了明确。[2]从国外及我国相关法律文件关于清洁生产的定义可以得出清洁生产的两大核心要素：首先，清洁生产强调从源头控制污染，削减污染，最大可能减少有害原料的使用；其次，清洁生产工艺和理念贯穿于产品生产、消费的全过程，不仅强调生产工序的无害化，还要求产品使用后可回收、可再生。

清洁生产的概念只是相对固定的，所谓"清洁"指的是较现有生产工艺、用料来说造成的污染更少、更加环保。清洁生产的内涵和适用范围也是不断丰富、不断发展的，最初其只是单纯应用于工业生产领域，随着清洁生产理念逐步深入人心、清洁生产工艺的逐步完善，目前清洁生产已经应用于工业、农业、服务业等社会各生产、消费领域。而在全球环境问题日益凸显，各国普遍采取高压法律政策大力整治环境污染的大背景下，社会各领域生产主体采取清洁生产方式将是大势所趋，无力引进清洁生产模式的企业必将遭到政策和市场的淘汰。以工业领域为例，在环境保护的绿色浪潮中，高污染、高消耗企业举步维艰，企业通过清洁生产一来能够实现节能、降耗、减污、增效的目标，从而降低生产成本、提高生产效率；二来清洁的生产过程、无害或者低害的产品契合了公众日益提高的环保意识，更容易获得消费者的青睐，从而能够大幅提高企业的市场竞争力。

---

[1] 曲向荣：《清洁生产与循环经济》，清华大学出版社2014年版，第17-18页。
[2] 参见《中华人民共和国清洁生产促进法》第2条：本法所称清洁生产，是指不断采取改进设计、使用清洁的能源和原料、采用先进的工艺技术与设备、改善管理、综合利用等措施，从源头削减污染，提高资源利用效率，减少或者避免生产、服务和产品使用过程中污染物的产生和排放，以减轻或者消除对人类健康和环境的危害。

## （二）国内外清洁生产立法实践

清洁生产方式产生以来受到了社会公众的广泛认可，世界各国纷纷通过立法巩固本国清洁生产成果以保证清洁生产的持续推进。国外在清洁生产立法方面起步较早，我国自1993年开始推行清洁生产以来，已在相关法律法规建设及规范性文件出台方面取得了积极成果，积累了相对丰富的经验。

### 1. 国外清洁生产立法经验

美国、日本、加拿大等发达国家从20世纪80年代开始逐步通过立法手段引入清洁生产理念和工艺去解决发达的工业经济给本国带来的环境问题，主要体现在以下几点。第一，强调污染防治的总量控制。以美国《清洁大气法》为例，其规定企业新增污染源以不增加特定区域内排污总量为前提，为此新增污染源的企业可以通过购买其他工厂排污量的方式控制区域内的排污总量或者采用先进的清洁生产工艺减少某种污染以抵消新增的污染。第二，突出保护环境污染受害者的利益。加拿大通过立法鼓励公众检举环境违法行为，美国还专门制定了《综合环境反映赔偿和责任法》，为环境污染受害者设定了专门的赔偿基金。❶ 第三，突出污染预防的核心地位。清洁生产与末端治理的主要差异在于从源头出发控制污染物的排放，加拿大等国在清洁生产立法中以污染预防为抓手，规定建立全国污染预防信息中心，并要求主管部门针对各种有毒、有害物质及工艺建立严格的预防规划。第四，从宏观到微观进行层次分明的清洁生产立法。以日本为例，其清洁生产立法从两个层面着手，第一个层面是制定综合调整全国清洁生产工作的基本法律；第二个层面是从细节入手，具体规定建筑物、食品、家用电器等领域的清洁生产及产品回收、利用的相关内容。❷

### 2. 我国清洁生产立法进展

我国立法首次触及清洁生产是1995年通过的《中华人民共和国固体废弃物污染环境防治法》，此后为加快推进清洁生产工作的全面铺开，原国家环境保护总局发布了《国家环境保护局关于推行清洁生产的若干意见》，国务院在《建设项目环境保护管理条例》等法规文件中也明确了工业建设要采用清洁工艺。2002年《清洁生产促进法》在千呼万唤中出台，其作为我国第一部系

---

❶ 俞金香：《清洁生产立法的国际比较及借鉴》，载中国环境科学学会：《发展循环经济 落实科学发展观——中国环境科学学会2004年学术年会论文集》，中国环境科学出版社2004年，第252-256页。

❷ 王燕：《论我国清洁生产法律制度的完善》，载《山西高等学校社会科学学报》2008年第9期，第88-91页。

统、专业调整清洁生产的法律,为全国清洁生产工作的推进奠定了扎实的法治基础。为保障《清洁生产促进法》的实施效果,国家发展和改革委员会、原国家环境保护总局、原国家农业部等部门紧接着出台了《关于加快推行清洁生产的意见》《重点企业清洁生产审核程序的规定》《清洁生产审核暂行办法》《农业部关于加快推进农业清洁生产的意见》等一系列配套规范性文件。❶ 随着社会经济和科技的发展,清洁生产面临的环境挑战不断变化,清洁生产技术也不断革新,这些发展改变必须通过立法表现出来才能真正实现法律对清洁生产工作的保障作用。鉴于此,我国《清洁生产促进法》在 2012 年进行了幅度较大的修订,《清洁生产审核暂行办法》(2016 年修订为《清洁生产审核办法》)等配套规范性文件也与时俱进地进行了内容的更新。

在国家层面清洁生产法律政策之外,我国地方立法机构及清洁生产主管部门为加强生态环境建设也积极通过出台地方规范性法律文件的方式调整和促进本地清洁生产工作。据北大法宝的收录数据显示,我国已发布调整清洁生产的地方性法规 8 篇,地方政府规章 2 篇,地方规范性文件 241 篇,地方工作文件 385 篇,行政许可批复 5 篇,数据涵盖了省市两级,发布省份包括了除港澳台地区之外的我国所有 31 个省级行政区。❷ 以省级法律文件为例,其中代表性的主要有《天津市清洁生产促进条例》《湖南省实施〈中华人民共和国清洁生产促进法〉办法》《北京市清洁生产管理办法》等。从文件分类可以看出,我国地方清洁生产规范性法律文件在效力层级上普遍偏低,大多数文件调整内容零散,缺乏持续性和稳定性。此外,在地方清洁生产具体制度设计方面,各地在遵循我国《清洁生产促进法》的统一框架下,根据国家相关政策方针及本地发展现状及实际需求也各有侧重。以北京市为例,为促进本地清洁生产工作的快速展开,北京市规定了原本列入清洁生产强制审核名单的企业如能提前 1 年完成审核将按照自愿审核标准享受补助;此外依托本地的科研优势,北京市还着重在清洁生产专家库、清洁生产技术研发等方面进行了创新性的制度设计。

## 二、河北省清洁生产立法的实践基础与重要意义

河北省清洁生产自起步以来虽然取得了明显成效,但存在的问题依然严重,一定程度上对相应的立法工作形成了阻碍。现阶段,河北省清洁生产立法在贯彻党和国家有关京津冀协同发展和雄安新区规划建设全新要求的同时,

---

❶ 赵惊涛:《论实现清洁生产的法律保障》,载《当代法学》2006 年第 6 期,第 105-110 页。
❷ 数据来源:北大法宝,检索日期:2018 年 5 月 2 日。

应以大力解决本省清洁生产工作中的现存问题为实际立足点。

(一) 河北省清洁生产促进工作中存在的问题

(1) 河北省清洁生产主管部门权责交叉、职能分散。对河北省清洁生产工作负有管理职责的部门主要包括省工业和信息化厅、省环境保护厅以及省发展和改革委员会，表面上看三部门各自负责领域划分明确，实质上却存在较为严重的权责交叉现象。从三部门官网公开的信息可以发现，省工业和信息化厅下属的科技与节能综合利用处负责清洁生产促进政策及规划的拟定和实施工作，而省发展和改革委员会下属的资源节约和环境保护处（应对气候变化处）又负责协调循环经济和环境保护相关的规划、政策编制和制定工作，并协调组织清洁生产促进工作。从中不难看出，省工业和信息化厅与省发展和改革委员会在清洁生产规划、政策的制定和实施方面存在一定程度的权责交叉现象，很容易导致在部门的具体工作中出现执法空白甚至执法冲突。此外，省工业和信息化厅负责清洁生产技术推广、示范项目及企业建设、相关数据统计分析、从业人员技能培训等具体工作，省环境保护厅负责管理监督清洁生产审核工作，省发展和改革委员会负责清洁生产宣传及相关行政处罚工作。各主管部门之间职能细化的同时存在一定程度的职能分散问题，面对繁重的污染防治任务往往难以形成合力。

(2) 河北省现有清洁生产法律文件效力层级偏低、内容滞后。《河北省加快推进清洁生产的实施意见》以及《河北省清洁生产审核管理暂行办法》是现存河北省调整清洁生产的主要法律文件，在效力层级上属于省级规范性法律文件，与《天津市清洁生产促进条例》等地方性法规相比效力层级明显偏低，权威性和约束性不足，而其他零散发布的清洁生产相关文件更是如此。在制定时间上，《河北省加快推进清洁生产的实施意见》《河北省清洁生产审核管理暂行办法》先后颁布于 2004、2005 年，并且在国家修订《清洁生产促进法》和《清洁生产审核办法》后并没有及时跟进地方立法修订工作，其内容设计相比于目前的污染防治形势和清洁生产工艺水平明显滞后，且缺乏京津冀协同发展和雄安新区规划建设的相关内容。因此，亟须进行地方清洁生产法律文件的立、改、废工作。

(3) 河北省清洁生产促进工作进度偏慢，覆盖面不够。河北省清洁生产主要集中在工业领域，所出台的清洁生产文件、政策基本以工业企业清洁生产审核为中心。近年来，河北省也通过专项资金和"以奖代补"等方式对本省工业企业清洁生产改造进行了力度较大的支持，但这些行动相较于河北省内大量存在的钢铁、焦化、水泥、玻璃、制革、造纸等重污染企业来说仍远远不够,很多企业对清洁生产仍然抱有侥幸、抗拒的心理,在一轮清洁生产审核结束后往往不能主动持续推进清洁生产工作。❶ 此外,河北省农业依然以传统的粗放型生产为主,所导致的土壤污染、水污染问题日益严重,河北省农业厅印发的《农业面源污染治理(2015—2018年)行动计划》中提出了节水、节肥、节药等目标,❷ 这些目标与清洁生产节能环保的理念十分契合,但河北省仍相对缺乏在农业领域贯彻清洁生产技术的权威性文件。从生态环境治理的全局而言,河北省清洁生产亟须从工业领域拓展覆盖至农业领域。

(二)河北省清洁生产立法的紧迫性与重要意义

河北省清洁生产立法是解决河北省清洁生产促进工作现存问题的最佳路径,更是治理河北省环境问题、优化河北省产业结构亟须的一剂良药,在贯彻党和国家京津冀协同发展战略及雄安新区规划建设重大决策方面意义非凡。

(1)这是解决河北省生态环境问题的紧迫需要。河北省经济发展对本地环境与能源的依赖性较强,近年来严重的环境与能源问题已经成为阻碍河北省经济持续发展及居民健康生活的最大桎梏。根据2017年上半年的水质统计数据,河北省优良水体比例较往年呈总体下降趋势,丧失使用功能水体比例则呈总体上升趋势。❸ 在空气质量方面,以河北省作为生态环境支撑区的京津冀区域2017年空气质量平均优良天数比例为55.6%,同比下降3.7个百分点。❹ 不难看出,尽管河北省已经在改善生态环境方面付出诸多努力,但面临的形势仍十分严峻。清洁生产作为缓解能源危机、控制环境污染的科学方式,通过地方立法能够有效促进其推广应用,是解决当前河北省生态环境问题的最佳选择。

(2)这是促进河北省产业结构优化升级的紧迫需要。河北省产业结构偏重,钢铁等高耗能、高污染企业仍然是本省经济发展的重要支柱。清洁生产

---

❶ 任英欣:《河北省钢铁企业实施清洁生产的策略研究》,载《河北北方学院学报(社会科学版)》2015年第1期。

❷ 新华网.农民日报:《河北省启动农业面源污染治理计划》,载 http://www.xinhuanet.com/politics/2015-09/10/c_128213323.htm,最后访问日期:2015年9月10日。

❸ 中华人民共和国生态环境部:《环境保护部通报2017年上半年各省(区、市)水质情况和水质下降断面》,载 http://www.zhb.gov.cn/gkml/hbb/qt/201708/t20170814_419655.htm,最后访问日期:2017年8月14日。

❹ 中华人民共和国中央人民政府:《环境保护部网站:环境保护部发布2017年11月和1-11月重点区域和74个城市空气质量状况》,载 http://www.gov.cn/xinwen/2017-12/21/content_5249221.htm,最后访问日期:2017年12月21日。

强调污染治理从源头抓起，着眼于生产的全过程，在减少污染、降低能耗的同时还能实现资源的持续、循环利用。通过地方立法大力促进本省清洁生产工艺的落地，一方面能够从根本上解决重工业资源浪费严重、产能过剩的痼疾，另一方面能够实现对传统农业生产格局的生态化、清洁化改造。此外，还能带动环保等新兴产业的发展，进而在改善本省资源环境困境的同时优化产业布局、提升本省企业的市场竞争力。

（3）这是践行京津冀协同发展国家战略、解决区域环境问题的必然选择。环境污染问题具有区域性、流动性的特点，不受行政区划的限制，京津冀及其周边地区的环境问题是相互影响的。生态环境建设作为京津冀协同发展国家战略的重中之重，只有各地方从自身出发，着眼于京津冀区域生态环境建设的大局，通过法治手段严格推行清洁生产、发展清洁生产，才能有效防治京津冀及其周边地区的环境污染，将京津冀生态环境协同发展落到实处。

（4）这是助推雄安新区健康发展的必由之路。"生态优先、绿色发展"是雄安新区的建设理念，"绿色生态宜居新城区"是雄安新区的建设目标。[1] 雄安新区位于京津冀区域的核心地带，依托环境优美的白洋淀生态涵养区，隶属河北省管辖。毫无疑问，解决雄安新区周边环境问题、维护并优化白洋淀区域环境质量、确保雄安新区的绿色健康发展是河北省今后长期面临的重点任务。加快清洁生产地方立法工作是大力、迅速整治本省尤其是雄安新区周边环境污染问题的根本出路，法律文件的权威性、确定性能够为新区的绿色发展提供持续有效的助推力。

（5）这样更能够进一步突出清洁生产在本省的法律地位。人类治理生态环境问题的实践经验证明了清洁生产是防治工业污染的最佳模式，《中华人民共和国环境保护法》也从基本法层面对清洁生产的地位和作用予以了肯定。[2] 河北省是我国工业污染较为严重的一个省份，应在遵循国家法律政策的前提下，结合本省污染现状及治理需求，通过地方立法明确清洁生产是根治本省环境污染的必然选择，并出台切合实际、便于操作的具体法律文件。如此方能牢固树立清洁生产的权威地位，使清洁生产成为省内各领域生产者从事相关生产活动的自觉遵循。

---

[1] 中华网新闻频道：《新华社：设立雄安新区推进京津冀协同发展千年大计》，载 http://news.china.com/domestic/945/20170401/30382595.html，最后访问日期：2017年4月1日。

[2] 参见《中华人民共和国环境保护法》第40条：国家促进清洁生产和资源循环利用。国务院有关部门和地方各级人民政府应当采取措施，推广清洁能源的生产和使用。企业应当优先使用清洁能源，采用资源利用率高、污染物排放量少的工艺、设备以及废弃物综合利用技术和污染物无害化处理技术，减少污染物的产生。

### 三、河北省清洁生产立法制度设计

河北省清洁生产立法应以明确原则引领立法方向,以创新机制搭建立法框架,立足现实问题进行针对性的内容设计并辅之以完善的配套制度,在科学立法、民主立法和依法立法的轨道上力争兼顾立法的实效性与前瞻性。

#### (一)河北省清洁生产立法的基本原则

(1) 产业领域全覆盖原则。河北省2017年国民经济和社会发展统计公报中的数据显示,河北省第一产业增加值占全省生产总值的比重为9.8%,第二产业增加值比重为48.4%,第三产业增加值比重为41.8%,❶其中,第二产业贡献占比最高在一定程度上说明了河北省产业结构仍然偏重,工业领域仍是清洁生产工作的重点领域。同时,第一、第三产业对河北省经济发展的贡献也不可忽视,相应的环境问题也应该积极寻求清洁生产方式的调整。虽然我国《清洁生产促进法》仅对农业和服务业领域的清洁生产工作进行了原则性规定,❷但也表明了清洁生产三大产业全领域覆盖的发展方向。河北省清洁生产立法应立足于本省三大产业发展现状,敏锐发现各自领域存在的环境问题,在重点调整工业领域清洁生产促进工作的同时,也要针对农业、服务业领域的清洁生产推广、发展工作进行具体的制度设计。

(2) 立法内容强制性原则。我国《清洁生产促进法》在内容上兼具政策倡导性和行政管理性,而在两者之间政策倡导性内容所占比重明显过大,导致的直接后果就是法律在具体实施中过于笼统,欠缺足够的操作性,也无法给企业产生应有的压力,因此总有一些企业游动在法律边缘,片面追求经济效益,使立法的预期效果大打折扣。鉴于党和国家近年来大力出台政策方针调整生态环境问题以及河北省面临严峻的环境污染情势,有必要在河北省清洁生产立法中扩大行政管理性内容的比重,在沿袭我国《清洁生产促进法》

---

❶ 河北省人民政府:《河北省2017年国民经济和社会发展统计公报》,载http://info.hebei.gov.cn/eportal/ui?pageId=2003933&articleKey=6781048&columnId=330496,最后访问日期:2018年3月2日。

❷ 参见《中华人民共和国清洁生产促进法》第22条:农业生产者应当科学地使用化肥、农药、农用薄膜和饲料添加剂,改进种植和养殖技术,实现农产品的优质、无害和农业生产废物的资源化,防止农业环境污染。禁止将有毒、有害废物用作肥料或者用于造田。第23条:餐饮、娱乐、宾馆等服务性企业,应当采用节能、节水和其他有利于环境保护的技术和设备,减少使用或者不使用浪费资源、污染环境的消费品。

关于清洁生产技术推广、研发、规划、宣传等方面的倡导、激励性规定之外，进一步增强立法内容的强制性。在工艺强制更新、落后产能强制淘汰、企业强制审核、行政管理部门和行政相对人法律责任方面做足功夫。并在遵循《中华人民共和国行政强制法》等法律法规的基础上适当赋予清洁生产主管机关行政强制权，从督促企业开展清洁生产和便于主管部门执法两方面双管齐下，力争使防污治污走在快车道上。另外，还可考虑将国家《"十三五"生态环境保护规划》《关于加快推进农业清洁生产的意见》《工业绿色发展规划（2016—2020年）》等文件中的部分内容纳入地方立法，赋予其一定的行政强制色彩，充分发挥地方立法在清洁生产管理中的行政推动作用。

（3）京津冀协同发展原则。为贯彻京津冀协同发展国家战略，京津冀三地已经联合出台了《关于加强京津冀人大协同立法的若干意见》，并就清洁生产达成了《京津冀清洁生产协同发展战略合作协议》，❶ 为三地今后的立法及清洁生产促进工作奠定了协同进行的基调。在京津冀三地中属河北省生态环境问题最为严重，环境治理能力也相对不足。因此，河北省清洁生产立法应该以京津冀协同发展为立足点，认真贯彻国家工业和信息化部《京津冀及周边地区重点工业企业清洁生产水平提升计划》等文件精神，在清洁生产标准、信息交流等方面积极谋求与京津两地相关立法的对接，在清洁生产工艺研发、推广等方面寻求京津两地的支持。此外，河北雄安新区作为京津冀协同发展的重要引擎，河北省立法机关应该围绕雄安新区的绿色发展与京津两地立法机关展开常态化协商交流，力争以雄安新区为中心共同打造京津冀的绿水、蓝天。

（4）清洁生产标准从严制定原则。考虑到河北省作为京津两地生态支撑区的特殊地位以及省内重工业污染的严峻现实，河北省清洁生产立法应在标准制定方面严抓、狠抓，果断改造、淘汰不达标的污染企业。在具体标准的制定中，应在政府主导下充分发挥企业的主体作用，结合国际、国家及其他地方标准，在充分论证的基础上制定严于国家标准的地方清洁生产标准。增加强制性标准数量，谋求与京津两地清洁生产标准体系的统一协同，并相应强化标准执行的监督机制及评估数据统计分析机制。❷

（二）创新河北省清洁生产立法机制

地方立法具有实施国家法律和创制地方法规的双重功能，前者是为保证

---

❶ 徐卫星：《清洁生产助推京津冀协同发展》，载《中国环境报》2016年7月7日，第010版。
❷ 常纪文：《京津冀生态环境协同保护立法的基本问题》，载《中国环境管理》2015年第3期。

国家基本法律在地方的具体操作而立，后者则是发挥地方立法机关能动性，引领地方法治建设，保障地方经济社会发展的最佳路径。河北省清洁生产立法须放在京津冀协同发展的全局下进行审视，再加上河北省的地方防污治污压力较其他省份更大，因此河北省清洁生产立法内容决不能固守成规，而应在国家法治体系内寻求创新，只有充分发挥地方立法的能动性、创造性，才能更好、更快满足环境治理的急迫需求。立法内容创新的基础是立法体制的创新，河北省清洁生产立法应在充分借鉴其他地方立法经验的基础上找到推进自身清洁生产法治建设的良性立法机制。

（1）强化立法前及立法中评估机制。地方立法的实效性要求地方立法反映实际问题、解决实际问题。为此，应充分发挥立法前评估及立法中评估的作用。河北省清洁生产立法应在立法前吸纳社会公众积极参与立法听证，就立法时间、立法内容等展开全面讨论，并深入基层展开立法调研，收集立法问题、建议，最后由专家学者撰写完整的立法前评估报告交省人大常委会进行立项。在法规起草的过程中应组织相关专家、企业负责人及人大代表就立法的争议问题进行广泛论证，强化辩论环节，制作论证纪要和报告作为省人大常委会法工委组织立法起草工作的参考。在法规交省人大常委会表决前，还应进行专门的表决前评估工作，为保证评估工作的客观性，可尝试引入第三方评估机制，对法规出台的时机、可能产生的社会影响及立法实施的相关因素进行预测和评估，并提出评估报告作为省人大常委会法工委审议法规的重要参考。❶

（2）建立健全立法参与的体制机制。科学性与民主性是立法活动应坚持的基本原则。清洁生产立法涉及知识面极广，影响利益范围极大，须吸纳社会各领域专业人士广泛参与才能保证立法的科学性。在京津冀协同发展的背景下，河北省可充分利用京津冀三地高校、科研单位集中的优势，效仿广东省组建以高校、科研机构为主要成员的地方立法研究评估与咨询服务基地，并由其具体负责省人大常委会委托的法规起草、评估、调研、理论研究及信息收集等工作。另外，建立由法律、财税、环保及清洁生产工艺研发等领域专家组成的清洁生产立法咨询专家库，每年定期更新专家成员，并针对性地出台《清洁生产立法咨询专家库管理办法》，对专家工作的范围、程序、经费保障等方面进行明确规定。同时，扩大立法公众参与，保障立法活动的民主性。现有立法程序中，面向公众征求意见一般都是在法案内容基本成型之后，

---

❶ 刘小妹：《省级地方立法研究报告：地方立法双重功能的实现》，中国社会科学出版社2016年版，第169–171页。

公众意见对法案产生的实质性影响有限，建议在河北省清洁生产立法中提前公布征求意见的时间节点，并充分利用微博、微信等新兴媒介以及编制立法信息汇编、公众参与指南等方式提高法规审议的透明度，充分保障普通公众的立法参与权。

（3）建立紧密衔接的法律文件备案审查制度。河北省11个设区的市都享有地方立法权，而各市在生态环境问题、清洁生产水平及经济发展实力等方面又存在或多或少的差异，因此河北省清洁生产的全面发展有赖于各市立足本地特殊情况进行针对性的市级立法。为保证各设区市清洁生产立法与全省清洁生产促进工作的统一部署接轨，除了要遵守《中华人民共和国立法法》规定的备案审查制度，还应严格执行省级对市级法律文件的备案审查。首先，充分发挥河北省人大常委会法工委备案审查处的职能，综合审查各设区市清洁生产地方性法规、地方政府规章及相关规范性法律文件的合法性、规制范围、法律责任等内容，确保各市立法能够在京津冀协同发展国家战略和全省统一法治体系下有序进行。其次，制定清洁生产地方法律文件备案审查工作程序，明确审查主体、客体及相关的职责，建立批准市级法律文件工作流程图和动态登记制度，对法律文件相关信息进行统一登记和全程实时跟踪监督。最后，创建河北省各设区市清洁生产立法及京津冀三地清洁生产立法的交叉备案制度。一方面，河北省内各设区市的清洁生产法律文件应报其他各设区市备案，如果其他设区市发现报备的法律文件不利于本地或全省清洁生产工作的发展，应该报河北省立法机关进行统一审查；另一方面，京津冀三地应将各自清洁生产法律文件交另外两地交叉备案，如发现存在不利于京津冀清洁生产协同发展的内容，应由三地立法机关协商修改。❶

总之，清洁生产立法机制的创新和完善是一个循序渐进的过程，不能急于求成，应在遵循国家法制统一原则的前提下结合地方清洁生产立法的特殊需求，逐步完善，稳步创新。

（三）河北省清洁生产立法重点内容设计

河北省清洁生产立法应在整理评估本省现存清洁生产法律文件、政策的基础上，由河北省人大制定地方性法规即《河北省清洁生产促进条例》，作为河北省内调整规制清洁生产工作的最高权威性地方法律文件，并侧重对以下内容进行创新性规定。

---

❶ 焦洪昌、席志文：《京津冀人大协同立法的路径》，载《法学》2016年第3期。

(1) 改革河北省清洁生产协调管理体制。我国《清洁生产促进法》规定了国家清洁生产主管部门是国务院清洁生产综合协调部门，同时考虑到清洁生产促进工作综合性较强及地方清洁生产综合协调部门不甚一致的情况，《清洁生产促进法》及相关文件并未对地方清洁生产主管部门作出明确指向，❶只是原则性规定了地方政府负责领导本行政区域内的清洁生产促进工作。❷根据党的十九届三中全会通过的《深化党和国家机构改革方案》（以下简称《方案》），将不再保留国家环境保护部，将国家环境保护部、国家发展和改革委员会、国土资源部、水利部、农业部等部门相应的环境保护职责统一纳入新组建的国家生态环境部，并整合组建生态环境保护综合执法队伍，统一实行生态环境保护执法。❸而为保证中央与地方机构设置的有效衔接，河北省应遵循《方案》的相关精神，组建省生态环境厅，并成立省生态环境保护综合执法队伍，统一行使原本由省环境保护厅、省发展和改革委员会等部门分散行使的执法职能。具体到清洁生产协调管理层面，建议由省、市、县各级人民政府新组建的生态环境部门统一行使包括清洁生产协调管理在内的生态环保职能，并将省发展和改革委员会、省工业和信息化厅及省环境保护厅的清洁生产执法管理职能统一并入河北省生态环境保护综合执法队伍，如此可改善以往地方清洁生产管理中存在的执法交叉冲突、执法空白、效率低下甚至主管部门"既当裁判员又当运动员"的不合理现象。

(2) 设立河北省清洁生产专项资金制度。《清洁生产促进法》规定，中央预算中应该设立中央财政清洁生产专项资金作为对清洁生产促进工作的资金支持。❹相应地，河北省应该通过《河北省清洁生产促进条例》明确规定

---

❶ 全国人大常委会法制工作委员会：《中华人民共和国清洁生产促进法释义》，法律出版社2013年版，第12-13页。

❷ 参见《中华人民共和国清洁生产促进法》第5条：国务院清洁生产综合协调部门负责组织、协调全国的清洁生产促进工作。国务院环境保护、工业、科学技术、财政部门和其他有关部门，按照各自的职责，负责有关的清洁生产促进工作。县级以上地方人民政府负责领导本行政区域内的清洁生产促进工作。县级以上地方人民政府确定的清洁生产综合协调部门负责组织、协调本行政区域内的清洁生产促进工作。县级以上地方人民政府其他有关部门，按照各自的职责，负责有关的清洁生产促进工作。

❸ 新华网：《中共中央印发〈深化党和国家机构改革方案〉》，载http://www.xinhuanet.com/2018-03/21/c_1122570517.htm，最后访问日期：2018年3月21日。

❹ 参见《中华人民共和国清洁生产促进法》第9条：中央预算应当加强对清洁生产促进工作的资金投入，包括中央财政清洁生产专项资金和中央预算安排的其他清洁生产资金，用于支持国家清洁生产推行规划确定的重点领域、重点行业、重点工程实施清洁生产及其技术推广工作，以及生态脆弱地区实施清洁生产的项目。中央预算用于支持清洁生产促进工作的资金使用的具体办法，由国务院财政部门、清洁生产综合协调部门会同国务院有关部门制定。县级以上地方人民政府应当统筹地方财政安排的清洁生产促进工作的资金，引导社会资金，支持清洁生产重点项目。

在地方预算中设立清洁生产专项资金，具体办法可由河北省清洁生产主管部门会同河北省财政厅及其他相关部门商定。另外，《河北省清洁生产审核暂行办法》等文件还规定了中小企业发展基金应为中小企业清洁生产审核工作提供资金支持。建议河北省清洁生产立法统筹考虑清洁生产专项资金与中小企业发展基金等相关资金的关系和资金使用效率，避免多头重复设立清洁生产资金。同时，扩大清洁生产资金的覆盖面，使自愿进行清洁生产审核、能够达标排污减污的企业能够同强制审核的企业一样享受清洁生产专项资金支持，在保障财政支持充足的同时真正实现物尽其用。

（3）建立健全河北省清洁生产信息支持制度。企业清洁生产开展力度在一定程度上依赖于清洁生产相关信息掌握的广度及深度，[1] 政府部门作为清洁生产工作的指导和推动力量，理应在清洁生产信息交流开发、清洁生产咨询服务机构建设等方面仔细推敲。河北省清洁生产立法中应进一步明确清洁生产信息工作的主管部门，对其信息统计、分析、公布、开发、推广等职能进行细化规定，并完善相应的法律责任机制。此外，应该贯彻京津冀协同发展国家战略，充分发挥京津冀丰厚的科研实力，与京津两地展开常态化交流，寻求搭建包括京津冀三地清洁生产主管部门、行业协会、企业、科研单位等在内的京津冀清洁生产信息共享、交流制度。[2]

（4）建立河北省清洁生产标识认证制度。企业开展生产活动的最终目标是营利，如果从经济利益出发进行疏导，既可以调动企业开展清洁生产的主动性和积极性，也可以减轻清洁生产行政管理部门的工作压力。其中，最有效的方式是在工农业生产领域建立河北省自身的清洁生产标识认证制度，[3] 在具体认证标准上参考国家、其他省份的已有类似标准，并与京津两地清洁生产主管部门协商后进行确定，以确保三地清洁生产工作能协同推进。河北省清洁生产主管部门应通过网络、报纸、电视等媒介征集清洁生产认证标志，宣传清洁生产认证的意义，鼓励消费者购买附有清洁生产认证标志的商品，且对经过认证的达标企业进行财政、科技、税收方面的适当扶持。

（5）进一步完善河北省清洁生产审核制度。清洁生产审核是清洁生产工作的核心环节，直接决定了清洁生产的开展范围和完成质量。受经济技术条件等因素限制，河北省众多企业在清洁生产审核方面积极性不够，一些地方

---

[1] 柯坚：《关于我国清洁生产法律规制的思考》，载《中国软科学》2000年第9期。
[2] 孟庆瑜、张思茵：《京津冀清洁生产协同立法问题研究》，载《吉首大学学报（社会科学版）》2017年第4期。
[3] 靳志玲：《构建河北省循环经济发展的法治体系》，载《河北省社会主义学院学报》2008年第4期。

政府也单纯追求清洁生产审核企业数量的增加而忽视了质量的把控。河北省清洁生产立法应将清洁生产审核制度改革作为重点，综合考虑企业排污、能耗及经济条件，适当扩大参与强制性清洁生产审核企业的范围，缩短清洁生产审核间隔期，从严进行清洁生产审核评估验收，强化企业相关责任，从扩大增量和盘活存量两方面促进企业按时、保质完成清洁生产审核工作。❶ 此外，为充分发挥清洁生产审核中介服务市场的作用，河北省清洁生产立法中应包含硬性规定，以加强行业自律，解决清洁生产审核中介服务机构人员素质、水平参差不齐，准入资质、技术标准不健全等问题。❷

（四）河北省清洁生产立法配套制度设计

清洁生产促进工作体量大、周期长，单一的地方性法规无法事无巨细地调整清洁生产各相关领域的具体工作。由此，河北省清洁生产立法不仅要以《河北省清洁生产促进条例》的制定、实施为中心进行，同时还要依赖相关领域配套制度、配套文件的陆续跟进。

（1）建立规模化、常态化清洁生产教育、培训体制机制。培养、提高各领域生产企业包括普通消费者在内的社会公众的清洁生产知识、意识是保障清洁生产工作有序推进的重要基石。《清洁生产促进法》对地方清洁生产的宣传、教育工作进行了原则性规定，❸《河北省清洁生产促进条例》应就本省清洁生产宣传、教育工作的组织、目标、指导思想及相关责任作出进一步规定。同时为保障具体工作的有效开展及相关文件的可操作性，河北省清洁生产主管部门还应与河北省教育厅、河北省文化厅等有关部门展开深入交流协作，在充分调研、论证的基础上针对河北省清洁生产教育、培训工作联合出台省级权威性文件。将清洁生产教育引入全省普通教育、专业教育中去，编写清洁生产教科书，在全省教育领域开设常态化、定期化的清洁生产课程。针对行业协会、企业个体开展分层次、分类型、重点突出的清洁生产教育培训活动，通过大型宣讲或者文艺表演下基层等形式在农村地区开展清洁生产宣传、培训。

（2）创新河北省中小企业清洁生产融资模式。清洁生产开展周期长，所

---

❶ 任英欣：《清洁生产的立法现状及完善对策研究》，载《唐山师范学院学报》2015年第1期。
❷ 白艳英等：《清洁生产促进法实施情况回顾与思考》，载《环境与可持续发展》2010年第6期。
❸ 参见《中华人民共和国清洁生产促进法》第15条第2款：县级以上人民政府有关部门组织开展清洁生产的宣传和培训，提高国家工作人员、企业经营管理者和公众的清洁生产意识，培养清洁生产管理和技术人员。

需资金量较大，一些中小企业迫于资金压力往往在进行清洁生产改造时"心有余而力不足"。如果单纯依靠政府财政补贴会给政府造成过多压力，不是长久之计，而银行借贷还款周期较短不适于长期开展的清洁生产项目。鉴于此，可以考虑通过以下两种方式进行融资以解决中小企业开展清洁生产工作的资金压力：第一，建立专业化的清洁生产设备融资租赁市场，由资质健全的融资租赁公司购买设备出租给无力购买的中小微企业，租赁到期后再视经营状况续租或买断相应设备。这样不仅可以缓解中小企业购买清洁生产设备的资金压力，还能在一定程度上带动融资租赁市场的发展。[1] 第二，鼓励一些微型金融机构与中小企业展开股权合作，即由微型金融机构入股中小企业，入股比例进行明确限制，入股资金用途限定为清洁生产，中小企业在解决资金压力的同时将清洁生产改造产生的收益向入股的金融机构分红，如此可以同时盘活微型金融机构和中小企业的生产经营。

（3）加强清洁生产示范项目建设，适时开展清洁生产对标活动。围绕农业、工业清洁生产示范区建设，河北省在2012年、2013年先后出台了《关于着力改善农业发展环境着力改善农业生态环境的实施意见》及《关于开展清洁生产试点示范园区创建工作的意见》，并已完成预期的目标。可在河北省清洁生产示范项目建设现有成果的基础上整合资源，继续扩大清洁生产示范项目的覆盖领域，总结提炼其中的有益经验向全省范围推广。此外，以清洁生产示范项目为蓝本，分阶段、分领域适时开展清洁生产对标工作，[2] 使其他地区、企业在更短的时间内向示范试点项目的清洁生产水平看齐。

需要注意的是，清洁生产不仅事关生态环保，而且牵涉社会经济发展中的多个领域。因此，河北省清洁生产促进工作在依赖各项环保法规、政策合力推进的同时，还应将清洁生产的要求和理念植入国民经济发展规划、方针及各项具体投资计划中去。

## 结　语

河北省生态环境问题的根治有赖于清洁生产促进工作的快速推进，而完善地方清洁生产立法工作即是其中最长效、最根本的方式。当前，河北省清洁生产立法应在总结借鉴国内外清洁生产立法经验的基础上，立足于本省清

---

[1] 余军、谷晨：《中小微企业清洁生产项目长期融资方式新构想——基于河北省的相关数据》，载《财会月刊》2015年第23期。

[2] 杨媚：《浅析清洁生产审核与清洁生产污染防治"对标"工作的区别——以河北省为例》，载《绿色科技》2015年第2期。

洁生产促进工作的现存问题,严格贯彻京津冀协同发展国家战略,以保障雄安新区健康发展为指导思想。从创新立法体制入手,坚守正确的立法原则,以出台《河北省清洁生产促进条例》为重点任务,并辅之以相关配套制度建设,力争以地方立法为中心完善本省清洁生产促进工作,为河北省乃至京津冀区域生态环境的良好发展奠定扎实的法治基础。

PART TWO

第二编

# 立法评估

# 第五章
# 河北省政府立法评估指标体系研究*

## 一、河北省建立政府立法评估指标体系的规范梳理

从规范层面来看，2004年国务院发布的《全面推进依法行政实施纲要》明确规定："制定机关、实施机关应当定期对其实施情况进行评估。实施机关应当将评估意见报告制定机关；制定机关要定期对规章、规范性文件进行清理。"2008年制定实施的《国务院工作规则》明确规定："行政法规实施后要进行评估，发现问题及时完善。"2015年中共中央、国务院印发的《法治政府建设实施纲要（2015—2020年）》明确指出："通过开展立法前评估等方式，健全立法项目论证制度。""定期开展法规规章立法后评估，提高政府立法科学性。"应该说，《全面推进依法行政实施纲要》《国务院工作规则》和《法治政府建设实施纲要（2015—2020年）》为地方政府立法评估工作提供了规范依据，使立法评估成了地方政府的一项经常性工作。2016年制定实施的《河北省政府立法评估办法》第20条明确规定："政府法制机构应当及时组织制定立法评估指标体系。"从而为河北省建立政府立法评估指标体系提供了直接的规范依据，指明了方向。

## 二、河北省建立政府立法评估指标体系的目的及意义

伴随着2010年中国特色社会主义法律体系的基本形成，我国立法工作的重心发生了转变，从重数量、重速度转变到了重质量、重完善，因而，未来我国立法工作的重点就是提升立法质量，建立协调、统一和完善的良法体系。而立法评估正是有效提升立法质量的途径之一，这已被实践所充分证明。立法评估一般是指在法律法规制定前、制定中以及实施后，由一定的评估主体，

---

\* 本成果系河北省人民政府法制办公室2016年度委托课题《河北省立法评估指标体系研究》的研究成果。执笔人：伊士国。

按照一定的评估方法和标准,对拟制定的或审议过程中的或实施后的特定法律法规所进行的评价。其目的在于更好地制定、审议、实施、修改、完善被评估的法律法规,并从中总结经验教训,为今后开展相关立法工作提供借鉴和指导。因而,立法评估具有重要意义。而河北省建立政府立法评估指标体系的目的及意义就在于为政府立法评估工作服务。

具体说来:第一,为衡量、检验政府立法质量提供了标尺。政府立法评估指标体系具有"认知与评价"功能,是衡量、检验政府立法质量的标尺。对于河北省来说,通过政府立法评估可以客观评价河北省政府立法质量水平,发现制约和影响河北省政府立法质量的主要问题和薄弱环节,进而寻找改进措施;第二,为政府立法指明了方向。立法评估具有多重功能,除了评价功能外,还具有指引功能。政府立法评估指标体系中蕴含着"良法"的诸多要素和要求,可以为河北省政府立法指明前进的方向,有助于提高河北省政府立法质量和水平。

**三、河北省建立政府立法评估指标体系的制度依托**

政府立法评估指标体系是政府立法评估制度的重要组成部分,其与其他要素有机联系,一起构成了完整的政府立法评估制度。因而,河北省要建立政府立法评估指标体系,必须要同时建立政府立法评估制度,以为制度依托。具体说来,构建政府立法评估制度,除了要建立政府立法评估指标体系外,还要明确政府立法评估的主体、对象及范围、内容、方法、程序等内容。其中,政府立法评估的主体解决的是由谁评估的问题,政府立法评估的对象及范围解决的是评估谁的问题,政府立法评估的内容解决的是评估什么的问题,政府立法评估的方法解决的是如何评估的问题,政府立法评估的程序解决的是遵循什么步骤评估的问题。这几者有机联系,共同为建立政府立法评估指标体系提供支撑。

(一)政府立法评估的主体

一般说来,从我国机构设置及其职责分工来看,不会单独设置立法评估机构来专门从事立法评估工作,因而,立法的主体往往就是立法评估的主体,但并不是唯一主体,而是主导主体,还包括诸多参与主体,如政府相关部门、相关群众团体、第三方独立机构、专家学者、社会大众等。对于河北省政府立法评估工作来说,河北省政府立法评估的主导主体是省、设区的市政府法制部门,参与主体包括政府相关部门、相关群众团体、第三方独立机构、专家学者、社会大众等。例如，根据《河北省政府立法评估办法》第4条："省、设区的市人民政府法制机构和相关主管部门是政府立法的评估机关。政府法制机构负责立法评估的组织、指导和协调工作，并对涉及重要的行政管理，以及政府法制机构直接起草的地方性法规草案进行评估。相关主管部门对其负责组织实施的立法进行评估。其他行政机关和有关单位应当按照各自职责，配合做好立法评估工作。"

之所以要建立由政府法制部门主导、多方参与的政府立法评估主体机制，是因为，第一，政府法制机构是政府立法的主体，掌握大量的立法资源，熟悉被评估政府立法的相关背景、目的及内容等立法信息，便于组织立法评估，提供立法评估内容，有利于降低立法评估成本，提高立法评估的效益；第二，由于政府立法是普遍性的行为规则，涉及不特定多数人利益，因而，由多方主体参与进来评估，特别是利益攸关方参与进来，可以对立法的必要性、立法内容的科学性、立法条款设计的规范性、立法的可操作性等问题发出不同的声音，有利于保证立法评估结果的全面、真实、客观，也利于保证科学立法、民主立法的实现。

（二）政府立法评估的对象与范围

一般说来，评估主体决定评估对象。立法评估的主体不同，立法评估的对象也就不同。例如，全国人大常委会法工委选择评估的对象是法律，国务院法制办选择评估的对象是行政法规，地方人大常委会选择评估的对象是地方性法规，地方政府选择评估的对象是政府规章。但是考虑到地方政府承担了大量的地方性法规的起草工作，因而，政府法制机构直接起草的地方性法规草案也应包括在政府立法评估对象范围之内。所以，地方政府立法评估的对象包括两类，一是政府规章；二是政府法制机构直接起草的地方性法规草案。对于河北省来说，政府立法评估的对象也包括两类：一是河北省政府规章和设区的市地方政府规章；二是河北省政府法制机构和设区的市政府法制机构直接起草的同级地方性法规草案。

对于政府立法评估对象的范围，有许多理论与实务部门人士认为，尽管从理论上说，所有的政府立法都要进行评估，但考虑到立法评估的实施需要一定人力、物力、财力的投入，相应地也会产生运行成本，所以，对所有的政府立法进行评估不仅没有必要，而且缺乏可行性。因此，建议合理选定政府立法评估对象，把有限的社会资源能够用在最需要得到评估、完善和改进的法律法规上，这样有利于避免应当评估的不予评估或者不必要评估的花费大量资源进行评估。对此，我们认为，在当前精准立法、注重提高立法质量的背景下，应对所有的政府立法进行评估，对政府立法出台的时机、实施的社会效果和实施中可能出现的问题进行充分论证，以提高政府立法的准确性，保证政府立法的质量。从实践来看，有许多省市地方政府采纳了这一主张，对所有的政府立法都进行评估。如《河北省政府立法评估办法》第2条第1款规定："本省行政机关依照职权进行的政府立法活动（包含地方性法规草案、政府规章）涉及的立法评估工作，适用本办法。"

（三）政府立法评估的内容

由于政府立法评估工作分为立法前、立法中、立法后三个阶段，因而，不同阶段的政府立法评估内容既有相同之处，也有不同之处，具体说来：第一，政府立法前评估的内容，首要的是评估政府立法的必要性、合法性、协调性和可操作性，评估经济、社会条件对将要设立法律制度和规则的约束条件，评估政府立法对经济、社会和环境的影响，这属于立法预期评估，其目的是充分论证政府立法的经济影响、社会影响和环境影响，解决和克服制约政府立法设计的制度、规则的约束条件，尽量在重大制度设计上达成各方意见一致，减少政府立法的试错成本。第二，政府立法中评估的内容，首要的是从宏观层面关注政府立法出台的时机是否适宜，是否与本省的经济社会发展水平相适应，是否具备相应实施条件，相关配套措施是否能及时到位，对本地区改革发展稳定可能造成的影响以及可能影响政府立法实施的重大因素和问题。第三，政府立法后评估的内容，首要的是评估政府立法的实践，评估政府立法对经济、社会和环境的实际影响，评估政府立法生效后执法、司法和守法而产生的成本和收益。

（四）政府立法评估的方法和程序

政府立法评估的方法直接关系政府立法评估结果的科学性。考虑到立法评估方法的选择取决于立法评估的目的、评估层次、评估对象等多方面内容，实践中政府立法评估的方法包括召开立法论证会、研讨会、实地调研、听取执法部门、司法机关和社会公众在执法、司法和守法中遇到的问题、征集社会公众的意见、问卷调查、随机抽查、委托第三方独立机构评估等。《河北省政府立法评估办法》第21条明确了河北省政府立法评估的方法，即"立法评估可以采用文献研究、抽样调查、网络调查、问卷调查、实地调研、召开座谈会或者论证会、专家咨询、案卷评查、相关立法比较分析等多种方法综合进行"。

政府立法评估作为提高立法质量的有效途径，无疑要遵循一定的程序。一般说来，政府立法评估的程序包括三个阶段：一是评估前期准备阶段，包括政府立法评估何时启动、启动条件、评估方案和评估标准的制定等内容；二是实施评估阶段，包括确定评估实施主体、选定评估对象、拟定工作方案等内容；三是评估结论形成阶段，包括起草评估报告、组织有关专家对评估报告进行论证、评估报告的提交与反馈等内容。《河北省政府立法评估办法》第22~29条对河北省政府立法评估的程序作了明确规定，包括评估准备阶段、评估实施阶段和评估结论形成阶段，为河北省政府立法评估工作的有效开展提供了程序保障。

**四、河北省政府立法评估指标体系的构建**

立法评估指标体系是立法评估制度的核心，直接决定立法评估效果的科学性和规范性。因而，设计一套科学的政府立法评估指标体系有助于对政府立法的质量进行衡量，有助于发现政府立法中存在的问题，进而提出有针对性的改进对策，为政府立法提供参考和指引。但是，必须指出的是，将政府立法的内在要求分解、量化、细化，设计出一套可统一适用于各级政府立法的评估指标体系并非一件易事，受制于诸多因素。

（一）河北省政府立法评估指标体系构建的原则

1. 科学性原则

政府立法评估指标体系设计的科学性直接决定了政府立法评估结果的公正性和可信度。因而，指标设计者要依据政府立法的要求和现状合理选择指标观测点、确定分值权重和评估方法。要通过试测、试错来不断调整修正指标体系，以保证其科学性和合理性。指标的科学性要求定性准确、定量精确。目前其他省市现有的政府立法评估指标设计仍以定性研究为主，这一点无法与国际实践接轨。所以，河北省政府立法评估指标体系应当将定性和定量有机结合，注重量化分析，收集数据后依据指标体系进行赋分，最后呈现客观精确的数字。

政府立法评估指标体系设计的科学性要求合理平衡客观指标与主观指标的比例。主观指标是以公众对政府立法的主观评价来进行赋分。在评估中引入主观指标是公众参与立法与立法协商民主的体现，公众作为政府立法的体验者具有一定的发言权。其缺陷在于公众作为评价主体的能力具有有限性，不同的测评对象因其价值取向、认知等因素影响难以做出真正客观、中立的评价，测评数据易产生波动。客观指标则可以有效克服主观指标的诸多缺陷，以结果为导向，可有效保证测评结果的客观性。因而，在政府立法评估指标体系设计中客观指标和主观指标应当有机结合，且客观指标的权重应远大于主观指标。

政府立法评估指标体系设计的科学性还要求正确处理普适性与创新性之间的关系。首先，政府立法评估指标体系设定应当具有一定的普适性。在同一时期内依据该指标可以对不同的政府立法质量进行排序对比。此外，在指标设置中，也应当为各级政府立法的创新行为留一定的分值。这种考量与我国地方政府立法的"地方特色"要求有关。

2. 实用性原则

政府立法涉及面广，有些要素可以量化，有些要素无法量化。但要确保设计出的政府立法评估指标体系具有实用性和可操作性，就必须要尽量采用量化的方式进行设计。因为只有政府立法评估指标体系可以通过打分的方式"落地"，其才真正具有实际操作性。这就离不开数据统计和定量分析。

3. 多元化原则

目前，现有的地方政府立法评估指标体系设计具有趋同性，没有充分凸显地方特色。实践中，不同地区法治发展进度和关注点差异较大，各地政府立法评估指标体系设计也无须一刀切，可以在遵循政府立法评估指标统一标准的前提下，充分发挥地方特色，突出重点，进行制度创新。可以说，多元化是地方政府立法评估指标体系的发展趋势。因而，河北省政府立法评估指标体系构建应当着眼于河北省政府立法的目标、任务，突出河北省地方特色，设计具有针对性和实践性的政府立法评估指标体系。

（二）河北省政府立法评估指标体系的具体内容

由于政府立法评估工作分为立法前、立法中、立法后三个阶段，且如前所述，这三个阶段评估的侧重点不同，因而，河北省政府立法评估指标体系的设计应遵循上述原则，针对这三个阶段的特点分别进行。

1. 立法前：河北省政府立法评估指标体系

虽然政府立法评估工作在我国已逐渐规范化、制度化、程序化，但其主要限于立法后评估，立法前评估在我国尚处于初级阶段，这主要表现在，理论界缺乏对立法前评估的专门研究，实践中也没有形成系统的、规范的立法前评估制度。因而,构建立法前阶段河北省政府立法评估指标体系有一定难度。考虑到政府立法前评估的重点是解决某一事项是否立法、何时立法及如何立法等源头性问题,因而,立法前评估的标准应包括必要性、合法性、协调性、可行性,据此我们可以设计立法前阶段河北省政府立法评估指标体系,具体如表5-1。

表5-1 立法前评估阶段河北省政府立法评估指标体系

| 序号 | 一级指标 | 二级指标 | 三级指标 | 分值 | 打分 |
|---|---|---|---|---|---|
| 1 | A 必要性（25分） | 立法具有必要性（8分） | A1 该事项是否属于政府立法调整范围 | 4 | |
| | | | A2 是否存在政府立法的替代手段 | 4 | |
| | | 立法符合经济社会发展需求（12分） | A3 该政府立法是否符合经济社会发展规律 | 4 | |
| | | | A4 该政府立法是否符合社会发展需要 | 4 | |
| | | | A5 该政府立法是否符合人民群众的利益需求 | 4 | |
| | | 立法时机、条件具备（5分） | A6 立法时机是否成熟 | 2 | |
| | | | A7 是否具备政府立法所需要的条件 | 3 | |
| 2 | B 合法性（25分） | 立法目的合法（2分） | B1 政府立法目的是否符合法治精神、法治原则 | 1 | |
| | | | B2 政府立法目的是否符合法治政府建设要求 | 1 | |
| | | 立法主体合法（2分） | B3 政府立法的主体是否适格 | 1 | |
| | | | B4 政府立法的主体是否具有法定立法权限 | 1 | |
| | | 立法程序合法（10分） | B5 是否依法制定、实施政府立法工作计划 | 2 | |
| | | | B6 是否依法组织开展政府立法起草工作 | 2 | |
| | | | B7 是否依法进行政府立法的审查与决定 | 2 | |
| | | | B8 是否依法对政府立法进行报请备案 | 2 | |
| | | | B9 是否依法对政府立法的解释请求及时做出合理解释 | 2 | |
| | | 立法依据合法（2分） | B10 是否严格遵循依据上位法 | 1 | |
| | | | B11 是否有明确的法定依据或授权依据 | 1 | |
| | | 立法内容合法（9分） | B12 政府立法的内容是否在其制定主体的权限范围内 | 2 | |
| | | | B13 政府立法的内容是否与上位法相违背 | 2 | |
| | | | B14 政府立法内容是否存在不必要的重复上位法的规定 | 2 | |
| | | | B15 政府立法内容是否有地方特色 | 3 | |

续表

| 序号 | 一级指标 | 二级指标 | 三级指标 | 分值 | 打分 |
|---|---|---|---|---|---|
| 3 | C 协调性（25分） | 与上位法的兼容和衔接（6分） | C1 是否与宪法、法律、行政法规、中央部委部门规章兼容和衔接 | 2 | |
| | | | C2 是否与上位法的原则、精神相抵触，或与其具体内容相冲突，导致执法冲突或法律纠纷 | 4 | |
| | | 与平行法的协调（8分） | C3 是否与本地区同级地方性法规不一致或相冲突 | 4 | |
| | | | C4 是否与本级政府制定的其他规章相协调 | 4 | |
| | | 与下位法的配套（7分） | C5 是否与下位法的规定相配套 | 4 | |
| | | | C6 是否成为下位法的制定依据 | 3 | |
| | | 自身规定和谐一致（4分） | C7 政府立法的内部结构是否逻辑严密 | 2 | |
| | | | C8 政府立法的具体内容规定是否无内在冲突和矛盾 | 2 | |
| 4 | D 可行性（25分） | 规定具体、明确、完整（6分） | D1 政府立法条款规定是否无歧义 | 3 | |
| | | | D2 政府立法条款规定是否无异议 | 3 | |
| | | 针对性强（10分） | D3 是否因该政府立法内容缺乏针对性解决实际问题的措施，而导致实践中难以操作 | 5 | |
| | | | D4 是否因该政府立法的一些重要条款过于笼统，而导致难以实施 | 5 | |
| | | 规章的内容具有可操作性（9分） | D5 是否因该政府立法规定的程序过于烦琐或不完善，而导致实践中很难或无法操作 | 4 | |
| | | | D6 是否因该政府立法规定的自由裁量权范围过大，而导致执法部门对同样案件的不同处理 | 5 | |
| | | 合　　计 | | 100 | |

### 2. 立法中：河北省政府立法评估指标体系

立法中评估在我国尚属新生事物，根据《广东省人民代表大会常务委员会立法评估工作规定（试行）》第2条第1、2款的规定，即"本规定所称立法评估包括法规案付表决前评估（以下简称"表决前评估"）和立法后评估。表决前评估是指地方性法规案提请省人大常委会表决前，对法规案出台的时机、立法可能产生的社会影响等进行预测和研判的活动"，我国初步建立了立法中评估制度。但目前我国的立法中评估工作尚未实现常态化、规范化运行，立法中评估指标体系更是严重缺失。考虑到立法中评估的重点是对草案的可行性、出台时机、实施效果及实施中可能出现的问题进行论证评估，因而，立法中评估的标准应包括合法性、合理性、协调性、可行性、规范性。

据此我们可以设计立法中阶段河北省政府立法评估指标体系，具体如表 5-2 所示。

表 5-2　立法中评估阶段河北省政府立法评估指标体系

| 序号 | 一级指标 | 二级指标 | 三级指标 | 分值 | 打分 |
|---|---|---|---|---|---|
| 1 | A 合理性（17 分） | 符合公平、公正要求（2分） | A1 政府立法是否贯彻落实了权责相统一原则 | 1 | |
| | | | A2 政府立法是否有利于维护公民、法人和其他组织的合法权益 | 1 | |
| | | 采取的法律措施必要、适当（12分） | A3 执法自由裁量权范围是否适当，行政处罚的种类与范围是否和行政相对人的违法行为相对称 | 3 | |
| | | | A4 是否因执法程序规定不合理或不具体而给执法程序不公或随意留下空间，从而损害行政相对人的权益 | 3 | |
| | | | A5 是否因该政府立法规定的职权不明确、权责不匹配而导致行政机关监管不力或执法不作为 | 3 | |
| | | | A6 是否明确规定有对行政相对人损害最小的执法方式 | 3 | |
| | | 权利义务分配合理（3分） | A7 政府立法规定的权利义务是否相一致 | 1 | |
| | | | A8 是否因该政府立法规定的权利缺乏救济措施，或救济措施规定不周或不当而导致公民无法正当维权 | 2 | |
| 2 | B 合法性（25 分） | 立法目的合法（2分） | B1 政府立法目的是否符合法治精神、法治原则 | 1 | |
| | | | B2 政府立法目的是否符合法治政府建设要求 | 1 | |
| | | 立法主体合法（2分） | B3 政府立法的主体是否适格 | 1 | |
| | | | B4 政府立法的主体是否具有法定立法权限 | 1 | |
| | | 立法程序合法（10分） | B5 是否依法制定、实施政府立法工作计划 | 2 | |
| | | | B6 是否依法组织开展政府立法起草工作 | 2 | |
| | | | B7 是否依法进行政府立法的审查与决定 | 2 | |
| | | | B8 是否依法对政府立法进行报请备案 | 2 | |
| | | | B9 是否依法对政府立法的解释请求及时做出合理解释 | 2 | |
| | | 立法依据合法（2分） | B10 是否严格遵循依据上位法 | 1 | |
| | | | B11 是否有明确的法定依据或授权依据 | 1 | |

续表

| 序号 | 一级指标 | 二级指标 | 三级指标 | 分值 | 打分 |
|---|---|---|---|---|---|
| 2 | B 合法性（25分） | 立法内容合法（9分） | B12 政府立法的内容是否在其制定主体的权限范围内 | 2 | |
| | | | B13 政府立法的内容是否与上位法相违背 | 2 | |
| | | | B14 政府立法内容是否存在不必要的重复上位法的规定 | 2 | |
| | | | B15 政府立法内容是否有地方特色 | 3 | |
| 3 | C 协调性（25分） | 与上位法的兼容和衔接（6分） | C1 是否与宪法、法律、行政法规、中央部委部门规章兼容和衔接 | 2 | |
| | | | C2 是否与上位法的原则、精神相抵触，或与其具体内容相冲突，导致执法冲突或法律纠纷 | 4 | |
| | | 与平行法的协调（8分） | C3 是否与本地区同级地方性法规不一致或相冲突 | 4 | |
| | | | C4 是否与本级政府制定的其他规章相协调 | 4 | |
| | | 与下位法的配套（7分） | C5 是否与下位法的规定相配套 | 4 | |
| | | | C6 是否成为下位法的制定依据 | 3 | |
| | | 自身规定和谐一致（4分） | C7 政府立法的内部结构是否逻辑严密 | 2 | |
| | | | C8 政府立法的具体规定是否无内在冲突和矛盾 | 2 | |
| 4 | D 可行性（25分） | 规定具体、明确、完整（6分） | D1 政府立法条款规定是否无歧义 | 3 | |
| | | | D2 政府立法条款规定是否无异议 | 3 | |
| | | 针对性强（10分） | D3 是否因该政府立法的内容缺乏针对性的解决实际问题的措施，而导致实践中难以操作 | 5 | |
| | | | D4 是否因该政府立法的一些重要条款过于笼统，而导致难以实施 | 5 | |
| | | 规章的内容具有可操作性（9分） | D5 是否因该政府立法规定的程序过于烦琐或不完善，而导致实践中很难或无法操作 | 4 | |
| | | | D6 是否因该政府立法规定的自由裁量权范围过大，而导致执法部门对同样案件的不同处理 | 5 | |
| 5 | E 规范性（8分） | 结构合理，逻辑关系明确、严谨（2分） | E1 政府立法的体系结构是否合理 | 1 | |
| | | | E2 政府立法的逻辑结构是否合理 | 1 | |
| | | 语言是否规范（6分） | E3 政府立法的名称是否科学、精确、统一 | 1 | |
| | | | E4 法律概念、术语是否明确、准确、统一、规范 | 2 | |

续表

| 序号 | 一级指标 | 二级指标 | 三级指标 | 分值 | 打分 |
|---|---|---|---|---|---|
| 5 | E 规范性（8分） | 语言是否规范（6分） | E5 政府立法的语言文字是否符合要求、清晰准确，是否存在非法律语言表达 | 2 | |
| | | | E6 标点符号、数字的表述是否符合立法要求 | 1 | |
| 合　　计 | | | | 100 | |

### 3. 立法后：河北省政府立法评估指标体系

立法后评估工作在我国日渐成熟，几乎所有省市都出台了立法后评估工作的规范依据，其制度化、规范化、程序化不断加强，因而，立法后评估的指标体系也十分健全、十分丰富，代表性的有"三指标式（质量标准、实施标准、实施绩效标准）""四指标式（法理标准、价值标准、实践标准、技术标准）""五指标式（合法性、合理性、协调性、实效性、技术性）""六指标式（法制统一、合理性、可操作性、地方特色、成本效益分析、实效性）""七指标式（合法性、合理性、协调性、操作性、规范性、实效性、适应性）"等。对此，我们认为，上述指标体系虽然范围大小有所差别，但实质上并无本质不同，且主要指标基本一致。考虑到河北省政府立法评估工作尚处于探索阶段，立法后评估阶段的河北省政府立法评估指标体系设计既不宜太过复杂，也不宜太过简单，应构建既能较为全面客观评估、又能便于操作的指标体系。为此，《河北省政府立法评估办法》在政府立法评估指标体系设计上选择了"四指标式"，即合法性、合理性、可行性、规范性。对此，我们认为，在立法后评估阶段，"四指标式"不够客观全面，应借鉴有关学者的建议，构建"六指标式（合法性、合理性、协调性、可行性、规范性、实效性）"的政府立法评估指标体系，具体见表5-3。需要说明的是，《河北省政府立法评估办法》第19条规定的是"立法评估主要内容包含：（一）合法性方面……（二）合理性方面……（三）可行性方面……（四）规范性方面……"这表明《河北省政府立法评估办法》并未禁止增加其他的政府立法评估指标。也就是说，"六指标式"的政府立法评估指标体系符合《河北省政府立法评估办法》的精神和要求。

表 5-3　立法后评估阶段河北省政府立法评估指标体系

| 序号 | 一级指标 | 二级指标 | 三级指标 | 分值 | 打分 |
|---|---|---|---|---|---|
| 1 | A 合理性（17分） | 符合公平、公正要求（2分） | A1 政府立法是否贯彻落实了权责统一原则 | 1 |  |
|  |  |  | A2 政府立法是否有利于维护公民、法人和其他组织的合法权益 | 1 |  |
|  |  | 采取的法律措施必要、适当（12分） | A3 执法自由裁量权范围是否适当，行政处罚的种类与范围是否和行政相对人的违法行为相对称 | 3 |  |
|  |  |  | A4 是否因执法程序规定不合理或不具体而给执法程序不公或随意留下空间，从而损害行政相对人的权益 | 3 |  |
|  |  |  | A5 是否因该政府立法规定的职权不明确、权责不匹配而导致行政机关监管不力或执法不作为 | 3 |  |
|  |  |  | A6 是否明确规定有对行政相对人损害最小的执法方式 | 3 |  |
|  |  | 权利义务分配合理（3分） | 政府立法规定的权利义务是否相一致 | 1 |  |
|  |  |  | 是否因该政府立法规定的权利缺乏救济措施，或救济措施规定不周或不当而导致公民无法正当维权 | 2 |  |
| 2 | B 合法性（21分） | 立法目的合法（2分） | B1 政府立法目的是否符合法治精神、法治原则 | 1 |  |
|  |  |  | B2 政府立法目的是否符合法治政府建设要求 | 1 |  |
|  |  | 立法主体合法（2分） | B3 政府立法的主体是否适格 | 1 |  |
|  |  |  | B4 政府立法的主体是否具有法定立法权限 | 1 |  |
|  |  | 立法程序合法（10分） | B5 是否依法制定、实施政府立法工作计划 | 2 |  |
|  |  |  | B6 是否依法组织开展政府立法起草工作 | 2 |  |
|  |  |  | B7 是否依法进行政府立法的审查与决定 | 2 |  |
|  |  |  | B8 是否依法对政府立法进行报请备案 | 2 |  |
|  |  |  | B9 是否依法对政府立法的解释请求及时做出合理解释 | 2 |  |
|  |  | 立法依据合法（2分） | B10 是否严格遵循依据上位法 | 1 |  |
|  |  |  | B11 是否有明确的法定依据或授权依据 | 1 |  |
|  |  | 立法内容合法（5分） | B12 政府立法的内容是否在其制定主体的权限范围内 | 1 |  |
|  |  |  | B13 政府立法的内容是否与上位法相违背 | 1 |  |
|  |  |  | B14 政府立法内容是否存在不必要的重复上位法的规定 | 1 |  |
|  |  |  | B15 政府立法内容是否有地方特色 | 2 |  |

续表

| 序号 | 一级指标 | 二级指标 | 三级指标 | 分值 | 打分 |
|---|---|---|---|---|---|
| 3 | C 协调性（18分） | 与上位法的兼容和衔接（4分） | C1 是否与宪法、法律、行政法规、中央部委部门规章兼容和衔接 | 2 | |
| | | | C2 是否与上位法的原则、精神相抵触，或与其具体内容相冲突，导致执法冲突或法律纠纷 | 2 | |
| | | 与平行法的协调（4分） | C3 是否与本地区同级地方性法规不一致或相冲突 | 2 | |
| | | | C4 是否与本级政府制定的其他规章相协调 | 2 | |
| | | 与下位法的配套（6分） | C5 是否与下位法的规定相配套 | 3 | |
| | | | C6 是否成为下位法的制定依据 | 3 | |
| | | 自身内部规定和谐一致（4分） | C7 政府立法的内部结构是否逻辑严密 | 2 | |
| | | | C8 政府立法的具体规定是否无内在冲突和矛盾 | 2 | |
| 4 | D 可行性（25分） | 规定具体、明确、完整（6分） | D1 政府立法条款规定是否无歧义 | 3 | |
| | | | D2 政府立法条款规定是否无异议 | 3 | |
| | | 针对性强（10分） | D3 是否因该政府立法的内容缺乏针对性的解决实际问题的措施，而导致实践中难以操作 | 5 | |
| | | | D4 是否因该政府立法的一些重要条款过于笼统，而导致难以实施 | 5 | |
| | | 规章的内容具有可操作性（9分） | D5 是否因该政府立法规定的程序过于烦琐或不完善，而导致实践中很难或无法操作 | 4 | |
| | | | D6 是否因该政府立法规定的自由裁量权范围过大，而导致执法部门对同样案件的不同处理 | 5 | |
| 5 | E 规范性（8分） | 结构合理，逻辑关系明确、严谨（2分） | E1 政府立法的体系结构是否合理 | 1 | |
| | | | E2 政府立法的逻辑结构是否合理 | 1 | |
| | | 语言文字、标点规范（6分） | E3 政府立法的名称是否科学、精确、统一 | 1 | |
| | | | E4 法律概念、术语是否明确、准确、统一、规范 | 2 | |
| | | | E5 政府立法的语言文字是否符合要求，清晰准确，是否存在非法律语言表达 | 2 | |
| | | | E6 标点符号、数字的表述是否符合立法要求 | 1 | |

续表

| 序号 | 一级指标 | 二级指标 | 三级指标 | 分值 | 打分 |
|---|---|---|---|---|---|
| 6 | F 实效性（11分） | 政府立法得到良好实施（7分） | F1 政府立法是否被大多数人知晓并自觉遵守 | 2 | |
| | | | F2 政府立法生效之后每年是否被司法审判、行政复议或仲裁适用 | 2 | |
| | | | F3 政府立法制定实施后，违法案件的发生率是否降低 | 2 | |
| | | | F4 公众对该政府立法的主要条款在实践中执行和落实情况是否满意 | 1 | |
| | | 政府立法产生良好经济效益和社会效益（4分） | F5 是否能收到政府立法的预期经济和社会效益 | 2 | |
| | | | F6 公众对该政府立法实施后所产生的经济和社会效益是否满意 | 2 | |
| | | 合　　计 | | 100 | |

# 第六章
# 《河北省邮政条例》立法后评估报告[*]

为全面了解《河北省邮政条例》（以下简称"条例"）的文本质量和实施情况，以及条例中重点制度设计的科学性与合理性，促进地方立法质量的提高，河北大学政法学院接受河北省人大法工委的委托，按照法工委批准的立法后评估方案，从2015年5月开始，采用文献分析、网上征求意见、发放调查问卷、组织现场调研、召开利益相关人座谈会、召开专家论证会等多种方式，对该条例进行立法后评估。该评估是河北省第一次对地方立法进行立法后评估，对于开启河北省立法评估的进程，提高立法质量具有重要意义。

## 一、对《河北省邮政条例》的总体评价和基本指标评价

条例由河北省第十一届人民代表大会常务委员会第29次会议于2012年3月28日通过，自2012年7月1日施行。迄今为止，该条例已经实施3年，并经过先后两次部分修订，在保障邮政普遍服务，加强邮政快递市场管理，加快邮政快递基础设施建设，提高邮政快递服务标准和水平，维护消费者合法权益方面都发挥了重要作用。本次评估立足于七项基本指标，对该条例的文本质量和实施效果进行全面评价，并对几项主要制度进行重点评估，力求做到评估重点突出，内容全面真实，结果客观公正。

### （一）总体评价

总体上看，条例的立法质量较好，达到了立法预期目的。立法注重了统一性和协调性，考虑了当时当地的客观需要，制度设计比较合理，权利义务以及权力责任配置较为得当，内容具有较强的针对性、适应性和地方特色性，规范设定的行为模式易于辨识，逻辑严谨，层次分明，术语表达准确，可操作性强，符合立法技术的要求，是一部具有较强实用性和地方特色性的法规。

---

[*] 本报告系2015年河北省人大常委会法制工作委员会委托的《〈河北省邮政条例〉立法后评估》的研究成果。执笔人：陆洲。

该条例实施三年来,在保障邮政普遍服务,加强邮政市场监督管理,维护消费者合法权益方面发挥了重要作用,取得了良好的法律效果和社会效果。

(二)基本指标评价

本次评估在调查问卷中设置了合法性、合理性、可操作性、地方特色性、协调性、实效性、技术性等七项基本指标,对条例的主要内容进行综合评价。四个城市共发放700份问卷,回收680份问卷,有效问卷660份,有效问卷回收比例达到94.28%。表6-1和图6-1为条例后评估的基本指标评分情况。

表6-1 条例后评估内容的指标计分情况

| 序号 | 评估要素 | 具体评估内容 | 评分说明 | 平均得分 |
| --- | --- | --- | --- | --- |
| 1 | 实效性(20分) | 该条例是否被大多数人知晓并自觉遵守(4分) | 学习过该条例或看过该条例(4分)<br>仅仅听说过该条例(2分)<br>基本不知道该条例(0分) | 3.12 |
| 2 | | 该条例生效之后每年是否被司法审判、行政复议或仲裁适用(4分) | 经常适用(4分)<br>偶有适用(2分)<br>基本没有适用(0分) | 3.55 |
| 3 | | 该条例实施后,违法案件的发生率是否降低(4分) | 大幅度降低(4分)<br>有所降低,但不明显(2分)<br>没有降低(0分) | 3.34 |
| 4 | | 公众对该条例实施后所产生的经济和社会效益是否满意(4分) | 满意(4分)<br>一般(2分)<br>不满意(0分) | 3.60 |
| 5 | | 公众对该条例的主要条款在实践中执行和落实情况是否满意(4分) | 满意(4分)<br>一般(2分)<br>不满意(0分) | 3.15 |
| 6 | 技术性(8分) | 立法名称是否精确、统一;法律概念、术语是否准确、统一、规范;是否存在非法律语言表达;标点符号、数字的表述是否符合立法要求(4分) | 四项指标均无瑕疵(4分)<br>四项指标中有一两项有瑕疵(2分)<br>四项指标均存在瑕疵(0分) | 3.48 |
| 7 | | 结构是否合理,逻辑关系是否明确、严谨(4分) | 符合上述指标(4分)<br>比较符合上述指标(2分)<br>不符合上述指标(0分) | 3.80 |

续表

| 序号 | 评估要素 | 具体评估内容 | 评分说明 | 平均得分 |
|---|---|---|---|---|
| 8 | 合法性（8分） | 是否符合河北省地方立法权限；与宪法、法律及行政法规的立法精神和具体条文有无抵触；与《中华人民共和国邮政法》是否衔接（4分） | 符合河北省地方立法权限，与上位法无抵触，且衔接较好（4分）符合河北省地方立法权限，与上位法精神无抵触，具体条文衔接存在瑕疵（2分）与上位法条文或精神存在抵触，衔接不畅（0分） | 3.88 |
| 9 |  | 创设的行政许可项目是否符合《行政许可法》的规定；创设的行政处罚是否超越《行政处罚法》的范围限制；创设的强制措施是否超越河北省地方立法权限；创设的行政事业收费项目是否合法（4分） | 四项均符合（4分）有三项符合（2分）两项或两项以下符合（0分） | 3.73 |
| 10 | 合理性（20分） | 是否因该条例规定的职权不明确、权责不匹配而导致行政机关监管不力或执法不作为（4分） | 未发生此类监管不力或执法不作为实例（4分）偶有此类监管不力或执法不作为实例发生（2分）常有此类监管不力或执法不作为实例发生（0分） | 3.24 |
| 11 |  | 是否因该条例规定的权利缺乏救济措施，或救济措施规定不周或不当而导致公民无法正当维权（4分） | 公民能够依本条例正当维权并有正当维权实例（4分）未发现依本条例正当维权实例，但不存在救济措施规定不周或不当（2分）发现依本条例不能正当维权实例，存在救济措施规定不周或不当（0分） | 3.25 |
| 12 |  | 是否因执法程序规定不合理或不具体而给执法程序不公或随意留下空间，从而损害行政相对人的权益（4分） | 从未发生因此类原因而损害行政相对人权益的实例（4分）偶有因此类原因而损害行政相对人权益的实例发生（2分）常有因此类原因而损害行政相对人权益的实例发生（0分） | 2.97 |
| 13 |  | 执法自由裁量权范围是否适当，行政处罚的种类及范围是否和行政相对人的违法行为相对称（4分） | 执法自由裁量权得当，行政处罚的种类与范围与违法行为相对称（4分）执法自由裁量权不尽适当，或个别行政处罚与违法行为不够对称（2分）执法自由裁量权过大，行政处罚与违法行为多不对称（0分） | 3.12 |

续表

| 序号 | 评估要素 | 具体评估内容 | 评分说明 | 平均得分 |
|---|---|---|---|---|
| 14 | 合理性（20分） | 是否明确规定有对行政相对人损害的最小方式，执法机关依本条例执法时是否能够选择对行政相对人权益损害最小的方式（4分） | 有明确和详细的规定（4分）<br>有相关规定，但并不明确（2分）<br>没有相关规定（0分） | 2.88 |
| 15 | 可操作性（20分） | 是否因该条例的内容缺乏针对性地解决实际问题而导致实践中难以操作（4分） | 在执法实践中未因条例内容缺乏针对性而导致难以操作现象（4分）<br>条例内容存在一定的针对性不强问题，但未在执法实践中导致严重的难以操作现象（2分）<br>因条例内容缺乏针对性而导致执法实践中难以操作（0分） | 3.24 |
| 16 | | 是否因该条例的一些重要条款，如基础设施规划制度、通行便利制度、赔偿制度等重要制度过于笼统而导致难以执法和实施（4分） | 未发生因一些重要条款的规定过于笼统而导致难以执法与实施现象（4分）<br>有的重要条款存在一定程度的规定笼统情况，尚未发生严重的难以执法与实施现象（2分）<br>确因一些重要条款规定过于笼统而导致执法实践中难以执法和实施（0分） | 3.46 |
| 17 | | 是否因该条例规定的程序过于烦琐或程序不完善而导致实践中很难或无法操作（4分） | 在实践中未因程序规定不当而发生难以操作现象（4分）<br>存在程序规定上的一些瑕疵，但未因此而发生难以操作现象（2分）<br>确因程序规定不当而导致难以操作（0分） | 3.22 |
| 18 | | 是否因该条例规定的自由裁量权范围过大而导致执法部门对同样案件的不同处理（4分） | 从未发生过因此类规定不当而导致执法部门同案不同处理的实例（4分）<br>偶有因此类规定不当而导致执法部门同案不同处理的实例发生（2分）<br>常有发生（0分） | 3.17 |
| 19 | | 是否因该条例中规定的行为模式难以辨识而无法操作（4分） | 该条例中规定的行为模式容易辨识，富有操作性（4分）<br>条例中部分条款规定的行为模式不易辨识，难以操作（2分）<br>该条例中很多条款规定的行为模式不易辨识，难以操作（0分） | 3.15 |

续表

| 序号 | 评估要素 | 具体评估内容 | 评分说明 | 平均得分 |
|---|---|---|---|---|
| 20 | 地方特色性（16分） | 作为实施性的地方性法规，是否结合河北省的特点对《邮政法》有所精细化；是否充分考虑到河北省的地方事务和突出问题（4分） | 有精细化条款，并充分考虑到本省的地方事务和突出问题（4分）<br>精细化不足，没有充分考虑本省的地方事务和突出问题（2分）<br>没有精细化条款，没有考虑本省的地方事务和突出问题（0分） | 3.87 |
| 21 | | 与其他省市的邮政条例相比，重复率是否较高（4分） | 很低（4分）<br>一般（2分）<br>较高（0分） | 3.76 |
| 22 | | 是否存在片面追求与《邮政法》的配套性，重复率是否较高（4分） | 很低（4分）<br>一般（2分）<br>较高（0分） | 3.53 |
| 23 | | 不搞大而全，无宣示性规范（4分） | 不存在大而全的倾向，宣示性条款在3款以下（含3款）（4分）<br>存在大而全的倾向，或宣示性条款在3款以上（2分）<br>搞大而全，宣示性条款超过5款（0分） | 3.68 |
| 24 | 协调性（8分） | 是否与《邮政法》的原则、精神相抵触，或与其具体内容相冲突，导致执法冲突或法律纠纷（4分） | 从未发生此类执法冲突或法律纠纷案例（4分）<br>偶有此类执法冲突或法律纠纷案例发生（2分）<br>常有此类执法冲突或法律纠纷案例发生（0分） | 3.87 |
| 25 | | 是否与本地区其他地方性法规或规章不一致或相冲突而导致执法冲突或法律纠纷（4分） | 从未发生此类执法冲突或法律纠纷案例（4分）<br>偶有此类执法冲突或法律纠纷案例发生（2分）<br>常有此类执法冲突或法律纠纷案例发生（0分） | 3.54 |
| 合　计 | | | | 85.60 |

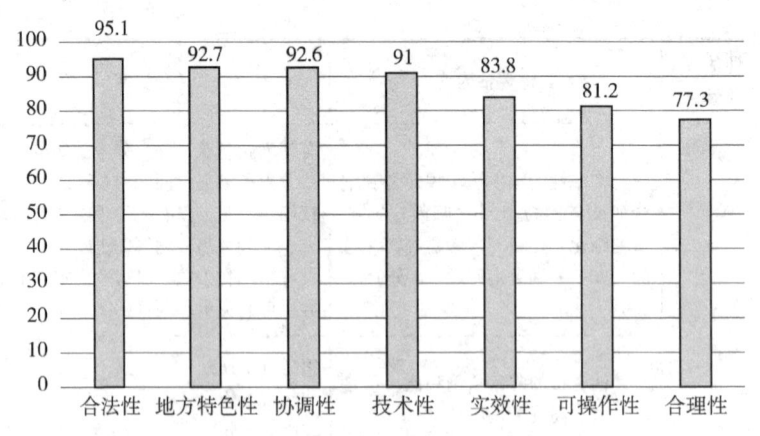

图 6-1 各项指标的百分制分数

从以上数据分析可以看出，基于七项指标，最后回收的所有问卷其平均得分为 85.60 分，处于良好水平。具体分布如下：

(1) 在实效性方面，一共设置五项指标，共 20 分，平均得分为 16.76 分，相当于百分制下 83.8 分。该项主要从宏观上考察条例运行的实际法律效果与社会效果，可以看出，大部分人认为生效之后每年都有被司法审判、行政复议或仲裁适用的情况，违法案件的发生率也有所降低，对实施后所产生的经济和社会效益比较满意，条例的实施成本和执法成本也比较合理，但是值得注意的是，通过横向比较，条例是否被大多数人知晓并自觉遵守这一项分值较低。通过调查问卷的结果显示（见图 6-2），80% 的受访对象对于条例有一定程度的了解，但其中 51% 仅仅听说过该条例，学习过或看过该条例的仅占 29%，说明对该条例需要进行更多的普法宣传，以使更多公众知晓并遵守该项法规。

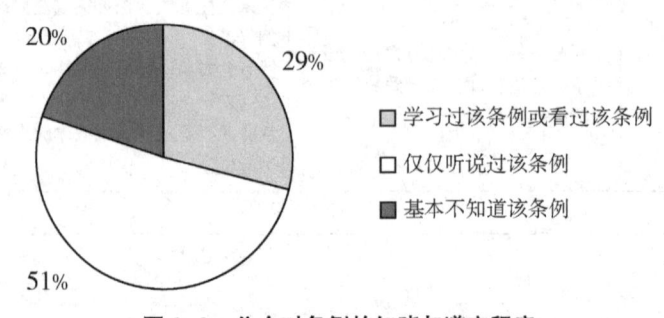

图 6-2 公众对条例的知晓与遵守程度

(2) 在技术性方面，一共设置两项指标，共 8 分，平均得分为 7.28 分，相当于百分制下91分。该项得分较高,表明该条例结构合理,逻辑清晰。立法名称准确统一,条文表述规范严谨,基本无歧义,标点符号、数字的表述符合立法要求。

(3)在合法性方面,一共设置两项指标,共8分,平均得分为7.61分。相当于百分制下95.1分。该项得分最高,显示出条例制定时没有超越河北省地方立法权限,充分考虑了与宪法、法律及其他行政法规的立法精神和具体条文,与《中华人民共和国邮政法》实现了较好衔接。同时,条例中创设的行政许可项目符合《中华人民共和国行政许可法》的规定,创设的行政处罚符合《中华人民共和国行政处罚法》的范围限制,创设的强制措施未超越河北省地方立法权限,创设的行政事业收费项目也符合相关法律法规规定。

(4)在合理性方面,一共设置五项指标,共20分,平均得分为15.46分。相当于百分制下77.3分。该项得分在所有指标里处于最低水平,显示出该条例的合理性不足,需要进一步细化。图6-3为该指标中得分最低的一项,即关于执法程序的规定是否合理和具体。

从图6-3可以看出,有57.7%的受访对象认为存在因执法程序规定不合理或不具体而给执法程序不公或随意留下空间,从而损害行政相对人的权益。

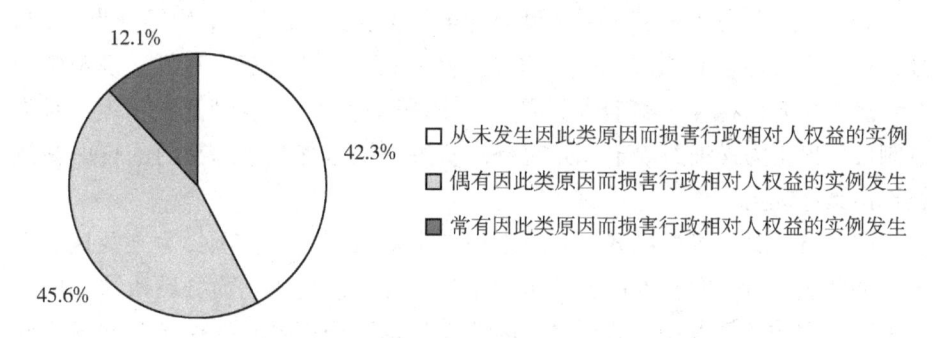

图6-3 是否因执法程序规定不合理或不具体而给执法程序不公或随意留下空间,从而损害行政相对人的权益

从图6-4可以看出,不同主体对于三个选项的态度也是存在很大区别的。作为行政机关的邮政管理人员中有87.2%的认为从未发生因执法程序规定不合理或不具体而给执法程序不公或随意留下空间,从而损害行政相对人权益的现象,但是作为行政相对人的企业代表则分别为邮政企业人员32%,快递企业人员28%,行业协会31.5%,其他41.2%。相反,认为常有发生的也是邮政管理人员最低,占3.5%,快递企业人员最高为28.6%,邮政企业次之为20.8%。认为偶有发生的比例,除邮政管理人员之外,其他的受访对象均超

过了 40%。可以看出，由于利益原因，行政执法人员和行政相对人对于同一制度的看法是有很大不同的。关于程序不合理的具体表现，在下述重点制度和有关建议中将做进一步阐述。

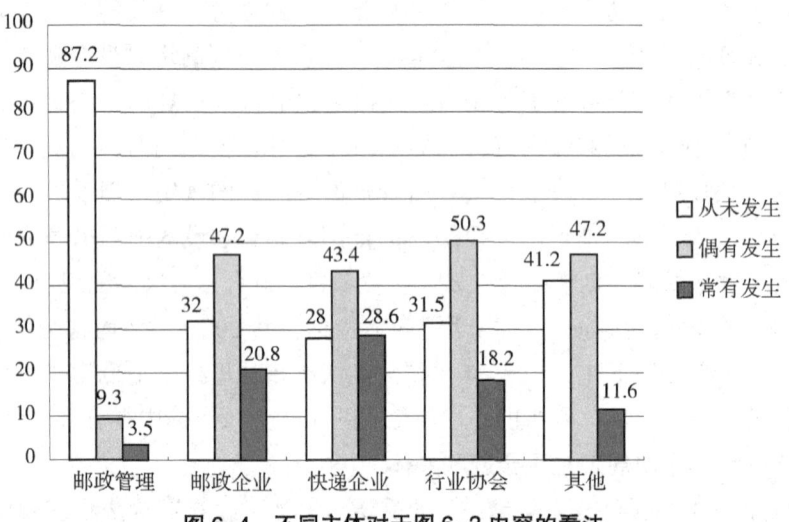

图 6-4　不同主体对于图 6-3 内容的看法

（5）在可操作性方面，一共设置五项指标，共 20 分，平均得分为 16.24 分，相当于百分制下 81.2 分。该项得分也不高，仅仅高于合理性，说明条例在可操作性方面存在一些瑕疵，需进一步提高针对性，合理配置程序，对重点制度作出更为详细的规定，并对行政机关特别是邮政管理部门的自由裁量权作出具体规定。

图 6-5、图 6-6 是对该条例规定的自由裁量权是否范围过大导致执法不统一的调查分析。图 6-5 中，从未发生过因此类规定不当而导致执法部门同案不同处理的实例占 61.2%，偶有因此类规定不当而导致执法部门同案不同处理的实例发生占 28.4%，常有发生占 10.4%，表明实际执法中存在自由裁量权范围过大的现象，但比重不大。图 6-6 显示不同主体对这一问题的看法，其中邮政管理部门认为常有发生的占 1.7%，邮政企业占 10.7%，快递企业占 22.6%，行业协会占 12.3%，其他占 15.5%。数据表明邮政管理部门认为存在此现象的居于少数，快递企业认为存在的较多，其次是其他人员。在座谈会上，也有部分地区邮政管理部门代表反映，在自由裁量权方面，条例中存在个别范围较大的情况，但更多的是对于自由裁量权的规定不够具体和详细。下文在具体制度分析时，将会以实例予以证明。

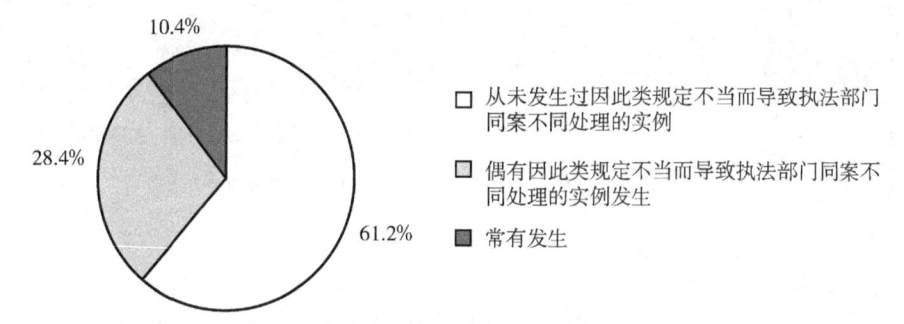

图 6-5  是否因该条例规定的自由裁量权范围过大而导致执法部门对同样案件的不同处理

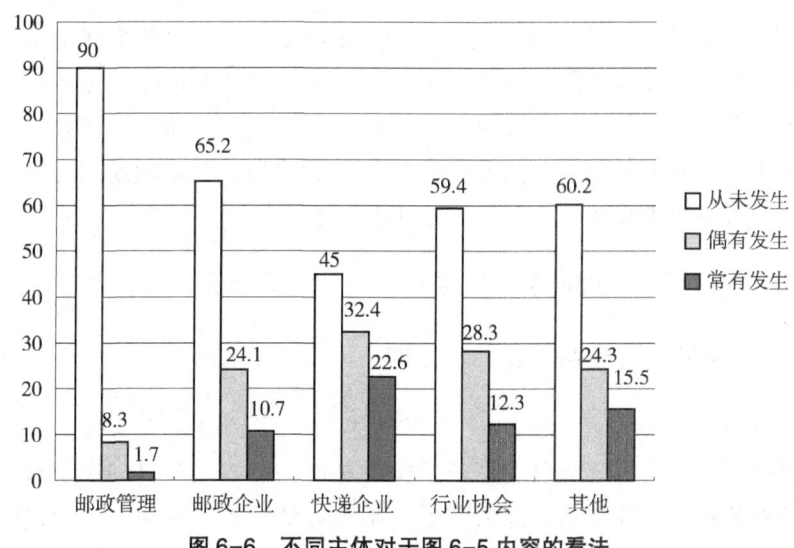

图 6-6  不同主体对于图 6-5 内容的看法

（6）在地方特色性方面，一共设置四项指标，共 16 分，平均得分为 14.84 分。相当于百分制下 92.7 分。该项得分较高，表明该条例作为实施性的地方性法规，结合了河北省的特点对《邮政法》有所精细化，并充分考虑到河北省的地方事务和突出问题。其中，地方特色性的一个重要标志性制度是对于邮政快递车辆的通行便利，这在全国的同类法规中为数不多。图 6-7 显示，有精细化条款，并充分考虑到本省的地方事务和突出问题占 85%；精细化不足，没有充分考虑本省的地方事务和突出问题占 11%；没有精细化条款，没有考虑本省的地方事务和突出问题仅占 4%。在各地座谈会中，也有超过 90% 的代表认为条例具有较强的地方特色性。

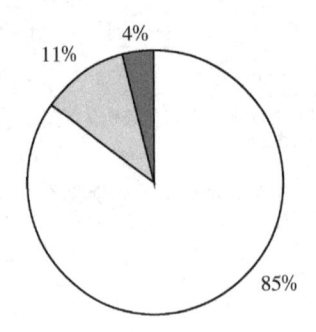

☐ 有精细化条款，并充分考虑到本省的地方事务和突出问题
☐ 精细化不足，没有充分考虑本省的地方事务和突出问题
■ 没有精细化条款，没有考虑本省的地方事务和突出问题

4%
11%
85%

图 6-7 条例的地方特色性

（7）在协调性方面，一共设置两项指标，共 8 分，平均得分为 7.41 分。相当于百分制下 92.6 分。该项得分较高，表明条例制定时较为注重法制统一性，与《中华人民共和国邮政法》的原则、精神未产生抵触，与其具体内容也没有发生冲突。同时，该条例也注意到与本地区其他地方性法规或规章之间的协调，尽量避免由于立法冲突导致的执法冲突或法律纠纷。另外，本条例也注重内部的协调性，条文内部之间基本没有冲突。

## 二、对《河北省邮政条例》重点制度的评估情况

### （一）邮政基础设施规划建设制度

**1. 制度目的**

邮政基础设施规划建设制度是条例的基础性制度，其目的在于通过设置强制性条款和政策性支持，加大邮政基础设施的规划与建设，以全面提高邮政普遍服务水平，促进快递行业的发展，满足不断发展的社会需要。

**2. 评估情况**

从调查问卷的数据看出，受访者对于邮政基础设施规划建设制度的意见主要表现在相关条款执行和落实情况不力。

图 6-8 是以该条例主要条款在实践中执行落实情况为题的，其中不满意和满意度一般的共占 39.8%，满意的占 60.2%，显示大部分受访对象对于执行情况是满意的，但不满意的比例也并不低。图 6-9 是不同主体对于执行和落实问题的看法，其中邮政管理部门不满意的比例较低，仅占 4.3%；邮政企业不满意的占 12.5%；快递企业不满意度最高，占 23.5%；行业协会占 12.3%；其他占 12.4%。通过座谈会得知，有 92% 的代表反映关于邮政基础设施规划建设制度的问题主要是有法不依、执行状况不佳。具体问题包括以下方面：

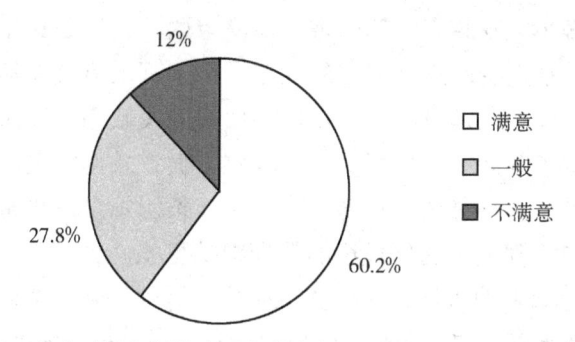

图 6-8 公众对该条例的主要条款在实践中执行和落实情况是否满意

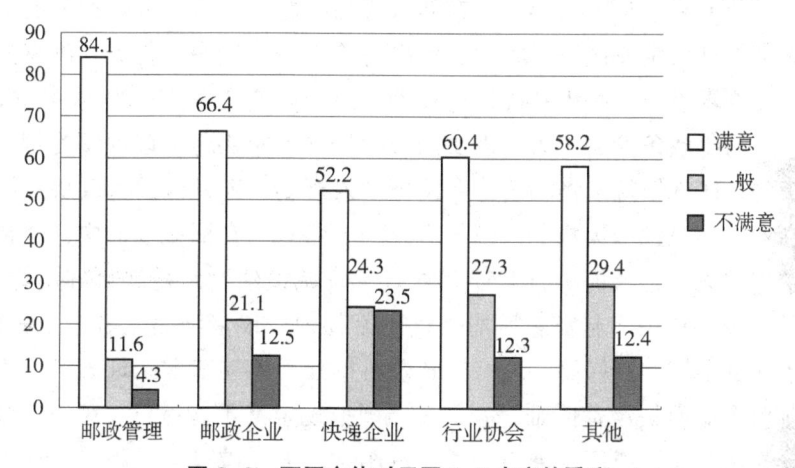

图 6-9 不同主体对于图 6-8 内容的看法

（1）信报站（村邮站）设置、管理问题。条例中对村邮站的设置、管理均作出了具体规定，实践中也要求"乡乡设所、村村通邮、户户设箱"，但由于政府资金不到位，现实中村邮站的设置、管理极不规范，大多数村邮站代理人均不愿与邮政企业签订协议，也没有领到相应的报酬。尤其是在边远山区，土地使用、产权划拨、人员费用补助的义务由谁承担等问题，缺乏推动的措施和抓手。比如乡乡设所问题，承德地区由于地处山区，"寸土寸金"，土地划拨征用非常艰难；在维护上，经济负担较重，按照规定由中央财政、省级财政、市级财政划拨资金支持，县级无偿划拨土地，但在具体实施过程中，市级资金很难到位，土地产权归属难以确定归邮政所有，使长期设所存在隐忧甚至有到期撤所的隐患，从而影响到普遍服务。

（2）信报箱设置问题。首先"信报箱"一词涵盖范围不全面，没有包含包裹柜等邮政设施，约束了邮政设施的发展。其次，规划部门"光说不练"，立法中已经有明确的要求，但实践中很难执行。信报箱等邮政设施的规划建设方面，在很多小区邮政管理部门进入了联审联验，但是具体到建设落实却停留在纸面上，甚至有的规划部门的规划图纸上都没有具体标注。按照民政局的文件要求，在小区建设中有一定比例面积的民政用房，而邮政设施用地难以保证，反映了邮政行业的弱势。在验收方面，条例规定由建设部门进行最后验收，却没有包括邮政管理部门。同时，条例规定信报箱产权归投资人所有，所有者或管理人负责信报箱的管理维护更换，也可委托邮政企业，但这里所有者或管理者的主体责任也并不明确。另外，新设备使用率偏低，如集群信报箱覆盖率低，仅有30%，智能储物柜和包裹柜也极少投入使用。

(3) 网点建设问题。第一，在新城规划问题上，新城区建设和旧城改造中，在部署邮政企业搬迁过程中，仅仅是单纯的下达搬迁任务，没有按照普遍服务的要求进行，缺少和邮政企业的接触，影响老百姓通邮，影响普遍服务半径，与邮政条例关于人口多少服务半径的要求不符。以邯郸为例，整个邯郸市的东区规划就未将邮政配套设施纳入规划，高开区的邮政所只能租房进行营业，而该区域大概有二三十万住户。第二，在旧城改造中，资金上给企业造成损失，且政府进行搬迁规划只考虑城镇建设忽视老百姓用邮问题。如邯郸旧城改造中，赵都新城周围近十万住户，仅渚河路上有一个邮政所。涉县、磁县旧城改造修路，政府在邮政所拆迁后不能落实新址划拨和资金补偿，邮政企业面临经营困难，但是按照国家规定又不能撤点。第三，根据条例规定，火车站、机场、港口、长途汽车站、大专院校、城市社区、旅游景区、大型商场等公众服务场所，应当建设配套邮政设施，但该条款在实践中很难得到全面实施。很多城市市内大型的商场写字楼缺乏邮政服务设施，高铁站也是如此。

(4) 邮政企业和快递企业的规范建设问题存在重邮政而轻快递的现象。条例中规定的对快递企业给予的建设、用地、信贷、融资、创业服务等方面的优惠条款，在现实实践中一直没有得到落实。

### (二) 邮政车辆通行便利制度

#### 1. 制度目的

邮政车辆通行便利制度是条例中富有地方特色的制度设计，其目的是在没有严重违反道路交通安全法律法规时，对带有邮政专用标志的车辆以及经邮政管理部门认定的快递车辆给予一定的道路通行便利。该制度规定列于条例第四十二条中，主要包括两种情况：上述车辆发生一般交通违章和轻微交通事故时的通行便利和上述车辆需要临时占用道路揽收和投递邮件快件时的通行便利。该制度充分体现了邮政车辆通行的公益性，也体现了立法的人性化。

2. 评估情况

这一制度在全国同类法规中，属于为数不多的具有地方特色的制度设计。有些省的同类条例中有相似条款，但规定的内容较少，不够具体。譬如《湖北省邮政条例》第三十四条第二款规定：省邮政管理部门和公安机关交通管理部门根据国家规定，对带有标识的快递运输、投递车辆，公安机关交通管理部门及其他有关部门应当根据城市交通状况，采取多种措施，在确保安全的前提下，为快递车辆的通行、停靠提供便利。该条款仅仅做了原则性规定，没有说明提供便利的条件、内容和程序。

从调查问卷反馈的情况看，条例的地方特色性分值较高，除了上述图6-2显示之外，图6-10也可以提供一些证明。

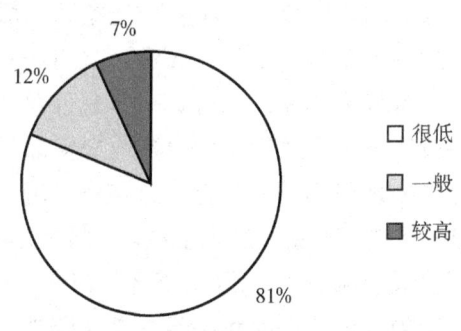

图6-10 与其他省市邮政条例的重复率

同时，通过四地的座谈得知，90%以上的与会代表认为该制度设计良好，具有地方特色，也体现了河北省委省政府对于邮政事业的重视和扶持。在具体执行层面，河北省邮管局也出台了一些政策支持，譬如2011年河北省邮政管理局和省交警总队就曾联合颁发了邮政车辆市区通行证，给予通行便利。在邯郸，当地邮管局起草了《邯郸市邮政快递车辆通行管理办法（草案）》，该"办法"属于邯郸市邮政管理局与市交警支队联合发文的性质，是地方性政策，在相关地方立法细则出台之前可以保证企业车辆通行正常。并且，在"办法"施行之前，邯郸邮政协会和交警部门进行沟通，办理了《邮政快递车辆通行许可证》，使车辆通行问题得到了有效解决。

但是，该制度也存在不少问题，突出反映在制度的执行与操作层面。

（1）各地的执行情况不一致，地区之间存在较大差别。在所走访的四个城市中，只有邯郸市执行情况良好。如上所述，邯郸市邮管局与市交警支队进行了充分沟通，酝酿出台了《邯郸市邮政快递车辆通行管理办法（草案）》，并在此办法施行前，已经预先办理了相关的通行许可证，较好地解决了通行便利实施的问题。但与之相反的是，其他三个城市都反映该条款并未得到有效实施，甚至在有些地方形同虚设。譬如，有的地区快递企业反映，2011年河北省邮政管理局和省交警总队联合颁发了邮政车辆市区通行证，但是在该地区却得不到交警承认，临时停车也得不到交警配合，以及车标认定均得不到当地有关部门承认和配合。还有地区快递企业代表认为该条规定的快递车辆通行便利未得到有效落实，部分公安机关交通管理部门执法存在随意性，不按照条例规定给予快递车辆临时占用道路揽收和投递邮件、快件的便利权利，也不对快递车辆在发生一般交通违章或者轻微交通事故后，进行简单处理予以放行的便利。

（2）邮政车辆和快递车辆的执行方式不一致，快递车辆普遍存在被歧视的现象。即使是执行较好的邯郸市，对于轻微违章和一般事故，交警部门也认为快递车辆尚未达到特种车辆的条件，在道路交通法中没有体现，地方法规的效力一定程度上没有发挥作用。有待进一步督促落实。并且，快递车辆特别是快递三轮车一般很难享受通行便利，多地交警部门在查扣快递三轮车后不仅没有放行，而且处理很不及时，直接放在停车场，影响投递速度和效率。在个别地区，三轮车甚至被禁止进入主城区，极大影响了投递能力。

（3）该条规定的"配有邮政标志以及邮管部门认定的车辆"由谁认定、如何认定需要进一步明确主体，进而解决经常被交警查扣的问题，保证该条能够得到有效运用。

(三) 快递准入审批程序制度

1. 制度目的

快递准入审批程序制度是条例的重点制度，其目的在于通过设置一定的程序，规范快递行业的准入，从而保障快递行业有序发展、合法经营。

2. 评估情况

快递准入审批程序制度的设计初衷是好的，希望通过设置一定程序，分别在两个行政部门获得行政许可，以保障有资质符合条件的快递企业进入市场，从而提高快递行业的规范化水平。但是，这一程序在实际运行中也出现了不少问题。

图6-11的问卷数据表明，在条例的可操作性方面，有12%的受访对象认为确因条例规定的程序不当导致实践中难以操作，41.2%的受访对象认为存

在程序规定上的一些瑕疵，但未因此而发生难以操作现象，认为在实践中未因程序规定不当而发生难以操作现象的没有超过一半。图 6-12 不同主体的问卷表明，快递企业认为确实存在问题导致难以操作的比例最高，占 27.4%，邮政企业次之占 20.4%，邮政管理部门最低占 3.1%。结合图 6-3 的数据，我们可以看出，条例中涉及程序的条例存在一些问题，尤其是快递准入审批程序。并且，在召开各地座谈会时，超过 95% 的快递行业代表反映此类问题存在，且多次向上级反映，没有得到较好的解决。

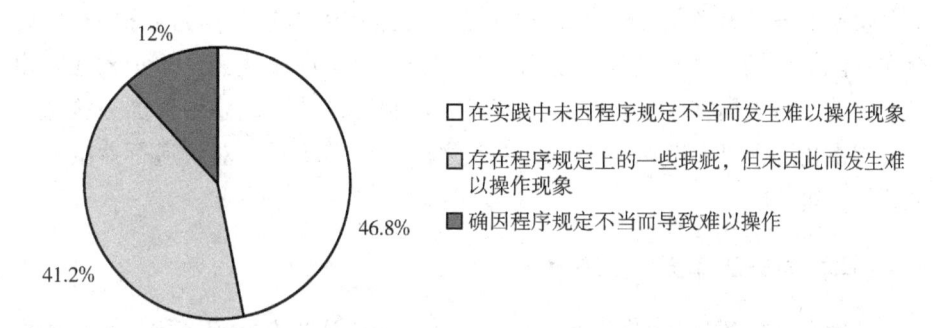

图 6-11 是否因该条例规定的程序过于烦琐或程序不完善而导致实践中很难或无法操作

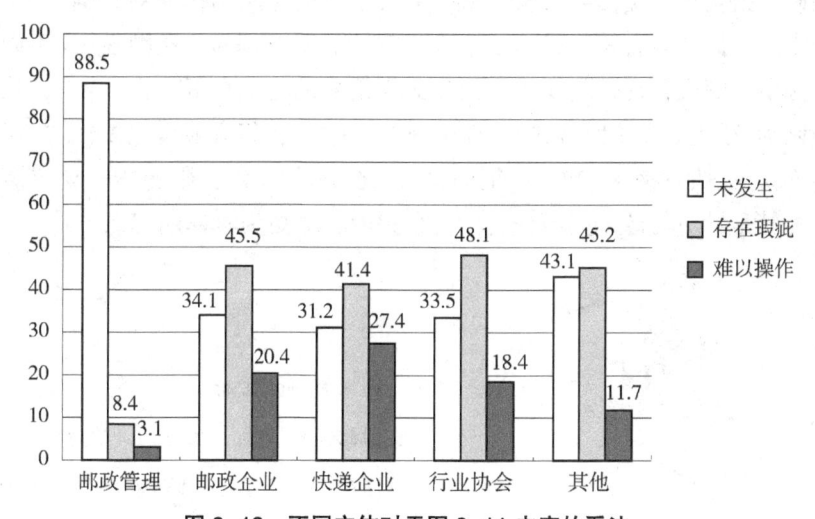

图 6-12 不同主体对于图 6-11 内容的看法

具体言之，存在的问题主要反映在两个方面：

(1) 开设快递行业建设网点，需要邮政服务许可前置，但是实践中审批时间过长，且没有固定期限，影响到网点的铺设和业务的展开。

(2) 在准入的程序设置中，部门之间协调不够，出现冲突，对快递行业造成不良影响。多地快递企业代表认为，国家邮政管理局和国家工商管理局的快递准入制度中的审批程序存在衔接不紧密的问题,经常会出现工商局对正在申请营业执照的快递分支机构进行故意罚款的事件。实践中,条例第二十六条第一款规定:"经营快递业务应当依法取得快递业务经营许可证。"第二款规定:"申请人凭快递业务经营许可证向工商行政管理部门依法办理登记后,方可经营快递业务"。也即是说,快递准入程序中,快递业务经营许可证和工商登记缺一不可,并且快递业务许可证是工商登记的前置程序。在实际办理过程中,快递企业必须具备正式的经营场所、人员、资金等要素,才能申办快递业务经营许可证。但是在该证申办之后到申领工商营业执照之前,存在一段空白期。在此期间,工商部门却经常以未申领执照、非法营业为由进行罚款,极大损害了快递企业的利益。该制度设计初衷是为了加强快递运行的规范化,但是实践中,却由于部门之间的协调不一致对快递行业的利益造成了损害。

(四) 有关法律责任的规定

从图 6-13 的统计数据可以看出,访谈对象中认为存在因条例规定的职权不明确、权责不匹配而导致行政机关监管不力或执法不作为的案例占 34.6%,认为未发生此类监管不力或执法不作为实例的占 65.4%。在图 6-14 不同主体的看法中,邮政管理部门认为常发生此类现象的比例最低,占 2.1%,快递企业最高为 21.5%,其他分别为邮政企业 13.2%,行业协会 12.8%,其他占 11.7%。在各地的座谈会中,有 85% 的与会代表认为法律责任的规定需要加强,尤其是针对行政部门不作为的责任追究,需更为具体明确。

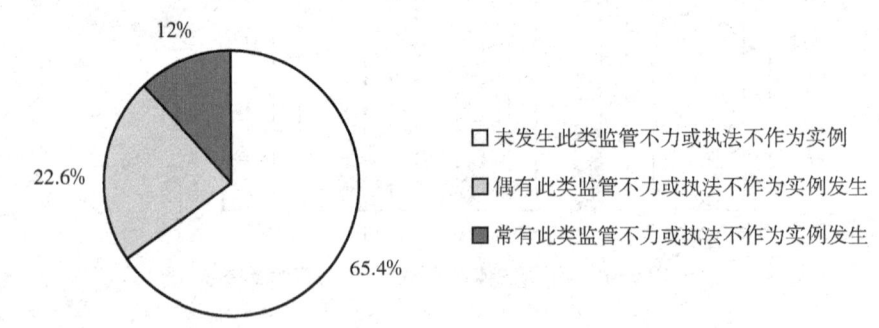

图 6-13 是否因该条例规定的职权不明确、权责不匹配而导致行政机关监管不力或执法不作为

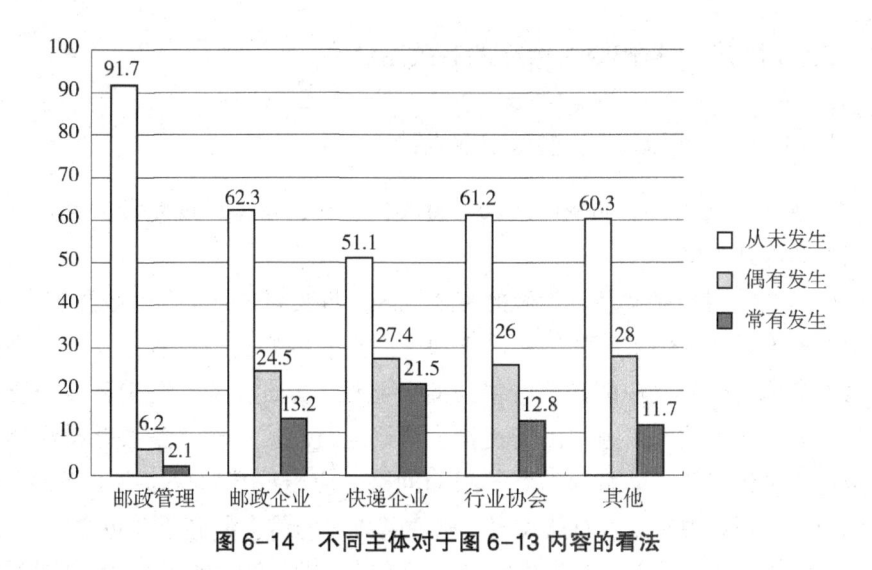

图 6-14　不同主体对于图 6-13 内容的看法

总的来看，条例中关于法律责任作出了单章规定，内容较为全面，但也存在一些缺陷，主要反映在以下方面：

（1）条例中对企业规定的义务较多，对政府规定的职责较少，尤其是对政府不履行职责的补救措施。例如，第 23 条规定交通管理部门应按照省有关规定减免带有邮政专用标志的车辆通行费，但未规定不履行职责应当承担的法律责任。第 13 条第二款规定的"施工图审查机构对没有信报箱设计或者不符合信报箱设计规范的住宅工程，不得发放施工图审查合格书。信报箱的建设应当纳入住宅工程质量分户验收范围，建设单位未按照规定设置信报箱的，不予通过验收，建设行政主管部门不予办理竣工验收备案"。在实践中，施工图审查机构和建设行政主管部门通常不按照规定履行自己的职责，但也没有相应的处罚措施。第 42 条公安交通管理部门不按规定提供通行便利，也无相应的法律责任。第 7 条第 2 款"火车站、机场、港口、长途汽车站、大专院校、城市社区、旅游景区、大型商场等公众服务场所，应当建设配套的邮政设施"的条文中只规定了责任义务，但没有规定违反的认定与所要承担的法律责任。如前所述，在邮政服务基础设施建设中，普遍存在政府不作为的现象，缺乏对于行政机关不履行职责的责任追究机制。

（2）现存的一些禁止条款只有禁止内容，缺乏相应的罚则。如条例第 32 条规定的情况没有程度逻辑关系，并且缺少相应的罚则。或者内容过于概括，缺乏针对性。如第 52 条规定过于抽象，缺乏对邮政管理部门的监督条款。

## 三、对《河北省邮政条例》的有关建议

### (一) 进一步完善各项重点制度设计

1. 加大资金投入，明确行政机关的法律责任，确保邮政基础设施规划建设制度的有效落实

(1) 加大各类邮政基础设施的资金投入，将其列入每年的财政预算之中。邮政服务不是市场供求服务，不同于快递企业，邮政企业某种意义上是在代表政府实施部分公共职能，具有很强的公益性。因此，应当配建但没有配建的基础设施应由政府来进行出资建设，建议通过相应立法来解决基础设施建设资金不足的问题。如村邮站和信报箱问题，应当提升到战略高度考虑，一旦国家发生通讯中断或者自然灾害，邮政基础设施将会起到至关重要的作用。再如网点建设资金问题，过去由国家进行支持，随着近年来通信行业的发展，政府的重视程度在降低，希望重新重视起来。

(2) 在设立信报箱问题上，首先，在名称上，条例第13条中的"信报箱"涵盖范围不全面，没有包含包裹柜等邮政设施，约束了邮政设施的发展，建议用"信报箱等邮政设施"代替。其次，在设置过程中，通过相关立法规定，在房地产销售"五证俱全"的基础设施建设中应当包含邮政普遍服务设施。同时，为避免规划部门纸上谈兵的现象，建议邮政管理部门积极参与把关，邮政企业积极上报，成为规划工作的重要验收部门。将"邮政服务设施是否达标"纳入考核项目，由邮政管理部门进行检查审核验收。验收权的明确，有利于明确邮政管理部门职能，也有利于保证服务设施的完善和建设。在新设备的采用上，在较大社区除信报箱外，智能储物柜包裹柜等新设施应逐步投入使用，同时广泛推行集群信报箱的设立，进一步提高效率、减低成本，便利民众生活。

(3) 根据邮政条例的规定，火车站、机场、港口、长途汽车站、大专院校、城市社区、旅游景区、大型商场等公众服务场所，应当建设配套的邮政设施。建议在修法过程中，将快递行业加进去，不再仅仅局限于狭义上的邮政，而是大的邮政业。同时，从规划和落实两个角度看，条例中关于土地利用规划的规定，近些年来快递行业发展迅速，企业分拣场所土地需求越来越急迫，土地面积需求随着业务量逐年成倍增长。建议在城乡规划土地使用时，将邮政、快递并行考虑，适时建立专业化的快递物流配送园区。同时根据城市的人口规模、建设规模，由规划部门作出规划，使园区的建设有章可循。

社区服务终端建设，社区"门对门、手对手"服务的顺利完成，需要完善规划建设，其中快递可以与邮政并列重视，并行列入建设规划。

（4）整体上看，在邮政服务基础设施建设中，政府不作为的现象比较严重，邮政基础服务设施投资建设、主体责任、用地、拆迁建设、使用和维护虽有明确规定，但是缺乏主体责任罚则。建议条例在修改过程中能够对相关行政部门的责任进行明确界定，相关人员的法律责任也应该明晰。

2. 进一步完善邮政车辆便利通行制度，保障该制度在实践中全面施行。为保障邮政车辆便利通行制度能够有效实施，建议省人大加大监督力度，相关部门之间也要加强协调

（1）关于邮政车辆通行便利制度，条例第42条已经作出了明确规定，对于邮政企业车辆以及邮政管理部门认定的快递车辆给予通行便利，只是各个地区在认同和执行上尚未形成一致或存在差别。建议省人大常委会在法律评估和修订的过程中督促各地公安交管部门和路政管理部门对条例遵守落实，各地市邮政管理部门也要加强与交通管理部门之间的沟通协调，邯郸市的先进经验可以推广到全省。

另外，在执行过程中，个别交警执法人员违规操作，故意刁难，执法作风差，建议在法律责任的部分增加相关条款，公安机关交通管理部门执法不作为或乱作为应承担相应的法律责任。

（2）条例对邮政和快递分别进行了规定，两者都在为市场和社会提供服务，邮政车辆享受的优惠政策也应该在快递车辆中得到体现，希望通过法律规定提高民营快递企业的身份，实现车辆政策上的对等。对于快递车辆，希望公安交通管理部门提高处理效率，最好是现场处理，及时处理，保证快递派送效率。

（3）对于如何认定快递车辆问题，各地尚未出台配套措施，对于在行业协会备案，提供合法资质的管理部门可以认定。对于电动三轮车，要做到四个统一：颜色统一，车身统一，标志统一，管理统一。由邮政管理部门认定后报到交通管理部门，交通管理部门在该基础上对本条例予以落实，但需要两个部门进行充分沟通。鉴于行业的自身情况和邮政管理部门的相对弱势，希望省人大也能自上而下加以督促推进，从而促进该问题在全省范围内得以解决。

3. 进一步完善有关法律程序，避免行政相对人利益受损

（1）对于许可证审批期限问题，建议条例设置固定期限，明确许可期限，或者改变集中审批制度为分散审批制度。在座谈中，有地方邮政管理局代表

认为快递行业阐述的问题属于共性问题。对于许可证问题，邮管局有明确规定，之所以会造成许可时间较长的原因主要是涉及逐级上报，而直营企业需要成批次整体办理。各下属企业步调不一致，后报企业耽误了之前提交企业的办理进度。因此，可以考虑设置分散审批制度，以提高办事效率。

（2）在前置程序的问题上，立法中应协调好邮政管理部门和工商部门之间的冲突，避免快递行业的利益受损。建议条例中增加相关条款，协商解决好邮政管理局和工商管理局之间审批的间隙问题，妥善解决邮政管理局核发快递业务经营许可证以及企业分支机构名录和工商管理局核发的营业执照之间的前置程序与后置程序之间的冲突，统一快递企业分支机构的准入审批程序，避免快递企业利益受损，也能够使经济资源得到有效利用，避免资源的闲置。

（3）进一步完善其他法律程序，更好地促进邮政快递事业的发展。譬如条例第12条"邮政企业设置、撤销邮政营业场所，应当事先向邮政管理部门备案；撤销提供邮政普遍服务营业场所，或者将自办邮政普遍服务场所转为代办的，应当经邮政管理部门批准并予以公告"中规定的邮政营业场所的撤销只需向邮政管理部门备案不太合理，建议修改为由邮政管理部门审批。

4. 完善相关法律责任的规定，对包括邮政管理部门在内的政府机关不履行相应职责进行全面和有针对性的追责。这就要求立法中全面加强对于政府机关包括邮政管理部门、公安机关交通管理部门、道路交通管理部门、建设行政主管部门等不履行相应职责的法律责任的追究。首先在条例修订中增加相应的法律责任条款，赋予行政机关就应有职责与之相应的责任追究方式。其次，在法律责任的规定上，内容应当具体详细，不应过分笼统。更重要的是，应配合相应的罚则，从而使得法律责任的追究具备可行性和可操作性。

（二）修改条例中与新形势、新情况不相符的内容，补充相关规定

（1）关于条例名称的问题。邮政业包含邮政和快递两个重要部分，而邮政企业和快递企业两者并不相互隶属包含，因此，条例名称被认为和快递企业无关，不是特别恰当，建议将名称改为《河北省邮政快递条例》，理顺快递和邮政的关系。同时，条例中关于快递方面的规定相对较少，一共只有八条，和当前蓬勃发展的快递事业不太相符。建议增加相关内容，特别是对快递市场发展的政策支持条款。

（2）日常市场监督执法中的应急管理问题。条例第40条规定的应急演练制度很切合实际，具有现实意义，但内容过于笼统，没有对这项制度的具体

实施予以规定，不利于实施操作。例如，应急管理中没有规定应急演练的形式、频次，演练的标准以及邮政管理部门对应急演练的检查、处罚等问题。同时，大部分企业都制订了应急预案，但是当突发情况发生后，希望得到相关部门协助和支持，希望政府管理部门提供实质性帮助，如作出公告予以保护。

（3）中止业务问题。条例第29条中的"快递企业中止经营快递业务，应当提前七日向邮政管理部门报告并向用户公告"的说法欠妥，本条未考虑到因突发事件而造成快递公司被迫中止快递业务。建议条例中应当在这种情况下规定出具体的处理措施。例如，规定邮政管理部门的协商机制和企业内部的管理机制等具体措施。

（4）邮政安全问题。条例中规定的"安全设施"一词过于宽泛，通常只包括监控设施，未能将消防设施涵盖在内，且其他相关法律法规未对邮政快递企业的消防设施的监督主体做出明确规定。建议条例把邮政管理部门监督消防设施的职责规定明确并完善相关处罚职权。同时，安全问题涉及方方面面，必须配备相应设备，必要资金建议由政府进行补贴。条例应当明确规定企业内部成立专门组织，设立专门安全人员，同时对相应的安全制度、安全教育、安全培训也应作出明确的规定，提出明确的标准。相应资金补贴问题作出明确规定。

（5）无法投递、无法退回快件的处理问题。在条例中没有明确规定关于无法投递、无法退回快件的处理问题，仅在第20条对"无法退回的按无着邮件处理"做了简单规定，未对无着邮件的销毁处理问题作出具体规定，建议把无着邮件的登记、保存时限、销毁监督主体等一系列环节写入条例中。

（6）从业人员岗前培训问题。条例第50条规定了从业人员岗前培训的相关内容，但条文过于简单概括，应当建立规定从业人员岗前培训制度，对从业人员进行背景调查、安全培训、职业技鉴，规定经营范围所需的从业人员持证比例等一系列具体措施办法，并赋予邮政管理部门监督处罚职权。同时，该条仅仅规定省邮政管理部门可以开展从业人员岗前培训，应将该权力下放至市级，以在更大范围内开展培训活动。

（7）条例个别条款和《快递管理办法》的冲突问题。条例第57条规定："经营快递业务不符合快递服务标准或擅自停止经营快递业务的，可处三千元以上一万元以下的罚款，情节严重的，处一万元以上五万元以下罚款。"《快递管理办法》第40条规定："经营快递业务的企业违反快递服务标准，严重损害用户利益，由邮政管理部门责令改正，处五千元以上三万元以下的罚款。"可以看出，两部法律性文件对于同一问题的表述略有差别，轻重程度不一，处罚幅度也不一致，给执法工作造成困扰。如对于暴力分拣，就有"违反服务标准"和"是否对用户造成损失"的两个标准。建议在条例修订时予以统一，为执法部门提供明确的依据和统一的标准。

（8）快递车辆通行问题。2014年国庆期间以及APEC会议期间大气环境治理将民生车辆纳入便利通行范围，省级领导也曾对此进行批示。邮政快递业具有很强的公益性质，建议条例修订时，将快递车辆纳入大气污染治理限制通行规定中的民生车辆范畴，保证邮政快递车辆畅通行驶。另外，随着城市发展，各地市即将禁止三轮车的使用，逐步推广新能源车辆，但快递企业主要运输车辆就是三轮车。从市场化角度看，要解决这一问题必须依法做出规定，要求相应车辆明确出厂标准，实现专用车辆的规范化，使车辆出厂证件一次性办齐。

（9）客户签收问题。消费者代表对领取快递时是先签收还是先验货有争议，并对签收后，快递物品有损坏的赔偿责任方不明确，希望这两方面能够在条例中有明确规定。同时，条例第36条第3款"邮政企业、快递企业从业人员当面投交邮件、快件时，邮件、快件包装完好、重量相符的，收件人或者代收人应当予以签收"，在实践中得不到消费者的认可，通常消费者要求先验货再签收。建议增加相关法律责任的约束，使条款能得到有效贯彻，以保证快递企业的合法权益。另外，建议条例中规定快递包装不合格、不符合要求的鉴定标准和责任承担问题，以确实减少客户签收过程中客户与快递员工的冲突。

（10）赔偿问题。条例第47条对由于邮政快递企业的过错导致的损失进行赔偿的规定过于模糊、笼统，建议对邮件或快件丢失、毁损、内件短少的补救范围以及补救措施作出明确规定，对赔偿的范围及标准作出具体可行的规定。同时，赔偿条款没有明确分类，实践中邮资与赔偿额不成比例，应明确细化区分保价与不保价的情形和按照货物或者标的物价格进行赔偿的明确规定。另外，条例中应增加关于"发件方允许的落地签快递和匿名到付快递产生的赔偿问题"的相关内容。

（11）自由裁量权问题。条例对于行政部门特别是邮政管理局的自由裁量权缺乏细致规定，增加了执行难度，希望立法中能得到进一步明确。譬如条例第55条规定："违反本条例规定，未按照时间要求，为具备通邮条件的用户通邮的，由邮政管理部门责令限期改正；逾期不改正的，处一千元以上二万元以下的罚款。"可以看出，该条中规定的罚款跨度太大，应当分情节规定处罚程度。

# 第七章
# 《河北省无障碍环境建设管理办法》立法后评估报告[*]

"立法后评估"起源于以美国为代表的西方规制影响评价，它是指根据发起者的需要，选择一部法律、行政法规、地方性法规或规章，对其中能够反映制度建设质量的条文进行分析，比较立法初衷与实际效果的行为。"没有评估，就没有管理"是现代管理科学的一贯立场。2004年3月，国务院《全面推进依法行政实施纲要》提出，"积极探索对政府立法项目尤其是经济立法项目的成本收益分析"，"规章、规范性文件施行后，制定机关、实施机关应当定期对其实施情况进行评估"。这一规定促进了我国真正意义上的"立法后评估制度"的兴起，各地立法后评估实践蓬勃展开。具体到河北省，河北省政府曾尝试全面推进政府立法"后评估制度"，对2005年12月31日前公布的政府规章和规范性文件进行全面评估，由制定机关和实施机关及时收集分析各方面的反映，认真总结施行情况，对其中不解决实际问题的法律文件进行修订或废止。在这一政策背景和实践基础之上，河北省选取《河北省无障碍环境建设管理办法》（本章简称《办法》）这一政府规章，组织立法机关、实施机关、专家学者组成评估小组，对其进行立法后评估，重点考察其制度设计、实施效果、存在问题，借此期待一方面对《办法》的实际推进给出指导意见；另一方面反观立法自身，适时对其进行矫正与修订。

## 一、《办法》产生的背景和实施概况

"无障碍环境"是为"有障碍群体"提供的一系列物质环境、信息交流环境的总称。而"有障碍群体"应该是一个较为广泛的概念，它包含了"永久性障碍群体"与"暂时性障碍群体"，囊括了一般意义上的残障人士、老人、儿童以及在人生某个阶段，由于不同的生命周期及外界偶然因素（如肢体受伤、怀孕、重病、推着婴儿车、轮椅等）而致的不便利人士。据最近一

---

[*] 本文系河北省人民政府法制办公室2017年度委托课题《〈河北省无障碍环境建设管理办法〉立法后评估》的研究成果。执笔人：王琳。

次全国人口普查（2010年第六次全国人口普查）显示，我国总人口约为13.7亿，另据最近一次全国残疾人抽样调查（2006年第二次全国残疾人抽样调查）显示，我国各类残疾人口总数约为8296万，由此推算，我国残疾人口占全国总人口的6.05%。再者，我国自20世纪末跨入老龄化社会后，已成为世界上老年人口最多的国家，也是人口老龄化发展速度最快的国家之一。目前全国现有60岁以上老人2.4亿，人口老龄化日趋严峻。《中国老龄社会与养老保障发展报告（2017）》预计到2035年，中国老年人口年均增长约1000万，总量将达4亿人左右。对于无论是残疾人、老年人、儿童还是前文所述的孕妇，以及因自然灾害、重病、事故而转变为的"暂时有障碍人士"，社会都需要予以广泛的人文关怀，为其创造便利条件，削减其因自身机体功能障碍带来的不便利，使其能够广泛、平等地参与社会生活，充分享受社会物质、文化成果，维护其基本尊严与权利，这是衡量一个国家和社会文明程度的重要标准。历经多年的实践与探索，国务院于2012年颁布了《无障碍环境建设条例》，该条例的出台具有里程碑意义，它标志着中国无障碍环境建设进入了全新的发展阶段，为依法全面、系统开展无障碍环境建设，维护"有障碍人士"基本权益，促进社会文明进步提供了法制保障。

为切实有效推进国务院《无障碍环境建设条例》的顺利实施，以进一步在河北省范围内推动无障碍环境建设——同时据上述两次普查结果显示，河北省残疾人口占全省常住总人口的比例为7.23%，这一比例高于全国平均比例，河北省在无障碍环境建设方面的任务更加艰巨，在此背景下，河北省立即启动了修法程序，河北省政府将《办法》列为2013年立法项目，在省法制办的主持下，经深入调研、广泛征求意见、反复修改，《办法》草案当年就提交省政府审议，2013年12月17日经河北省政府第14次常务会议讨论通过，《办法》自2014年2月1日起施行。开始实施后，省法制办、残联、城建、民政等部门高度重视，通过会议、媒体、发放宣传资料等形式对《办法》开展宣传活动，并以此为契机在全省民众范围内展开了无障碍环境建设的普及和教育活动，并及时推动各部门和各市、县（区）对《办法》全面贯彻执行。

**二、《办法》实施绩效的评估**

（一）《办法》实施以来河北省无障碍环境建设绩效概况

《办法》实施三年来，河北省无障碍环境建设取得了明显进展。截至

2016年底，河北省出台了50余个省、市、县级无障碍建设与管理法规、规章和规范性文件；183个市、县、区系统开展无障碍建设；开展无障碍建设检查200多次，无障碍培训700余人次；为2320个贫困残疾人家庭实施了无障碍改造；建有无障碍设施的城市道路1691条；建有无障碍设施的居住小区1697个；设置与红绿灯同步的过街音响信号装置415处；10个设区市、51个县级残联开通网站；有省级残疾人专题广播节目1个，刊播公益广告1个；市级残疾人专题广播节目7个、电视手语栏目10个，刊播公益广告33个；省市县三级公共图书馆共设立盲文及盲文有声读物阅览室25个，共开展残疾人文化周活动144场次。经过三年社会各界的重视和努力，河北省初步打通了政府、运营者、民间组织之间的渠道，形成了以点带线、以线带面的无障碍环境，有效地保障了残疾人、老年人等人群的切身利益。

(二) 基于评估问卷的绩效调研

本次针对《办法》的立法后评估，采用了评估问卷、评估座谈等方法，将评估工作落到实处，力求找出制约《办法》顺利推进的阻碍因素和难点，以达到以评促建、以评促改的主要目的，更好地推动河北省无障碍环境建设。

本次课题任务的完成得到了省法制办、各市区（县）法制办及相关部门的大力支持。课题组联合省法制办分别于2017年7月、9月在石家庄市、秦皇岛市召开实地调研座谈会，对河北省无障碍环境建设的困难和问题进行充分讨论。2017年6~8月，经与省法制办、省残联、省城建局等部门充分沟通，制订了《〈河北省无障碍环境建设管理办法〉立法后评估调查问卷》，并通过省法制办向各市区（县）进行发放。

此次立法后评估调查问卷共收到105份，其中无效问卷1份（未作答），有效问卷104份。评估调研问卷主要涉及19个问题，包括是否成立专门领导小组、是否制定无障碍环境建设地方性规范性文件、是否有配套资金和固定经常性工作经费、有无开展相关培训、有无建立专家库并技术指导服务、无障碍信息交流建设是否纳入信息化整体建设规划、电视台播放电视节目有无加配字幕、公共图书馆是否提供盲文读物和有声读物、残疾人组织网站是否达到无障碍网站设计标准、公共场所能否为残疾人提供手语和盲文等信息交流服务、主要位置的人行横道有无设置过街音响提示装置、主要位置的人行横道的安全岛能否满足轮椅通行、主要道路的人行天桥和人行地道有无设置轮椅坡道或无障碍电梯、新建小区是否均已达到无障碍建设标准、近三年来残疾人和老年人家庭无障碍改造户数、近三年来对既有综合（专科）医院无障碍改造数量、近三年来对既有公共汽车站无障碍改造数量、近三年来既有居住小区建筑设施无障碍改造数量、近三年来因无障碍环境建设工作不力被行政处分的有关主管部门的工作人员数等多个方面，基本包含了河北省无障碍建设绩效评估所需要的信息内容。

为统计分析方便，将上述19个问题初步归为组织领导实施、信息化建设、居住环境、公共基础设施、公共场馆五大类。其中，近三年来因无障碍环境建设工作不力被行政处分的有关主管部门的工作人员数只有一个填报单位提供了不为零的数据，该选项不纳入归类范围，单独阐述。

1. 无障碍环境建设的组织领导实施情况

在归纳后的无障碍环境建设组织领导实施大类中，主要包括领导小组等6项具体指标。其中，104份被调研样本中，成立由无障碍建设专门领导小组指标频次最高，占比62%，体现了《办法》在各地方均获得了重视，注重组织实施工作。或囿于专家数量限制，基层专家库建设滞后，占比28.8%，较为薄弱。详见表7-1和图7-1所示。

表7-1 组织领导实施情况统计表

| 组织领导实施 | 频次 | 占104个样本的百分比 |
| --- | --- | --- |
| 领导小组 | 62 | 59.6% |
| 规范性文件 | 36 | 34.6% |
| 配套经费 | 52 | 50.0% |
| 开展培训 | 44 | 42.3% |
| 专家库 | 30 | 28.8% |
| 纳入信息化规划 | 43 | 41.3% |

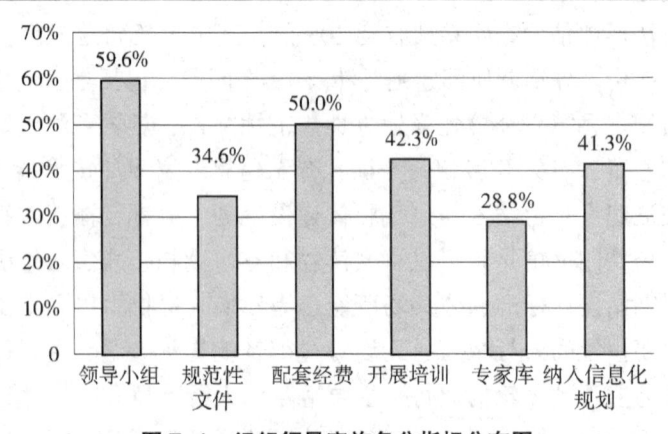

图7-1 组织领导实施各分指标分布图

## 2. 无障碍环境信息化建设情况

无障碍环境信息化建设大类主要包括电视台字幕、图书馆盲文读物等五个方面（见表7-2）。其中，电视台播放节目加有字幕指标在104个受访样本中占比最高，达到57.7%；公共图书馆提供盲文读物等占据一半的比例。这二者在无障碍环境信息化建设中的成绩是最为明显的。而残疾人组织网站达到无障碍网站设计标准的仅占18.3%。在互联网作为主要传播媒介日益高度发展的今天，这一指标的滞后将带来残疾人等有障碍群体学习沟通能力的相比下降，迫切需要引起重视。如图7-2所示。

表7-2 信息化建设情况统计表

| 信息化建设 | 频次 | 占104个样本的百分比 |
| --- | --- | --- |
| 电视台配有字幕 | 60 | 57.7% |
| 公共图书馆提供盲文读物等 | 54 | 51.9% |
| 残疾人网站达到标准要求 | 19 | 18.3% |
| 公共场所手语盲文服务 | 29 | 27.9% |
| 人行横道有过街音响提示 | 29 | 27.9% |

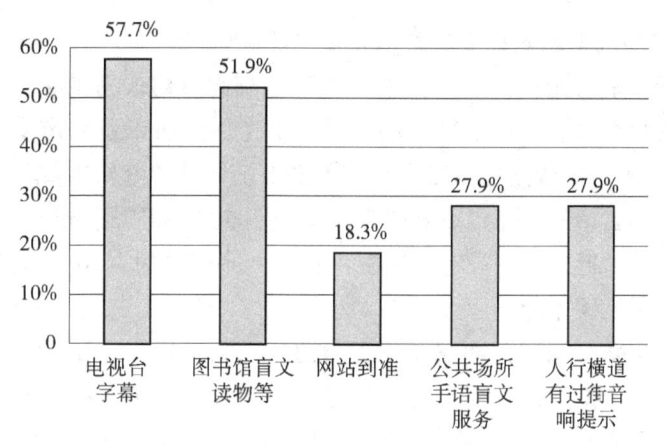

图7-2 信息化建设各分指标分布图

## 3. 人行横道、天桥、地道和停车场等公共基础设施情况

在公共基础设施方面，人行横道安全岛满足轮椅通行是做得比较好的，在所有的样本量中占到了74%的比例，而公共停车场无障碍停车位或者是轮椅坡道、无障碍电梯则呈现中等水平，具体见表7-3和图7-3所示。

表 7-3  公共基础设施情况

| 公共基础设施 | 频次 | 占 104 个样本的百分比 |
| --- | --- | --- |
| 人行横道安全岛满足轮椅通行 | 77 | 74.0% |
| 人行天桥和地道有轮椅坡道或无障碍电梯 | 48 | 46.2% |
| 公共停车场置无障碍停车位 | 44 | 42.3% |

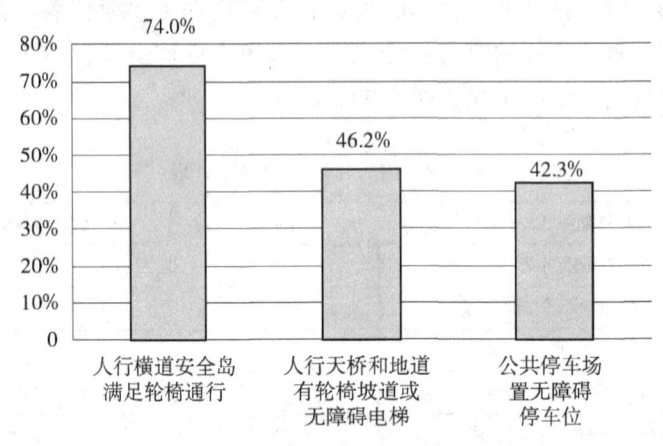

图 7-3  公共基础设施分指标分布图

4. 医院和汽车站等公共场馆无障碍建设情况

调研统计结果显示，近三年来各地对医院无障碍改造的数量总共有 605 个，其中最为突出的有：承德市围场县 181 个，沧州市黄骅市 117 个，保定市涿州市 41 个。由数据可以看出只有承德市围场县和沧州市黄骅市占到了百个以上，而排名第三的保定市涿州市却呈现割断式的数量，仅有 41 个。另外需要指出的是，近三年来没有对医院进行无障碍改造的有 41 个县市。在这一指标上出现了悬殊差距。

在近三年来对既有公共汽车站无障碍改造数量进行调研时发现，总共有 169 个进行了改造，其中较为突出的是承德市滦平县 96 个，沧州市青县 15 个，沧州市东光县 15 个。同时近三年来对既有汽车站没有进行改造的也较多，有 54 个，而平均每个县市对既有汽车站改造数量为 1.6。在这一指标上出现较大数据分野，可能是由于对这一指标在口径理解上存在分歧。详见表 7-4。

表 7-4　公共场馆改造情况均值

| 公共场馆 | 统计总数 | 104 个样本的平均数 |
| --- | --- | --- |
| 近三年来对医院无障碍改造数量 | 605 | 5.8 |
| 近三年来对汽车站无障碍改造数量 | 169 | 1.6 |

5. 残疾人和老年人住户改造和新建小区等居住环境情况

调研结果显示，近三年来残疾人、老年人家庭无障碍改造共计 7608 户，其中秦皇岛市 1579 户、廊坊市 999 户、承德市 742 户位居前三名。而这其中也不乏残疾人、老年人家庭无障碍改造户数为 0 户的，共有 33 个县市。总体而言，这一指标在所有样本中的均值为 73 户（见表 7-5），相比其他指标就数据来说要好看一些。

近三年来，既有居住小区建筑设施无障碍改造数量统计有 415 个，其中保定市曲阳县 50 个、承德市丰宁县 50 个、沧州市青县 35 个位居前三名。同时必须指出，既有居住小区建筑设施无障碍改造数量为 0 的有 67 个，在所有的 0 项改造中是占据最多的选项，因而其在所有样本中的均值也较低（见表 7-5），这也可以看出对既有居住小区建筑设施的无障碍改造实施得较差。

表 7-5　居住环境改造情况均值

| 居住环境 | 统计总数 | 104 个样本的平均数 |
| --- | --- | --- |
| 近三年来残疾人老年人家庭无障碍改造户数 | 7608 | 73.15 |
| 近三年来既有居住小区建筑设施无障碍改造数量 | 415 | 3.99 |

在近三年来的新建小区达标情况中，多数达标指标选项占比 38.5%，仍然有 22.1% 的被调研单位统计结果是少数达标，另有 10.6% 的被调研单位未对此项指标进行作答。这表明近三年来，《办法》推进无障碍环境建设工作的力度仍然有所欠缺，不少地方政府并没有把无障碍环境建设真正落到实处。对于新建小区而言，这一指标的不足实属不该。详见表 7-6 和图 7-4。

表 7-6　新建小区达标情况

| 新建小区达标 | 频次 | 占 104 个样本的百分比 |
| --- | --- | --- |
| 少数 | 23 | 22.1% |
| 多数 | 40 | 38.5% |

续表

| 新建小区达标 | 频次 | 占104个样本的百分比 |
| --- | --- | --- |
| 全部 | 30 | 28.8% |
| 未作答 | 11 | 10.6% |

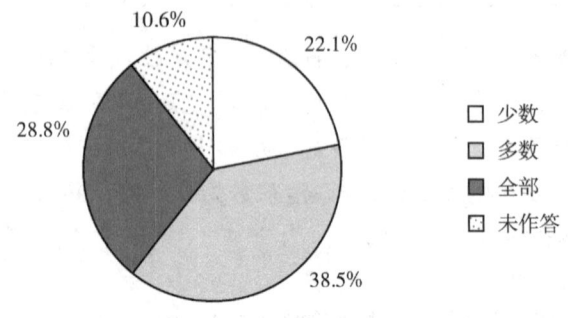

图 7-4　新建小区达标状况分布饼状图

**6. 因无障碍建设工作不力被处分人员数**

本次调研最悬殊的指标是近三年来因无障碍环境建设工作不力被行政处分的有关部门工作人员数量。在统计中，近三年来被处分工作人员数中，只有沧州市献县占到了 6 个名额，其余的县市均为 0（见图 7-5）。这一情况表明《办法》推进无障碍环境建设工作进程中的监督惩罚力度严重不足。

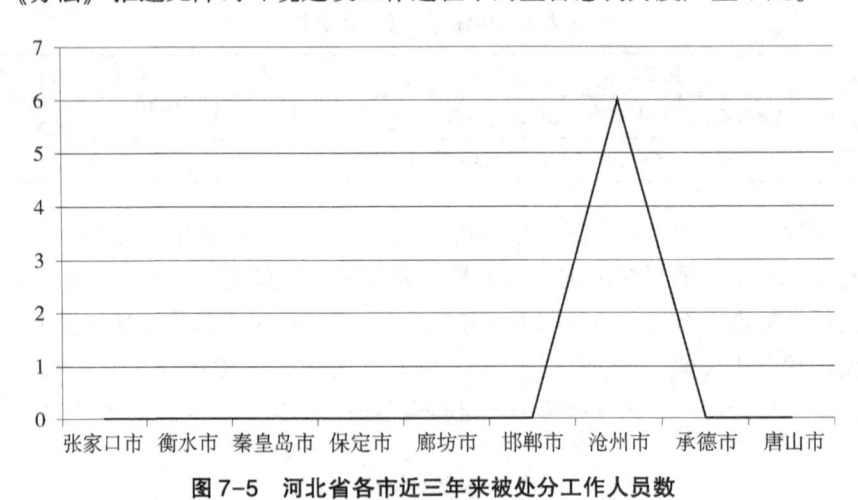

图 7-5　河北省各市近三年来被处分工作人员数

**(三)《办法》实施过程中存在的主要问题**

反馈河北省无障碍环境建设存在的难点及对策建议的 55 份调研问卷中，有 51 份针对实际工作中面临的困难和问题进行了表达，意见中肯。结合这些评估问卷和两次座谈反映出来的问题，课题组认为应该指出并给予高度重视。

1. 监管机制严重缺失

《办法》推进三年来，尽管成绩显著，但在无障碍环境建设工作中，部门监管仍然存在严重不足，主要表现在对社会的监管缺失和对各部门的监督机制不健全。第一，对社会监管缺失。汽车、自行车占用盲道作为停车场成了非常普遍的现象。尽管组织城管、公安部门进行了专项查处，但效果并不明显，需有进一步强有力措施方能突破困境。第二，执法部门的内部监督机制不健全。虽然省委省政府出台了相关制度规范各建设主体的责任，做出了非常明确具体的规定，但是，在无障碍环境建设工作的实际执行中，由于全社会对无障碍环境的重视程度较低，尤其是由于一些政府部门认识不到位，或出现无视法规、随意性执法、行政不作为等现象，出现问题后追责机制亦缺失。第三，对无障碍设施标准监督乏力。调研中秦皇岛市特别提及，近年来银行业支行及营业部的装修改造过程中，尽管四大银行将无障碍设施建设写入了基层银行营业部装修改造设计施工验收的标准里，但是很多银行在施工过程中不严格按标准施工，很多坡道坡度太大，残疾人轮椅根本无法运行，很多坡道扶手高度、材质、粗细等都不符合要求，影响了特殊人群的使用，但对这一问题的监管和处罚却严重缺位。

2. 城乡发展不平衡导致无障碍环境建设的覆盖面不够

从无障碍设施建设的情况看，存在着城乡发展不平衡、城市远好于乡镇的问题。由于缺乏改造建设资金，经济条件较差的农村地区的无障碍环境建设往往成为镜中花。在广大乡镇和农村，无障碍环境建设存在明显短板，无障碍设施的占比较低，很多村庄和有需求的农户家中缺少无障碍设施。另外，在城市中的一些既有老项目中，由于受改造资金及其他各种因素制约，部分老旧小区、小街小巷缺少相应的无障碍设施。

3. 常见无障碍设施问题仍然普遍

第一，设施细节不完善。有的公共场所有坡道无扶手，不便残疾人和老年人通行；有的银行门口坡道太陡，影响残疾人和老年人通行。第二，设施老旧。部分街道盲道砖质量普遍较差，经车辆碾压形成断续等给残疾人和老年人出行带来极大不便。第三，设施缺失。一些老旧公共厕所缺少无障碍通道和残疾人专用设施，大部分高层住宅缺少无障碍电梯。第四，有的新建建筑甚至没有无障碍设计，有的建筑不按无障碍设计施工，验收时不把无障碍作为验收项目，造成了大量的新建建筑不具备无障碍使用条件。比如现在有的小区高层住宅，单元门口竟然不设置坡道，造成了乘坐轮椅的老年人、残疾人住户出行困难。第五，无障碍环境被阻挡现象普遍。盲道不连续、障碍物周边铺设不规范、坡道少、与公交站相连接的盲道少、人行道路口无盲道形成断续等。部分路段盲道因挖掘道路恢复质量不高、摆摊设点、车辆停放等现象影响盲道的功能发挥。

4. 公众意识有待提高

目前，仍有部分公众对无障碍设施建设、维护的重要性缺乏认识，在无障碍设施建设、改造、维护方面不积极、不主动，给无障碍推进工作增加了难度。他们甚至认为无障碍设施属于劳民伤财，建设了、改造了也没有几个残疾人用，残疾人无障碍设施维护起来成本高，利用率低，没必要。他们对目前残疾人的实际数量缺乏认识，对无障碍设施不配套，对因此形成的大量残疾人不敢出行这一现象缺乏认识，更对很多病人、老年人、孕幼急需无障碍环境设施这一情况缺乏认识。

### 三、《办法》立法文本评估

河北省是全国最早完成相关政府规章修订的省份。2013年12月河北省政府常务会议审议通过的《办法》共六章三十一条，与其上位法国务院《无障碍环境建设条例》体例保持一致，内容与上位法及《中华人民共和国残疾人保障法》等其他相关法律、法规没有抵触，具有合法性。《办法》的出台，为依法推进河北省无障碍环境建设，促进有障碍人士平等、便利地参与社会生活提供了法制保障，同时也为其他省份后续相关地方政府规章的出台提供了第一份可资借鉴的范本。

我们借助"北大法宝"这一专业检索平台，以"无障碍环境建设"为检索关键词，在"效力级别"处选取"地方法规、规章"进行立法检索，结果显示，迄今为止包括《河北省无障碍环境建设管理办法》在内，我国涉及无障碍环境建设的地方政府规章共有5部，如表7-7所示。

表7-7 相关地方政府规章汇总表

| 序号 | 立法省份 | 立法名称 | 颁布时间 | 条文数量 |
| --- | --- | --- | --- | --- |
| 1 | 河北省 | 《河北省无障碍环境建设管理办法》 | 2013.12.23 | 31条 |
| 2 | 陕西省 | 《陕西省实施〈无障碍环境建设条例〉办法》 | 2015.03.18 | 37条 |
| 3 | 山西省 | 《山西省实施〈无障碍环境建设条例〉办法》 | 2015.09.11 | 39条 |
| 4 | 吉林省 | 《吉林省无障碍环境建设管理办法》 | 2016.06.12 | 33条 |
| 5 | 广东省 | 《广东省无障碍环境建设管理规定》 | 2016.12.02 | 38条 |

## 第七章 《河北省无障碍环境建设管理办法》立法后评估报告

通过横向对比上述规章文本，我们挖掘了《办法》自身存在的一些问题，这些问题的产生有的是囿于立法当时社会整体认知水平的局限而产生的，有的是由于规章制定时无障碍环境建设的经验积累尚且不足而造成的，也有的是单纯源于立法技术的欠缺。深刻挖掘立法文本自身的问题，可以解决执行过程中的困惑，也使得立法后续的完善能够有的放矢。

1. 《河北省无障碍环境建设管理办法》对规章适用范围的界定不够全面、明确

《办法》第二条规定："本办法所称无障碍环境建设，是指为便于残疾人等社会成员自主安全地通行道路、出入相关建筑物、搭乘公共交通工具、交流信息、获得社区服务所进行的建设活动。"其中，对于适用人群的规定采取了"残疾人等社会成员"的表述方式。如前文所述，残疾人当然是最为典型的"有障碍人士"，但并不能囊括全部，老年人、儿童、伤病患者、孕妇等均应属于"有障碍人士"的范畴。该条并未对《办法》的适用人群做更为广泛的列举式规定，而仅仅以残疾人代表有障碍人群，并配以一个"等"字，这极易产生对立法上的"等"字究竟是表示"列举未尽"还是表示"列举后的煞尾"的疑义。当然，通过目的解释，我们更倾向于认为这个"等"字表示的是"列举未尽"之意，这样就完全可以借鉴陕西省、山西省、广东省相关政府规章的表述方式，对适用人群再进一步列举得更全面、明确。立法适用范围的规定极大体现了立法技术的高下，它直接关系着适法者的权益，因此必须做到"三易"——让所有阅读该规范性文件的人（包括司法者、执法者和守法者）易读、易懂、易操作，无论其具有什么背景或专业知识。适用范围条款制定得全面、明确有两方面的正向意义：一是对于其后续具体法律制度的设计和法律条文的表述产生指引作用；二是在实践中避免产生对某些权利保护的法律缺位，产生法律适用上的疑惑。

2. 《河北省无障碍环境建设管理办法》全文倾向于对残疾人基本生存环境的维护，对其他有障碍人士的权益关注稍显欠缺

这一点当然也是与前文所述的立法适用范围不够全面、明确这一缺憾"一脉相承"的。整部规章有22处提及"残疾人"，而忽略了诸如老年人、孕妇等其他有障碍人群的权益保护问题。我们以《河北省无障碍环境建设管理办法》第十九条与《广东省无障碍环境建设管理规定》第二十条为例，做一下对比：

《河北省无障碍环境建设管理办法》第十九条规定：县级以上人民政府应当将无障碍信息交流建设纳入信息化建设规划，引导和鼓励有关部门、科研

单位、企业及个人开展无障碍信息交流的技术、产品、服务的研发、推广和应用工作，为残疾人获取公共信息提供便利。

《广东省无障碍环境建设管理规定》第二十条规定：县级以上人民政府应当将无障碍信息交流建设纳入信息化建设规划，引导和鼓励有关部门、科研单位、企业或者个人开展无障碍信息交流的技术、产品、服务的研发、推广和应用工作，为残疾人、老年人获取公共信息提供便利。

通过对比可以发现，《河北省无障碍环境建设管理办法》在无障碍信息交流方面完全关注残疾人基本权益的保护，对"老年人"这一群体并没有提及，或者说老年人群体充其量只是可以搭残疾人群体信息交流无障碍的"便车"，而老龄化社会的发展趋势使得关注老年人信息交流无障碍的意义变得不言而喻。作为一部地方政府规章来讲，这样的表述无论是在立法技术的科学性、合理性、严谨性上还是在实体权利的维护、救济过程中都存在一定的问题。而类似的问题，在其他法条中也普遍存在。

造成这一现象的原因，我们认为一方面是囿于河北省的无障碍环境建设立法起步相对较早，而当时对"无障碍环境建设的受众究竟是谁"这一问题尚没有形成非常清晰的认识。随着时代的进步和观念的转换，后续省份在相关立法时重新考量了上述问题；另一方面《河北省无障碍环境建设管理办法》系由河北省残联起草，虽然在后续审查修改的过程中，确按立法程序征求了省财政厅、住房和城乡建设厅等14个有关部门、单位和11个设区市政府的意见，并到衡水、保定等市进行了立法调研，也向社会公开征求了意见，但不可避免的，在草案初拟过程中就已经带有了残联组织的"影子"，这种惯性自然代入了整部规章。从学理的角度讲，这就类似于学界反对"部门立法"的原理一样，由残联单独起草政府规章，虽然在专业性和实践经验方面有优势，但不可避免地会带有其自身的利益倾向和话语惯性。中国残联在《关于加快制定〈无障碍环境建设条例〉地方性法规、规章的指导意见》（残联〔2013〕148号）中，对各地残联的要求应该理解为更多的只是促成立法动议的形成和立法基础工作的准备上，譬如积极推动纳入立法计划和组织参与立法调研等，而真正立法起草工作的主导职能还是应该由政府法制部门承担或者由政府法制部门委托第三方承担，并广泛拓宽公众参与的口径，由残联单独起草法案的方式是值得商榷的。

3.《河北省无障碍环境建设管理办法》量化标准不足

河北省、陕西省、山西省、吉林省、广东省五省无障碍环境建设地方政府规章的制定都有一个共同的指向，就是结合地方实际切实落实国务院《无障碍环境建设条例》规定的内容，这就要求规章各项条款内容应当更丰富、具体和具有实用性、可操作性。《无障碍环境建设条例》中已有的规定和内容不应减少，《无障碍环境建设条例》中原则性的规定要具体化，要结合本地区经济社会发展、城乡建设和无障碍环境建设发展的实际情况以及有障碍人士面临的突出困难和问题，力求有所突破、有所创新。河北省的《无障碍环境建设管理办法》起草时间距离国务院《无障碍环境建设条例》的颁布时间比较近，囿于当时实践积累与认识的不足，在对上位法具体化层面有一些欠缺，量化标准不足，这就可能致使后续的操作程序变得模棱两可，缺乏具体的可执行性。我们以《河北省无障碍环境建设管理办法》第十五条与《吉林省无障碍环境建设管理办法》第十六条为例，做一下对比：

《河北省无障碍环境建设管理办法》第十五条规定：城市大中型公共服务场所的公共停车场和大型居住区的停车场，应当按照无障碍设施工程建设标准设置并标明无障碍停车位。

《吉林省无障碍环境建设管理办法》第十六条规定：城市公共停车场应当按照下列规定设置无障碍停车位：

（一）停车位数量大于500个的特大型停车场，设置5个以上；

（二）停车位数量为301至500个的大型停车场，设置4个以上；

（三）停车位数量为51至300个的中型停车场，设置2个以上；

（四）停车位数量为50个以下的小型停车场，设置1个以上。

通过对比可以发现，《河北省无障碍环境建设管理办法》在公共停车场无障碍停车位设置方面的规定比较笼统、概括，而《吉林省无障碍环境建设管理办法》的相关规定就非常具体，可操作性强。这样具体、量化的规定对于有障碍人士在公共停车场享有专属停车位这一权益的保护更加切实、到位，也使得监管、处罚等更加有的放矢。

4.《河北省无障碍环境建设管理办法》处罚不明确，处罚力度稍弱

《办法》第五章"法律责任"部分共三条，对于违反无障碍环境建设相关规定的行为如何处罚做了一定程度的规定，是国务院《无障碍环境建设条例》第五章第三十一条至第三十四条的逻辑展开。然而，与其他省份的相关规章相比对，处罚条款的规定无论是从立法技术上还是具体内容层面都还有可进步的空间。我们以《河北省无障碍环境建设管理办法》第二十九条与《吉林省无障碍环境建设管理办法》第三十条、《陕西省实施〈无障碍环境建设条例〉办法》第三十四条为例，做一下对比：

《河北省无障碍环境建设管理办法》第二十九条规定：违反本办法第十三条和第十五条规定的，由有关主管部门责令限期改正或者采取补救措施。《办法》第十三条和第十五条是关于盲道、坡道、无障碍停车位等无障碍设施建设的规定。

《吉林省无障碍环境建设管理办法》第三十条规定：应当设置无障碍停车位的公共停车场未按规定设置或者设置不规范的，由住房和城乡建设主管部门责令限期改正；逾期未改正的，对停车场所有权人或者管理人处1000元以上1万元以下罚款。

《陕西省实施〈无障碍环境建设条例〉办法》第三十四条规定：违反本办法规定，未按照无障碍设施工程建设标准设置无障碍停车位、盲道、坡道等无障碍设施的，由住房城乡建设等相关主管部门予以批评教育并责令限期改正；逾期未改正的，对所有权人或者管理人处以5000元以上2万元以下罚款。

通过对比可以发现，《办法》对于违反无障碍设施建设规定的行为仅设置了"责令限期改正"和"采取补救措施"的处罚方式，我们认为类似的责任承担方式比较单一，存在处罚不执行的补救不到位、处罚权主体不够明确、处罚力度稍显不足等问题，不能切实起到钳制作用。而吉林、陕西两省的相关规定相对来说设置了较为明确的处罚方式和标准，对法律责任承担主体的规制力度显然有所增大，这一方面为有障碍人士的实际权益保护提供了切实保障，同时也使得我国无障碍环境建设的法律责任问题真正具有了可操作性。此外，吉林、陕西两省的相关立法都明确了此类违法行为的处罚权实施主体为"住房城乡建设等相关主管部门"，这样的表述相对于"有关主管部门"来说更加明确、直接，更加符合立法技术性要求，能够避免执行中出现"有法不依"和部门之间责任推诿。

5.《河北省无障碍环境建设管理办法》存在立法前后衔接不畅的问题

《办法》第九条作出了无障碍设施改造的相关规定，但在后续"法律责任"一章中并没有配套的惩治性条款，这在逻辑上就无法形成严密的制度回路，容易造成实际操作的障碍。而在进行立法文本评估过程中，我们发现《吉林省无障碍环境建设管理办法》第十三条关于无障碍设施改造的规定就与其第二十九条之间形成了立法上的前后衔接。《吉林省无障碍环境建设管理办法》第二十九条规定："无障碍设施的所有权人或者管理人未按照县级以上人民政府制定的无障碍设施改造计划实施无障碍设施改造的，由住房和城乡建设主管部门责令限期改正；逾期未改正的，处1000元以上1万元以下罚款。"类似的制度前后呼应问题需要我们在立法完善过程中加以关注。

6.《河北省无障碍环境建设管理办法》存在一些立法盲点

前文已经提及，河北省是全国第一个针对国务院《无障碍环境建设条例》制定政府规章的省份，立法活动起步较早，一些问题不可避免地随着经济、社会发展成为立法盲点。比如关于视力残疾人携带导盲犬进入公共场所的问题，《办法》并没有提及，而这在《中华人民共和国残疾人保障法》第五十八条和国务院《无障碍环境建设条例》第十六条中是做了肯定性规定的，广东、陕西两省的政府规章也都有相关规定，特别是陕西省在《陕西省实施〈无障碍环境建设条例〉办法》第二十一条中还突破性地规定了视力残疾人可以携带采取防护措施的导盲犬乘坐公共交通工具，这应该说是顺应社会发展趋势的，可以视为地方政府立法的创新性规定，值得借鉴。再比如关于无障碍环境建设情况的评估制度和监察投诉制度在《广东省无障碍环境建设管理规定》中有比较明确的体现，形成了除政府自身之外，囊括了多重组织，甚至任何公民在内的比较全方位的监察、评估体系，而《办法》欠缺相关规定。正如一位美国建筑师说过的："在无障碍设计时，我会参考规范，但真正约束我的，是使用者有可能根据法律提出的诉讼。"当然，是否上升为真正意义上的"诉讼"还涉及很多其他相关法律问题，但这段表述起码表明了广泛的评估和投诉机制对于无障碍环境建设实际效果的巨大牵制力，应该在立法上有所规制。

### 四、《河北省无障碍环境建设管理办法》立法后评估的完善建议

通过前文对《河北省无障碍环境建设管理办法》贯彻实施情况、实施绩效和法律文本的评估，我们提出如下有针对性的建议：

#### （一）《办法》的立法建议

建议将对《办法》的修订适时纳入立法计划。通过此次立法后评估，我们发现《办法》在立法上存在一些细节和可操作上的缺失，建议对其进行修订和完善，待条件成熟可以将其从地方政府规章上升为地方性法规。

（1）在对立法文本完善的过程中，要坚持以省政府法制部门为主导，坚持其对修订草案的起草权，同时吸纳诸如残联、老龄委、妇联、住房城乡建设主管部门等在内的相关部门、行业参与修订过程，并拓展公众参与的口径，召开听证会，听取公众意见与建议，并做到有所反馈。

（2）拓展《办法》的适用范围，无论是在立法的旨意上还是在具体法律

条文的表述上都要始终明确《办法》的受众是"有障碍人士"整个群体，而不仅仅限于"残疾人"，这对于制度的设计和无障碍环境的实际建设都有直接意义。

（3）进一步加强《办法》的可操作性，在建设和法律责任两部分都可以根据河北省实际情况增加更加明确的、便于执行、评估、监察的具体标准。

（4）注意法条之间的关联性，使制度设计闭合而没有缺口，做到权责统一、权利与救济呼应。譬如前文所述的《办法》中关于无障碍设施改造的条文就应该在法律责任一章中设置救济性的条款。

（5）立法完善时要结合本省实际和社会发展整体趋势，适时弥补立法盲点，并在遵循上位法的基础上注重内容上保持一定限度内的前瞻性和创新性。譬如在对《办法》进行完善时，可以增加允许视力残疾人携带有护具的导盲犬进出公共场所和乘坐公共交通工具的规定；可以借鉴其他省份的立法经验，在立法文本中增加涉及评估和监察的相关规定。

（6）待条件成熟时，适时提升《河北省无障碍环境建设管理办法》的立法层级，将其从地方政府规章上升为地方性法规。这里所称的"条件"是社会共识、实践经验、管理成本、制度可操作性等因素的综合，提升河北省无障碍环境建设相关立法的立法层级，一方面能够增强河北省有障碍人士的合法权益保护力度，另一方面也能够加大行政管理力度，提升行政管理效率。

（二）《办法》的实施建议

在完成课题期间，为从各地的工作实践中获得河北省无障碍建设工作推进中遇到的困难和问题，本次调研从完善职责及责任划分、扩大公众参与、加强监察及评估机制、加大处罚力度等四方面对各被调研单位进行了意见征询，以判断《办法》在后续实施推进中的加强方向。反馈结果如表7-8和图7-6所示。

表7-8　各地对无障碍建设推进完善的对策反馈

| 反馈建议分类 | 被选频次 |
| --- | --- |
| 完善职责及责任划分 | 58 |
| 扩大公众参与 | 63 |
| 加强监察及评估机制 | 49 |
| 加大处罚力度 | 43 |

第七章 《河北省无障碍环境建设管理办法》立法后评估报告

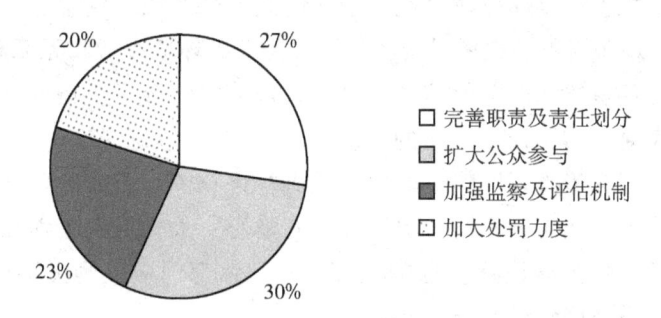

图 7-6 各地对无障碍建设推进完善的对策反馈比例图

如上所示，在隶属度分析中，扩大公众参与被选频次最高，表明《办法》推进及河北省无障碍环境建设仍需进一步加强宣传教育，另外其他三个方面也都获得了大致相同的被选频次，说明这些措施都有待加强。另外，在评估调研问卷中，课题组设计了对策咨询一栏，请各基层被调研单位提出在《办法》推进无障碍环境建设过程中遇到的困难和问题，以及对策建议。在总计 104 份有效问卷中，有 55 份给出了无障碍环境建设的完善建议，占比 52.9%，反馈积极性较高。各被调研单位基于工作实际困难和工作感悟，提出了很多切实可操作的对策建议，给予课题组很大启发。因此，基于上述调研反馈意见，结合理论研究和对其他经验先进省市的比较研究，为加快推进河北省《办法》的贯彻落实，加强无障碍环境建设，特提出以下对策建议。

1. 加大资金投入，加强资金保障

充足的资金投入是无障碍环境建设的最基本保障。无障碍环境建设属纯公共产品，需有政府财政资金的切实投入。在 55 份给出完善建议的调研问卷中，单独特别提及资金不足是构成无障碍建设工作难以推进主要问题的有 17 份。如前所述，104 份问卷中，能够有配套改造资金和固定经常性工作经费的问卷只有 52 份，只有一半比例。资金不到位现象突出。

第一，把无障碍环境建设纳入基础设施建设。将无障碍环境建设归为政府城市基础设施建设范围之内，把无障碍环境建设与公共设施和道路的建设改造一起纳入政府城市基础设施建设的财政预算中，由财政部门和发改委来保障无障碍环境建设每年的经费支出。这种操作秦皇岛市已经在初步实行，三年来秦皇岛市发改委为无障碍环境建设争取资金 6925 万元，对《办法》在秦皇岛市贯彻落实起了较大作用。

第二，把无障碍环境建设经费纳入财政补贴范围。政府可以采取税收优惠、低息等财政补贴，鼓励社会各界进行无障碍环境改造和无障碍环境建设，用于无障碍环境技术改造的费用，可替代部分税收等优惠条件给予鼓励。这体现了国家对"有障碍"人士的关爱。

第三，把无障碍环境建设经费纳入到社保范围。无障碍环境建设面向和服务于残疾人、老人、儿童、孕妇等"有障碍"人士，有着强烈的社会福利特性，因此应归为居民社会保障范畴，省社保部门应鼓励无障碍环境建设，加大对无障碍环境建设的资金支持。

第四，要引入市场运作方式，通过出让冠名权、广告权等手段，引导社会资金参与无障碍环境建设。

2. 加强监督管理，形成长效机制

无障碍环境建设是一个系统工程，环环相扣，涉及领域极广，为避免"重建设、轻管理"现象，保证建设的质量，需要对无障碍环境建设不断加强监管。

第一，明确责任单位和责任人。在无障碍环境建设工作中，责任单位和责任人要坚持科学管理，精心组织，把无障碍环境建设贯穿于整个建设"大盘子"中。一旦出现问题应该分清责任归属，依法追究其相关的责任。政府各监管部门，要严格行政执法，确保无障碍环境建设的质量、功能和数量，来达到最初的无障碍环境预期目标。

第二，加强民主监督，协同政府建立完善的监督机制。一是"有障碍群体"的监督。成立以残疾人、老年人为主的无障碍环境监督小组，通过他们切身感受和诉求渠道，对无障碍环境实施情况进行调查和监督；二是普通公民大众的监督。通过普通公众的广泛观察，对无障碍环境建设进行日常监督，并通过举报电话，随时进行举报，也可采取照相、录像的形式，把违规占用、损坏无障碍环境的主体违法行为举报给执法机关。这样的民主监督既能扩大监督范围，又能增强监督的及时性。

第三，加强无障碍环境的维护和管理。要认清无障碍环境建设是一个长久过程，建成后的维护和管理尤为重要。对已建成的无障碍设施，由建设、交通、残联等部门统一设置明显的无障碍标识。充分利用城管规范化、标准化、精细化、常态化的特点，建立长效管理机制，加大监管力度，及时发现环境建设中的问题，及时进行维护和补救。

### 3. 加强宣传教育，扩大公众参与

无障碍环境建设不仅体现在基础设施上，也体现在社会意识层面。只有让人们真正地了解、理解无障碍环境，并参与无障碍环境建设，才能真正地把无障碍环境建设好。

第一，扭转公众对无障碍环境建设的"专有性"认知。由于对无障碍环境性质和功能认识的不到位，一些社会公众认为无障碍环境只是为残疾人服务的。其实不然，建设无障碍环境是为社会所有成员服务的。应该加深对无障碍环境的理解，残疾人固然是无障碍环境主要的受益者，但是老年人、小孩、孕妇、病人、出差携带行李的人等都需要无障碍环境，因为它同样给这些人带来了方便。因此，我们应该通过电视台、报纸、新媒体等多种途径，进一步加大宣传力度，增强公众的无障碍环境意识。

第二，唤起全省社会的人文关怀。人文层面的无障碍环境是指营造残疾人等"有障碍群体"平等参与社会生活、消除社会排斥、实现残障人士自身价值的无障碍环境。无障碍环境建设为残疾人走出家门、走向社会提供了硬件上的安全和便利。对无障碍环境建设的宣传教育可以将平等尊重的观念输入每个社会成员的意识中，使得他们真正地理解、尊重进而帮助以残障人士为主体的特殊需求群体。更为重要的是，这也可以排除特殊需求群体自身存在的自卑情绪，使其在社会生活中实现自我价值，为社会创造出物质财富。河北省可以考虑今后在多个方面加强类似的宣传教育，形成一种优良社会文化。例如，可以利用每年的残疾人节日和"助残月"，开展无障碍环境建设的宣传。也可以效仿国外制定专门的无障碍环境意识节日。例如加拿大每年举办"国际无障碍环境意识宣传周"，就是一个很好的宣传方式。还可以设立展览厅或体验区，让公众可以通过坐上轮椅或是蒙上眼睛等方式，让他们切身体验到残障人士生活的不易以及遇到的障碍，真正认识到无障碍环境建设对特殊需要群体的重要性。

第三，增强民众意识，扩大公众参与范围。无障碍环境建设是一项烦琐工程，仅靠政府部门监督维护是远远不够的，需要更多的民众参与进来，共同营造良好的无障碍环境。首先，公众应提升自身素质，真正做到尊重特殊群体，不占盲道，不占用无障碍停车位，更不能破坏无障碍设施；其次，公众应增强社会责任感，坚决反对阻碍或破坏无障碍环境的行为，自发对无障碍环境进行监督，对不良行为进行举报，对设施损坏进行反馈；最后，每个公民都应作为无障碍环境建设的推广者，在日常生活中，向身边的人宣传无障碍环境知识，提高其他人对无障碍环境的认识和理解，并动员更多的人参

与无障碍环境建设。

**4. 形成多部门联动机制，加强协同治理**

如前反复论及，无障碍环境建设是一项烦琐的系统性工程，所涉环节非常多，极易出现"木桶效应"。因此，多部门联动协同治理，是《办法》推进无障碍环境建设的题中应有之意。在55份提供了反馈意见的被调研问卷中，有7份提到缺乏部门之间配合，导致无障碍环境建设无法开展。今后在《办法》修订完善过程中，应避免由单一部门立法的情形出现。由于无障碍环境建设不仅仅涉及多部门利益，而且涉及建设环节衔接、建设标准统一、建设资金调配等多项工作，单一部门仅通过意见征求方式难以摸清所有问题，容易出现利益偏颇、文本疏漏或工作外行之处。建议增加各部门利益表达渠道，充分考虑每个群体的利益，增强《办法》实施的公平性和全面性。

在贯彻《办法》推进河北省无障碍环境建设过程中，城建、民政、残联、通信、老龄、妇幼等各部门应加强有关协同治理的培训，增强协同意识，以共同营造无障碍环境建设的良好局面。今后，要在各部门联动下，结合棚户区改造、老旧小区改造、城市路网优化，有计划、有步骤对无障碍设施进行改造升级，确保《办法》落到实处。要注重各部门之间的衔接和配合，坚决杜绝"木桶效应"出现，重视解决无障碍"最后一米"问题，集中力量补齐短板、修复破损，努力实现"全方位无障碍"目标。

**5. 缩小城乡无障碍建设差距，实现均衡覆盖**

今后，河北省应逐步建立城乡一体的无障碍环境建设工作管理体制，促进规划、建设、城管、环保等部门职能向农村延伸，强化对农村无障碍环境的管理与服务。要将无障碍建设纳入社会主义新农村和城镇化建设的内容，使无障碍建设与城市、公共服务设施同步规划、同步设计、同步施工、同步验收，从源头上把好关，避免造成新的历史欠账。应组织本地区相关部门到区内外村镇无障碍环境建设工作开展较好的地区交流学习、开阔眼界、拓展思路，学习先进的管理模式、技术经验及工作方法。积极探索本地区乡镇、村庄无障碍环境建设的新模式，缩小城乡无障碍环境建设差距。河北省相关政府部门应加大对农村无障碍环境建设的投入，创新融资模式，以出让冠名权的方式引导企业向农村提供无障碍设施，同时也引导社会募捐向无障碍环境建设落后的农村倾斜。

# 第七章 《河北省无障碍环境建设管理办法》立法后评估报告

## 附件1 《河北省无障碍环境建设管理办法》立法后评估调查问卷逐市县（区）统计数据表

| | 张家口市 | | | | | | |
|---|---|---|---|---|---|---|---|
| | 赤城县 | 万全区 | 康保县 | 尚义县 | 宣化区 | 蔚县 | 察北管理区 |
| 领导小组 | √ | √ | √ | √ | √ | × | √ |
| 规范性文件 | √ | × | × | × | × | × | √ |
| 配套经费 | × | √ | × | × | × | × | × |
| 开展培训 | √ | × | × | × | × | √ | × |
| 专家库 | √ | √ | × | × | × | × | √ |
| 纳入信息化规划 | × | × | √ | × | × | × | × |
| 电视台字幕 | × | √ | √ | √ | √ | × | √ |
| 图书馆盲文读物等 | × | √ | × | × | × | × | × |
| 网站到准 | × | √ | × | √ | × | × | × |
| 公共场所手语盲文服务 | × | × | × | × | × | × | × |
| 人行横道有过街音响提示 | × | × | × | × | × | × | × |
| 人行横道安全岛满足轮椅通行 | √ | √ | × | × | × | × | × |
| 人行天桥和地道有轮椅坡道或无障碍电梯 | × | × | × | √ | × | × | × |
| 新建小区达标 | 少数 | 少数 | 多数 | 少数 | 全部 | 全部 | 多数 |
| 公共停车场置无障碍停车位 | × | × | × | × | × | √ | √ |
| 近三年来残疾人老年人家庭无障碍改造户数 | 0 | 77 | 47 | 50 | 77 | 0 | 0 |
| 近三年来对医院无障碍改造数量 | 2 | 2 | 2 | 2 | 3 | 0 | 1 |
| 近三年来对既有汽车站改造数量 | 1 | 0 | 1 | 1 | 2 | 0 | 0 |
| 近三年来既有居住小区建筑设施无障碍改造数量 | 0 | 4 | 0 | 0 | 13 | 0 | 0 |
| 近三年来被处分工作人员数 | 0 | 0 | 0 | 0 | 0 | 0 | 0 |

| | 衡水市 | | | | | | | | | |
|---|---|---|---|---|---|---|---|---|---|---|
| | 衡水市 | 安丰县 | 景县 | 饶阳县 | 阜城县 | 枣强县 | 故城县 | 武邑县 | 武强县 | 桃城区 | 深州市 |
| 领导小组 | √ | × | √ | × | × | √ | √ | √ | √ | × | √ |
| 规范性文件 | × | × | √ | × | × | √ | × | × | × | × | × |
| 配套经费 | × | × | × | × | × | × | × | × | × | × | × |
| 开展培训 | √ | √ | √ | × | × | × | × | × | × | × | √ |
| 专家库 | √ | × | × | × | √ | √ | × | × | × | × | × |

续表

| | 衡水市 | | | | | | | | | |
|---|---|---|---|---|---|---|---|---|---|---|
| | 衡水市 | 安丰县 | 景县 | 饶阳县 | 阜城县 | 枣强县 | 故城县 | 武邑县 | 武强县 | 桃城区 | 深州市 |
| 纳入信息化规划 | √ | × | √ | × | × | √ | √ | × | √ | × | × |
| 电视台字幕 | √ | √ | × | × | √ | √ | √ | √ | √ | × | √ |
| 图书馆盲文读物等 | × | × | × | √ | × | √ | × | × | × | × | √ |
| 网站到准 | × | √ | × | × | × | √ | × | × | × | × | × |
| 公共场所手语盲文服务 | × | × | × | × | × | × | × | × | × | × | × |
| 人行横道有过街音响提示 | × | √ | × | × | × | √ | × | × | × | √ | × |
| 人行横道安全岛满足轮椅通行 | √ | × | × | × | × | √ | × | × | × | √ | √ |
| 人行天桥和地道有轮椅坡道或无障碍电梯 | √ | × | √ | × | × | √ | √ | √ | × | √ | × |
| 新建小区达标 | 多数 | 全部 | 少数 | 多数 | 全部 | 全部 | 多数 | 全部 | 多数 | 多数 | 全部 |
| 公共停车场置无障碍停车位 | × | √ | × | × | × | √ | × | √ | √ | × | × |
| 近三年来残疾人老年人家庭无障碍改造户数 | 0 | 0 | 92 | 0 | 0 | 80 | 50 | 0 | 0 | 35 | 0 |
| 近三年来对医院无障碍改造数量 | 7 | 0 | 35 | 0 | 0 | 14 | 1 | 1 | 7 | 0 | 0 |

续表

| 衡水市 | | | | | | | | | | |
|---|---|---|---|---|---|---|---|---|---|---|
| | 衡水市 | 安丰县 | 景县 | 饶阳县 | 阜城县 | 枣强县 | 故城县 | 武邑县 | 武强县 | 桃城区 | 深州市 |
| 近三年来对既有汽车站改造数量 | 1 | 0 | 1 | 0 | 0 | 8 | 1 | 0 | 1 | 0 | 1 |
| 近三年来既有居住小区建筑设施无障碍改造数量 | 0 | 0 | 2 | 0 | 0 | 12 | 3 | 0 | 4 | 0 | 0 |
| 近三年来被处分工作人员数 | 0 | 0 | 0 | 0 | 0 | 0 | 0 | 0 | 0 | 0 | 0 |

| 秦皇岛市 | | | | | | | | | |
|---|---|---|---|---|---|---|---|---|---|
| | 抚宁区 | 海港区 | 北戴河区 | 昌黎县 | 卢龙县 | 城管局 | 残疾人联合会 | 市发改委 | 市文广新局 | 市城乡建设局 |
| 领导小组 | √ | × | √ | √ | √ | × | √ | | | × |
| 规范性文件 | × | × | × | √ | × | × | × | × | × | × |
| 配套经费 | × | √ | × | × | × | × | × | × | × | × |
| 开展培训 | × | √ | √ | √ | × | √ | × | × | × | × |
| 专家库 | × | × | × | × | × | × | × | × | × | × |
| 纳入信息化规划 | × | × | × | √ | × | × | × | × | × | × |
| 电视台字幕 | × | × | × | × | × | × | × | × | × | × |
| 图书馆盲文读物等 | √ | √ | √ | √ | × | √ | √ | × | × | × |
| 网站到准 | | | | | | | | | | |
| 公共场所手语盲文服务 | × | √ | × | × | × | × | × | × | × | × |
| 人行横道有过街音响提示 | × | √ | √ | √ | × | √ | √ | × | × | × |
| 人行横道安全岛满足轮椅通行 | × | √ | √ | √ | × | √ | √ | × | √ | √ |
| 人行天桥和地道有轮椅坡道或无障碍电梯 | × | √ | √ | √ | × | √ | × | × | × | × |
| 新建小区达标 | 少数 | 少数 | 全部 | 全部 | 多数 | | 多数 | | 少数 | |
| 公共停车场无障碍停车位 | × | × | √ | √ | × | | √ | | √ | √ |
| 近三年来残疾人老年人家庭无障碍改造户数 | 196 | 120 | 135 | 125 | 60 | 0 | 1579 | 0 | 0 | 0 |

续表

| | 秦皇岛市 | | | | | | | | | |
|---|---|---|---|---|---|---|---|---|---|---|
| | 抚宁区 | 海港区 | 北戴河区 | 昌黎县 | 卢龙县 | 城管局 | 残疾人联合会 | 市发改委 | 市文广新局 | 市城乡建设局 |
| 近三年来对医院无障碍改造数量 | 0 | 0 | 11 | 2 | 3 | 0 | 0 | 0 | 0 | 0 |
| 近三年来对既有汽车站改造数量 | 0 | 0 | 0 | 0 | 1 | 0 | 0 | 0 | 0 | 0 |
| 近三年来既有居住小区建筑设施无障碍改造数量 | 0 | 0 | 5 | 0 | 5 | 0 | 0 | 0 | 0 | 0 |
| 近三年来被处分工作人员数 | 0 | 0 | 0 | 0 | 0 | 0 | 0 | 0 | 0 | 0 |

| | 保定市 | | | | | | | | | | | |
|---|---|---|---|---|---|---|---|---|---|---|---|---|
| | 定兴县 | 顺平县 | 保定市 | 高新区 | 涿州市 | 竞秀区 | 唐县 | 涞源县 | 清苑区 | 涞水县 | 易县 | 莲池区 | 曲阳县 | 望都县 | 阜平县 |
| 领导小组 | × | × | × | × | √ | √ | × | √ | × | × | × | √ | × | × |
| 规范性文件 | √ | × | × | × | √ | × | √ | × | √ | × | × | × | × | × |
| 配套经费 | × | √ | × | × | × | × | × | × | × | × | × | √ | × | × |
| 开展培训 | √ | × | × | × | × | × | × | × | × | × | × | × | × | × |
| 专家库 | × | × | × | × | × | × | × | × | × | × | × | × | × | × |
| 纳入信息化规划 | × | × | × | × | × | × | × | × | × | × | × | × | × | × |
| 电视台字幕 | √ | × | × | × | × | × | × | × | × | × | × | × | × | √ |
| 图书馆盲文读物等 | √ | × | × | × | √ | × | √ | × | × | × | × | × | × | √ |
| 网站到准 | × | × | × | × | × | × | × | × | × | × | × | × | × | × |
| 公共场所手语盲文服务 | × | × | × | × | × | × | × | × | × | × | × | × | × | × |
| 人行横道有过街音响提示 | √ | × | × | × | × | × | × | × | × | × | × | × | × | × |
| 人行横道安全岛满足轮椅通行 | √ | × | × | × | × | × | × | × | × | × | × | × | × | √ |
| 人行天桥和地道有轮椅坡道或无障碍电梯 | √ | √ | × | √ | × | × | × | × | × | × | × | × | × | × |
| 新建小区达标 | 少数 | 少数 | 全部 | 少数 | 多数 | 多数 | 多数 | 少数 | 多数 | 多数 | 多数 | 全部 | 多数 | 多数 | 少数 | 少数 |
| 公共停车场置无障碍停车位 | × | × | × | × | × | × | × | × | × | × | × | × | √ | √ |
| 近三年来残疾人老年人家庭无障碍改造户数 | 0 | 0 | 0 | 51 | 30 | 3 | 0 | 9 | 0 | 36 | 37 | 25 | 20 | 44 |
| 近三年来对医院无障碍改造数量 | 0 | 0 | 0 | 41 | 0 | 2 | 0 | 3 | 2 | 0 | 0 | 6 | 2 | 2 |

续表

| 保定市 | 定兴县 | 顺平县 | 保定高新区 | 涿州市 | 竞秀区 | 唐县 | 涞源县 | 清苑区 | 涞水县 | 易县 | 莲池区 | 曲阳县 | 望都县 | 阜平县 |
|---|---|---|---|---|---|---|---|---|---|---|---|---|---|---|
| 近三年来对既有汽车站改造数量 | 0 | 0 | 0 | 0 | 1 | 0 | 1 | 0 | 1 | 0 | 0 | 0 | 1 | 1 | 1 |
| 近三年来既有居住小区建筑设施无障碍改造数量 | 0 | 0 | 0 | 0 | 0 | 0 | 0 | 0 | 0 | 0 | 0 | 0 | 50 | 7 | 0 |
| 近三年来被处分工作人员数 | 0 | 0 | 0 | 0 | 0 | 0 | 0 | 0 | 0 | 0 | 0 | 0 | 0 | 0 | 0 |

| 廊坊市 | 市政府法制办公室 | 三河市 | 香河县 | 大厂县 | 广阳区 | 安次区 | 永清县 | 固安县 | 霸州市 | 文安县 | 大城县 |
|---|---|---|---|---|---|---|---|---|---|---|---|
| 领导小组 | √ | √ | √ | √ | √ | √ | × | × | × | √ | √ |
| 规范性文件 | √ | × | × | × | × | × | × | × | × | × | × |
| 配套经费 | √ | × | × | × | × | × | × | √ | × | × | × |
| 开展培训 | √ | × | × | × | × | × | × | × | × | × | × |
| 专家库 | √ | × | × | × | × | × | × | × | × | × | × |
| 纳入信息化规划 | √ | × | × | × | × | × | × | × | × | × | × |
| 电视台字幕 | √ | × | × | × | × | × | × | × | × | × | × |
| 图书馆盲文读物等 | √ | × | × | × | × | × | × | × | × | × | × |
| 网站到准 | √ | × | × | × | × | × | × | × | × | × | × |
| 公共场所手语盲文服务 | √ | × | × | × | × | × | × | × | × | × | × |
| 人行横道有过街音响提示 | √ | × | × | × | × | × | × | × | × | × | × |
| 人行横道安全岛满足轮椅通行 | √ | × | × | × | × | × | × | × | × | × | × |
| 人行天桥和地道有轮椅坡道或无障碍电梯 | × | × | √ | √ | × | √ | × | √ | × | × | × |
| 新建小区达标 | 全部 | 全部 | 全部 | 全部 | 多数 | 全部 | 全部 | 多数 | 少数 | 多数 | 少数 |
| 公共停车场置无障碍停车位 | √ | × | × | √ | × | × | √ | √ | × | × | × |
| 近三年来残疾人老年人家庭无障碍改造户数 | 999 | 210 | 189 | 0 | 141 | 138 | 123 | 176 | 0 | 61 | 141 |
| 近三年来对医院无障碍改造数量 | 32 | 10 | 0 | 0 | 0 | 0 | 0 | 3 | 0 | 3 | 0 |
| 近三年来对既有汽车站改造数量 | 9 | 1 | 0 | 0 | 0 | 0 | 1 | 2 | 0 | 1 | 0 |
| 近三年来既有居住小区建筑设施无障碍改造数量 | 0 | 9 | 0 | 0 | 0 | 0 | 0 | 0 | 0 | 24 | 0 |
| 近三年来被处分工作人员数 | 0 | 0 | 0 | 0 | 0 | 0 | 0 | 0 | 0 | 0 | 0 |

| | 邯郸市 | | | | | | | | | | | | | |
|---|---|---|---|---|---|---|---|---|---|---|---|---|---|---|
| | 邯郸市 | 邱县 | 冀南新区 | 临漳县 | 邯山区 | 武安市 | 魏县 | 馆陶县 | 肥乡县 | 磁县 | 曲周县 | 丛台区 | 成安县 | 广平县 | 大名县 | 峰峰矿区 | 复兴区 |
| 领导小组 | √ | √ | × | √ | √ | √ | √ | √ | √ | √ | √ | √ | √ | √ | √ | × |
| 规范性文件 | √ | √ | × | × | √ | √ | √ | √ | × | √ | √ | √ | × | √ | × | √ |
| 配套经费 | × | × | × | × | √ | √ | √ | √ | × | √ | × | × | × | × | × | √ |
| 开展培训 | √ | × | × | √ | √ | √ | × | × | × | × | × | √ | √ | × | × | √ |
| 专家库 | × | × | × | × | × | × | × | × | × | × | × | × | × | × | × | × |
| 纳入信息化规划 | √ | × | × | × | × | × | × | × | × | × | × | × | × | × | × | √ |
| 电视台字幕 | √ | × | × | √ | √ | √ | √ | √ | √ | √ | √ | √ | × | × | × | √ |
| 图书馆盲文读物等 | √ | × | × | × | √ | × | × | × | × | × | × | × | × | × | × | √ |
| 网站到准 | × | × | × | × | × | × | × | × | × | × | × | × | × | × | × | × |
| 公共场所手语盲文服务 | × | √ | × | × | × | × | × | × | × | × | × | × | × | × | × | × |
| 人行横道有过街音响提示 | √ | × | × | × | × | × | × | × | × | × | × | × | × | × | × | √ |
| 人行横道安全岛满足轮椅通行 | √ | × | × | × | √ | √ | √ | √ | √ | √ | √ | √ | √ | √ | √ | √ |
| 人行天桥和地道有轮椅坡道或无障碍电梯 | √ | × | × | × | × | × | × | × | × | × | × | √ | × | × | × | √ |
| 新建小区达标 | 多数 | 多数 | 少数 | 全部 | 全部 | 多数 | 少数 | 多数 | 少数 | 多数 | | 少数 | 少数 | 多数 | 多数 | 全部 |
| 公共停车场置无障碍停车位 | √ | × | × | √ | √ | √ | × | √ | × | √ | √ | √ | √ | √ | √ | √ |
| 近三年来残疾人老年人家庭无障碍改造户数 | 556 | 5 | 20 | 45 | 61 | 45 | 25 | 5 | 30 | 34 | 35 | 127 | 56 | 0 | 80 | 30 | 193 |
| 近三年来对医院无障碍改造数量 | 10 | 2 | 0 | 2 | 6 | 24 | 3 | 2 | 15 | 3 | 0 | 0 | 15 | 0 | 0 | 4 | 9 |
| 近三年来对既有汽车站改造数量 | 3 | 2 | 0 | 0 | 0 | 10 | 1 | 3 | 2 | 0 | 1 | 0 | 1 | 0 | 1 | 0 | 7 |
| 近三年来既有居住小区建筑设施无障碍改造数量 | 23 | 0 | 0 | 0 | 0 | 14 | 2 | 1 | 0 | 5 | 0 | 0 | 0 | 0 | 5 | 22 |
| 近三年来被处分工作人员数 | 0 | 0 | 0 | 0 | 0 | 0 | 0 | 0 | 0 | 0 | 0 | 0 | 0 | 0 | 0 | 0 |

# 第七章 《河北省无障碍环境建设管理办法》立法后评估报告

| | 沧州市 | | | | | | | | | | | | | | |
|---|---|---|---|---|---|---|---|---|---|---|---|---|---|---|---|
| | 青县 | 海兴县 | 运河区 | 沧县 | 孟村县 | 黄骅市 | 新华区 | 盐山县 | 吴桥县 | 南皮县 | 泊头市 | 任丘市 | 东光县 | 肃宁县 | 献县 | 河间市 | 沧州市法制办 |
| 领导小组 | √ | × | × | × | × | √ | √ | × | √ | √ | × | √ | × | √ | √ | × | √ |
| 规范性文件 | √ | × | × | × | × | √ | √ | × | √ | √ | × | √ | √ | √ | √ | × | √ |
| 配套经费 | √ | × | × | × | × | √ | √ | × | √ | √ | × | √ | √ | × | √ | × | √ |
| 开展培训 | √ | × | × | × | × | √ | √ | × | √ | √ | × | √ | √ | √ | √ | × | √ |
| 专家库 | √ | × | × | × | × | √ | √ | × | √ | √ | × | √ | √ | √ | √ | × | × |
| 纳入信息化规划 | √ | × | × | × | × | √ | √ | × | √ | √ | × | √ | √ | √ | √ | × | √ |
| 电视台字幕 | × | √ | √ | × | × | √ | √ | × | √ | √ | × | √ | √ | √ | √ | × | √ |
| 图书馆盲文读物等 | √ | × | × | × | × | √ | √ | × | √ | × | × | √ | √ | √ | √ | × | √ |
| 网站到准 | × | × | × | × | × | √ | √ | × | √ | × | × | √ | × | √ | √ | × | √ |
| 公共场所手语盲文服务 | √ | × | × | × | × | √ | √ | × | √ | × | × | √ | √ | √ | √ | × | √ |
| 人行横道有过街音响提示 | √ | × | × | × | × | √ | √ | × | √ | × | × | √ | √ | √ | √ | × | √ |
| 人行横道安全岛满足轮椅通行 | √ | × | × | × | × | √ | √ | × | √ | × | × | √ | √ | √ | √ | × | √ |
| 人行天桥和地道有轮椅坡道或无障碍电梯 | √ | × | √ | × | × | × | × | × | √ | √ | × | √ | × | √ | √ | √ | × |
| 新建小区达标 | 全部 | 全部 | 多数 | 少数 | 多数 | 多数 | 全部 | 全部 | 多数 | 多数 | 全部 | 全部 | 多数 | 多数 | 多数 | 多数 | 多数 |
| 公共停车场置无障碍停车位 | √ | × | √ | × | × | × | × | × | √ | √ | × | √ | √ | √ | √ | × | √ |
| 近三年来残疾人老年人家庭无障碍改造户数 | 20 | 0 | 21 | 20 | 81 | 0 | 120 | 0 | 75 | 121 | 2 | 30 | 80 | 50 | 0 | 25 | 0 |
| 近三年来对医院无障碍改造数量 | 2 | 2 | 0 | 3 | 0 | 117 | 5 | 0 | 2 | 1 | 4 | 2 | 2 | 10 | 4 | 0 | 0 |
| 近三年来对既有汽车站改造数量 | 15 | 0 | 0 | 0 | 0 | 11 | 2 | 0 | 8 | 0 | 1 | 3 | 15 | 1 | 5 | 0 | 0 |
| 近三年来既有居住小区建筑设施无障碍改造数量 | 35 | 0 | 0 | 0 | 10 | 0 | 30 | 12 | 0 | 1 | 0 | 6 | 1 | 6 | 0 | 10 | 0 |
| 近三年来被处分工作人员数 | 0 | 0 | 0 | 0 | 0 | 0 | 0 | 0 | 0 | 0 | 0 | 0 | 0 | 0 | 6 | 0 | 0 |

| | 承德市 | | | | | | | | |
|---|---|---|---|---|---|---|---|---|---|
| | 承德市法制办 | 双桥区 | 双滦区 | 丰宁县 | 隆化县 | 围场县 | 滦平县 | 平泉市 | 营子区 | 承德县 | 兴隆县 |
| 领导小组 | √ | √ | × | √ | × | × | × | √ | × | √ | √ |
| 规范性文件 | √ | √ | × | × | × | × | × | √ | × | √ | × |
| 配套经费 | √ | × | × | × | × | × | × | × | × | × | × |
| 开展培训 | √ | × | × | × | × | × | × | √ | × | × | √ |

159

续表

| | 承德市 | | | | | | | | | |
|---|---|---|---|---|---|---|---|---|---|---|
| | 承德市法制办 | 双桥区 | 双滦区 | 丰宁县 | 隆化县 | 围场县 | 滦平县 | 平泉市 | 营子区 | 承德县 | 兴隆县 |
| 专家库 | × | × | × | √ | × | × | × | √ | × | √ | √ |
| 纳入信息化规划 | × | × | √ | × | × | √ | √ | √ | √ | √ | √ |
| 电视台字幕 | √ | × | √ | × | √ | √ | √ | √ | √ | √ | √ |
| 图书馆盲文读物等 | × | √ | √ | √ | √ | √ | √ | √ | √ | × | √ |
| 网站到准 | × | × | √ | √ | √ | √ | √ | × | × | × | × |
| 公共场所手语盲文服务 | × | × | × | × | × | × | × | × | × | × | × |
| 人行横道有过街音响提示 | √ | √ | √ | × | × | × | × | × | × | × | × |
| 人行横道安全岛满足轮椅通行 | √ | √ | √ | × | × | × | × | × | × | × | × |
| 人行天桥和地道有轮椅坡道或无障碍电梯 | √ | √ | × | √ | √ | √ | √ | √ | √ | √ | √ |
| 新建小区达标 | 多数 | 多数 | 少数 | 多数 | 多数 | 少数 | 多数 | 全部 | 全部 | 多数 | 全部 |
| 公共停车场置无障碍停车位 | × | × | × | √ | √ | × | × | √ | √ | √ | √ |
| 近三年来残疾人老年人家庭无障碍改造户数 | 742 | 78 | 58 | 190 | 0 | 50 | 152 | 0 | 225 | 0 | 40 |
| 近三年来对医院无障碍改造数量 | 6 | 0 | 9 | 2 | 0 | 181 | 12 | 5 | 5 | 0 | 1 |
| 近三年来对既有汽车站改造数量 | 3 | 0 | 0 | 2 | 0 | 0 | 96 | 2 | 0 | 0 | 1 |
| 近三年来既有居住小区建筑设施无障碍改造数量 | 0 | 0 | 0 | 50 | 0 | 0 | 17 | 10 | 10 | 0 | 0 |
| 近三年来被处分工作人员数 | 0 | 0 | 0 | 0 | 0 | 0 | 0 | 0 | 0 | 0 | 0 |

| | 唐山市 | |
|---|---|---|
| | 芦台开发区 | 滦县 |
| 领导小组 | × | × |
| 规范性文件 | × | × |
| 配套经费 | × | × |
| 开展培训 | × | × |
| 专家库 | × | × |
| 纳入信息化规划 | √ | × |
| 电视台字幕 | × | × |
| 图书馆盲文读物等 | × | × |
| 网站到准 | × | × |
| 公共场所手语盲文服务 | × | × |
| 人行横道有过街音响提示 | × | × |

### 第七章 《河北省无障碍环境建设管理办法》立法后评估报告

续表

| 唐山市 | | |
|---|---|---|
| | 芦台开发区 | 滦县 |
| 人行横道安全岛满足轮椅通行 | √ | × |
| 人行天桥和地道有轮椅坡道或无障碍电梯 | × | × |
| 新建小区达标 | 全部 | |
| 公共停车场置无障碍停车位 | × | × |
| 近三年来残疾人老年人家庭无障碍改造户数 | 0 | 0 |
| 近三年来对医院无障碍改造数量 | 1 | 20 |
| 近三年来对既有汽车站改造数量 | 1 | 0 |
| 近三年来既有居住小区建筑设施无障碍改造数量 | 0 | 0 |
| 近三年来被处分工作人员数 | 0 | 0 |

## 附件2 《河北省无障碍设施建设管理办法》立法后评估调研问卷

(统计时间:2014年2月1日至2017年8月30日)

市(区、县)名:＿＿＿市＿＿＿区(县、县级市)
填表单位:＿＿＿＿＿＿＿＿＿＿＿＿＿＿＿＿＿
填表日期:＿＿＿＿＿＿年＿＿＿月＿＿＿日
联 系 人:＿＿＿＿＿＿＿＿＿＿电话:＿＿＿＿＿＿＿＿

河北省人民政府法制办、河北大学联合课题组

# 第七章 《河北省无障碍环境建设管理办法》立法后评估报告

## （请在□内划√，或在上填写数据）

1. 本市（区、县）是否专门成立无障碍环境建设领导小组：有□；无□
2. 本市（区、县）制定无障碍环境建设地方性法规、规章、规范性文件：有□；无□
3. 本市（区、县）配套了无障碍环境改造项目资金和固定的经常性工作经费：有□；无□
4. 本市（区、县）开展无障碍相关标准规范的培训：有□；无□
5. 本市（区、县）建立无障碍专家库并组织专家进行无障碍建设技术指导和服务：有□；无□
6. 本市（区、县）的无障碍信息交流建设纳入信息化整体建设规划：有□；无□
7. 本市（区、县）电视台播放电视节目有无加配字幕：有□；无□
8. 本市（区、县）政府设立的公共图书馆提供盲文读物、有声读物：有□；无□
9. 本市（区、县）残疾人组织网站达到无障碍网站设计标准：是□；否□
10. 本市（区、县）公共服务机构和公共场所为残疾人提供信息交流服务：

（1）语音和文字提示：有□；无□

（2）手语服务：有□；无□

（3）盲文服务：有□；无□

11. 本市（区、县）道路无障碍环境建设与改造基本情况（以人行过街设施为例）

（1）新建、扩建和改建道路主要位置的人行横道有无设置过街音响提示装置：有□；无□

（2）新建、扩建和改建道路主要位置的人行横道的安全岛能否满足轮椅通行：能□；否□

（3）新建、扩建和改建的主要道路的人行天桥和人行地道有无设置轮椅坡道或无障碍电梯：有□；无□

（4）既有道路主要位置人行横道有无增设过街音响提示装置：有□；无□

(5) 既有道路主要位置人行横道的安全岛能否满足轮椅通行：能□；否□

(6) 既有主要道路的人行天桥和人行地道有无根据需要增设轮椅坡道或无障碍电梯：有□；无□

12. 本市（区、县）新建小区是否均已达到无障碍建设标准：

是，全部达标□；多数达标，部分无障碍设施并不完备□；少数达标，大部分无障碍设施并不完备□

13. 本市（区、县）新建、改建、扩建公共停车场（库）是否设置了无障碍停车位：

是□；否□

14. 近三年来（2014—2017 年）本市（区、县）残疾人、老年人家庭无障碍改造户数：_____

15. 近三年来（2014—2017 年）本市、区、县对既有综合（专科）医院无障碍改造数量：_____

16. 近三年来（2014—2017 年）本市（区、县）对既有公共汽车站无障碍改造数量：_____

17. 近三年来（2014—2017 年）本市（区、县）既有居住小区建筑设施无障碍改造数量：_____

18. 近三年来（2014—2017 年），本市（区、县）因无障碍环境建设工作不力被行政处分的有关主管部门的工作人员共有__人，其中构成犯罪被刑事处罚的共__人；县级以上人民政府住房和城乡建设主管部门或者其他有关部门依据本《办法》纠正违法行为__件，罚款共计__元；公安机关对故意损毁无障碍设施形成进行处罚的案件共__件。

19. 本《办法》在哪些内容上最需要加以完善：（可多选）

适用范围□；职责、责任划分□；公众参与□；监察、评估机制□；处罚力度□

20. 您认为本《办法》在实际推进过程中的最大难点是什么？请给出相关的意见、建议。

PART THREE

第三编

# 法治政府建设

# 第八章
# 党政主要负责人履行法治建设第一责任人制度实施研究[*]

党的十八届四中全会作出的《中共中央关于全面推进依法治国若干重大问题的决定》（以下简称《决定》）明确指出："党政主要负责人要履行推进法治建设第一责任人职责。各级党委要领导和支持工会、共青团、妇联等人民团体和社会组织在依法治国中积极发挥作用。"[1] 为了贯彻落实这一精神，2016年12月，中共中央办公厅、国务院办公厅印发了《党政主要负责人履行推进法治建设第一责任人职责规定》（以下简称《职责规定》），并发出通知，要求各地区各部门遵照执行。2017年8、9月份，各省（自治区、直辖市）党委办公厅、省（自治区、直辖市）政府办公厅联合出台了《〈职责规定〉实施办法》或《〈职责规定〉实施细则》，如2017年9月，河北省委办公厅、省政府办公厅印发了《河北省党政主要负责人履行推进法治建设第一责任人职责实施办法》，从而使党政主要负责人履行法治建设第一责任人制度（以下简称"法治建设第一责任人制度"）逐步建立完善并落到实处。时至今时，"法治建设第一责任人制度"实施时间较短，实施效果尚待进一步评估。但结合该制度初步实践状况，在对该制度实施过程的关键要素分析基础上，从理论层面提出制度设计的合理化建议，应是当前该制度研究的重点。

## 一、法治建设第一责任人制度定性及其现实意义

### （一）法治建设第一责任人制度定性

中共中央办公厅、国务院办公厅印发的《职责规定》和各省党委办公厅、政府办公厅出台的《〈职责规定〉实施办法》共同构成党政主要负责人履行

---

[*] 本文系河北省人民政府法制办公室2017年度委托课题《党政主要负责人履行法治建设第一责任人制度实施研究》的结项成果。执笔人：伊士国。

[1] 《中共中央关于全面推进依法治国若干重大问题的决定》，http://cpc.people.com.cn/n/2014/1029/c64387-25927606.html，最后访问日期：2017年1月10日。

法治建设第一责任人制度体系。那么，该制度应如何定性呢？这要从《职责规定》《〈职责规定〉实施办法》或《〈职责规定〉实施细则》的性质谈起。我们认为，其应属于党和政府的政策性规定，但并不属于党政机关公文。原因在于，根据 2012 年 7 月 1 日《党政机关公文处理工作条例》的相关规定，党政机关公文的种类包括：决议、决定、命令（令）、公报、公告、通告、意见、通知、通报、报告、请示、批复、议案、函、纪要，曾存在于《中国共产党机关公文处理条例》（已失效）的"规定"并不在其中。而我们访问中国政府网（http://www.gov.cn）发现，搜索《职责规定》显示的文件路径为"首页>政策>中央有关文件"，若按"公文种类"模式逐一打开"决议、决定、命令（令）、公报、公告、通告、意见、通知、通报、报告、请示、批复、议案、函、纪要"，并不能找到该文件。可见，上述文件从性质来讲，属于政策性规定而非党政机关公文，更非党内法规或政府规范性文件。据此，法治建设第一责任人制度应是一种政策性制度，而不是一种法定制度。

（二）法治建设第一责任人制度的现实意义

党政主要负责人作为依法治国的重要组织者、推动者和实践者，是"关键少数"中的"关键"。正如习近平总书记指出："党政主要负责人要履行推进法治建设第一责任人职责，这是推进法治建设的重要组织保证。"❶ 2015 年底，中共中央、国务院印发《法治政府建设实施纲要（2015—2020 年）》指出：法治政府建设必须在党的领导下，全面提高政府工作人员法治思维和依法行政能力，落实党政主要负责人要履行推进法治建设第一责任人职责。❷ 继而，2016 年，中共中央办公厅、国务院办公厅印发了《职责规定》，明确了"关键少数"领导责任规范化制度化的要求。党政主要负责人履行推进法治建设第一责任人制度是法治国家、法治政府建设的关键一步，该制度有效运行也是全面落实依法治国战略的重要举措。

这是因为，全面推进依法治国是党中央站在我国历史发展新阶段作出的重大战略部署，事关经济社会发展的全局。"全面依法治国"又为其他三个"全面"提供法治保障，在新时代"四个全面"战略布局中具有非常重要的地位和作用。但与西方国家的法治建设相比，我国的法治建设具有鲜明的特色，其不是以司法为中心的，而是以执政党为核心的。坚持党的领导，既是

---

❶ 《习近平关于全面依法治国论述摘编》，中央文献出版社 2015 年版，第 126 页。
❷ 《法治政府建设实施纲要（2015—2020 年）》，http://politics.people.com.cn/n1/2015/1228/c1001-27982511.html，最后访问日期：2017 年 11 月 23 日。

中国特色社会主义法治的最本质特征，也是中国特色社会主义法治建设的根本保证。党的十八届四中全会作出的《决定》，在我们党的历史上第一次对党与社会主义法治的关系进行了界定，明确指出："党的领导是中国特色社会主义最本质的特征，是社会主义法治最根本的保证。把党的领导贯彻到依法治国全过程和各方面，是我国社会主义法治建设的一条基本经验。"[1] 因此，全面推进依法治国，必须坚持党的领导，关键是抓住领导干部这个"关键少数"。党政领导干部，特别是党政主要负责人是党的路线方针政策的执行者和推动者，是中国特色社会主义法治建设的主要推动力量，党政主要负责人自身的法治素养高低，无疑对我们整个国家的法治建设成效具有重要的乃至决定性的影响。因此，推动党政主要负责人切实履行推进法治建设第一责任人职责制度的建立是非常必要的。党中央、国务院高屋建瓴，通过中央文件使该制度落到实处。在法治建设中做出战略部署和顶层设计是习近平新时代中国特色社会主义法治思想的重要特点，党政主要负责人履行推进法治建设第一责任人制度是落实全面依法治国重大战略部署的关键一步，是党中央、国务院将马克思主义矛盾分析法的重点论运用到实践的体现，法治建设又关乎当前正在深入推进的各项制度改革进程。

## 二、关于法治建设第一责任人制度实施的要素分析

决胜全面建成小康社会新阶段，实现全面依法治国新当口，我们必须打赢法治建设这场无硝烟战争，问责只是手段，以问责倒逼法治建设责任落实才是目的。但目前法治建设第一责任人制度实施过程中有关的核心要素并不是很明朗，在很大程度上影响了这一制度的实施效果。我们应在正确理解该制度现实意义前提下，分析该制度实施的各个要素，以提出保障该制度实施的策略。

### （一）问责依据

对不履行或不正确履行法治建设第一责任人的党政主要负责人的追责要于法有据。要依照法定程序按照党纪和国法对中共党员和国家公务员分别实行问责，即对不履行或者不正确履行法治建设第一责任人职责的党政主要负责人要依法依规问责。现有党内问责法规约有一百余部，但对各级党委和政府主要负责人执行党的政策不力而问责的规定较少。且执行党的政策不力而

---

[1] 《中共中央关于全面推进依法治国若干重大问题的决定》，http://cpc.people.com.cn/n/2014/1029/c64387-25927606.html，最后访问日期：2017年1月10日。

问责的制度自身还有很多问题,诸如问责主体不明确、问责情形过于原则化、问责方式不统一等。当前,在党内法规体系建设方面,已经基本形成了以《中国共产党章程》为核心,以《中国共产党问责条例》为主导的党内问责体系。而《职责规定》指出:"党政主要负责人不履行或者不正确履行推进法治建设第一责任人职责的,应当依照《中国共产党问责条例》等有关党内法规和国家法律法规予以问责。"[1] 这一规定对党委和政府来说可谓"硬性规定",因为责任到人,可以有效避免法治建设工作中的相互推诿和逃避责任现象。一直以来,党的纪律检查部门秉承依法依纪、失责必问、问责必严的原则,教育、挽救了很多游离在违法犯罪边缘的同志。《中国共产党问责条例》明确规定,对党的领导弱化,未能贯彻落实党的路线方针政策、党中央的决策部署,出现重大失误,给党和人民利益造成损失的要问责;管党治党不力,不负责任,没有担当、搞一团和气的好人主义等其他失职失责情形也应当问责。《中国共产党党内监督条例》提出了党内监督的指导思想,明确了党内监督的责任主体和监督方式是对党员履行职责监督的重要依据。对失职失责应当给予纪律处分的,应当依照《中国共产党纪律处分条例》追究纪律责任,并运用《党政领导干部选拔任用工作条例》对"问题"党员干部考量后任用。例如,在甘肃祁连山环保事件中,党中央主要就是根据《中国共产党问责条例》《中国共产党纪律处分条例》《党政领导干部生态环境损害责任追究办法(试行)》等有关规定,按照党政同责、一岗双责、终身追责、权责一致的原则,对相关责任单位和责任人进行严肃问责的。[2]

对于政府主要负责人,还应区分其是否具有中共党员身份,才能援用不同的党内法规或国法。对于具有党员身份的政府主要负责人受到党内法规和《国家公务员处分条例》《中华人民共和国公务员法》和《中华人民共和国监察法》等法律法规的双重约束。对于非中共党员的政府主要负责人,没有履行好相应职责的,应按照《国家公务员处分条例》《中华人民共和国公务员法》和《中华人民共和国监察法》等法律处理。对违反法律、党内法规、规章以及行政机关的决定和命令,应当承担法律或纪律责任,涉嫌犯罪的党政主要负责人还应当移送司法机关依法追究刑事责任,譬如渎职罪。值得关注的是,2018年3月20日第十三届全国人民代表大会第一次会议表决通过的

---

[1] 《中共中央办公厅国务院办公厅印发〈党政主要负责人履行推进法治建设第一责任人职责规定〉》,http://www.gov.cn/zhengce/2016-12/14/content_5148026.htm,最后访问日期:2017年11月27日。

[2] 《祁连山生态环境破坏问题突出,甘肃省多名相关责任人被问责》,载《新快报》2017年7月21日。

《中华人民共和国监察法》，明确了其监察职责和监察对象，对党政主要负责人实现一定范围内的同责问责提供了可能。

（二）主体要素：问责主体、责任主体

问责主体是指对没有履行好法治建设职责的党政主要负责人进行责任追究的主体。上级党委是对下级党委（党组）、政府和职能部门推动履行法治建设职责的监督和问责主体，其中，党委书记是第一责任人，纪委（纪检组）部门起辅助作用。其承担着从中央到地方层层落实、层层监督党政主要负责人履行法治建设第一责任人状况的职责，也就是说，其既要履行好本层级的法治建设职责，又要领导、监督好下级党委、政府和各职能部门的法治建设工作。上级党委对下级党委（党组）、政府和职能部门问责决定应该由有管理权限的党组织作出，其中，对省级党委和政府、部委的问责决定由中共中央做出。根据《中国共产党问责条例》第8条的规定，对党的领导干部，纪委（纪检组）有权采取通报和诫勉方式问责，也可以提出组织调整建议或者组织处理建议，只有上级党委可以采取纪律处分方式问责，且要按照党章和有关党内法规规定的权限和程序执行。❶ 需要说明的是，对未能履行法治建设第一人职责的党政主要负责人进行问责工作，是党组织在权限范围内按照一定程序追究对党的政策执行不力的党政主要负责人政治责任的活动，是主体责任、监督责任和领导责任的统一体。

责任主体是指负有履行法治建设第一人职责的党政主要负责人。中央的《职责规定》适用对象为县级以上地方党委和政府主要负责人，还包括中共中央、国务院工作部门的主要负责人，县级以上地方党委和政府工作部门的主要负责人，乡（镇、街道）党政主要负责人。❷ 主要负责人具体范围如何界定？是一个机关正职，还是包括该机关分管法治职责的副职领导？对此，从"立法"原意来看，应将党政主要负责人界定为党政机关正职为宜，即负有履行法治建设第一人职责的党政主要负责人包括县级以上地方党委和政府"一把手"，还包括中共中央、国务院工作部门的"一把手"，县级以上地方党委和政府工作部门的"一把手"，乡（镇、街道）党政"一把手"。

---

❶ 《中国共产党问责条例》，http://cpc.people.com.cn/n1/2016/0718/c64387-28561177.html，最后访问日期：2017年12月12日。
❷ 《中共中央办公厅国务院办公厅印发〈党政主要负责人履行推进法治建设第一责任人职责规定〉》，http://www.gov.cn/zhengce/2016-12/14/content_5148026.htm，最后访问日期：2017年11月27日。

### (三) 问责情形及责任形式

习近平总书记指出:"对不认真履行第一责任人职责的党政主要负责人,上级党委要及时告诫和约谈,严肃批评。对一个地方、一个部门接二连三发生重大违法案件、造成严重社会后果的,必须严肃问责、依法追究。"❶ 实际上,对未履行或未正确履行法治建设第一责任人职责的党政主要负责人追责情形的实质是党的领导弱化,党的理论和路线方针政策、党中央的决策部署没有得到有效贯彻落实。具体表现为党政主要负责人在本地区或本部门推进法治建设不力,处置本地区、本部门、本单位发生的重大执法、司法案件出现重大失误,给党和政府形象造成不良影响,在社会上产生恶劣影响。党政主要负责人推进法治建设工作不力的失职失责行为具体包括:没有很好贯彻落实上级机关关于法治建设决策部署,或是在贯彻执行中打折扣;党委法律顾问制度、公职律师制度建设不足,党委文件、重大决策没有依法依规审查;处理公务中以权压法,徇私枉法,不依法律法规办事,干涉具体案件中的执法和司法工作;本区域内或本部门工作人员法治素养较低,法治宣传力度低,法治氛围不浓厚等。党政主要负责人在履行法治建设第一人职责过程中更有甚者可能触犯刑法,党政主要负责人在履行法治建设第一人职责时滥用职权、玩忽职守、徇私舞弊,给公共财产、国家和人民利益造成严重损失的还应移送司法机关,依照刑事诉讼程序追究刑事责任。

对失责的党政主要负责人问责方式主要有五大类,五大类又可以细分很多具体类型。五大类问责方式包括通报、诫勉、组织调整或组织处理、纪律处分和刑事处理。其中,通报就是在一定范围内通报批评或者责令其公开道歉;对于失责程度较轻的党政主要负责人可以采取谈话诫勉和书面诫勉的方式,《国家公务员处分条例》中的记过和记大过可以理解为一种诫勉方式,诫勉就是对责任对象及时批评教育;组织调整或组织处理的方式包括较多,具体方式呈现严厉程度递进的趋势,包括停职检查、调整职务、责令辞职、降职、免职降级、撤职、开除。纪律处分主要依据是《中国共产党纪律处分条例》,可以是警告、严重警告、撤销党内职务、留党察看甚至开除党籍。这里的问题是,如果某位失责的党政主要负责人同时担任两个以上党内职务时,如果对其进行撤销党内职务处分,是撤销其一切党内职务还是只撤销其某个党内职务? 这个应该予以明确。留党察看应直接宣布察看时间,一般是一年

---

❶《习近平关于全面依法治国论述摘编》,中央文献出版社 2015 年版,第 126 页。

或者两年,开除党籍五年内不能再入党。上述责任方式可以单独使用,也可以合并使用。例如,《中国共产党纪律处分条例》第一百一十三条第一款规定,不传达贯彻、不检查督促落实党和国家方针政策及决策部署,或者作出违背党和国家方针政策以及决策部署的错误决策,给党、国家和人民的利益以及公共财产造成较大损失的,对直接责任者和领导者给予警告或者严重警告处分;造成重大损失的给予撤销党内职务、留党察看或者开除党籍的处分。[1] 刑事处理是对党政主要负责人最严厉的处理方式,对于给党、国家和人民造成严重损失的党政负责人要依照刑法的规定,遵循刑事诉讼程序使之承担刑事责任。

### 三、保障法治建设第一责任人制度有效实施的建议

每一个制度从其诞生之初就受制于它的历史局限性,一是在制度设计时,总有制度设计者所考虑不周全之处,这种不足一般表现在制度实施前期阶段,缺陷也较为明显;另一种是制度经过一个较长时间的实践考验,在实践中暴露制度的缺陷,这种缺陷必须结合实践经验才能发现,表现得也较隐晦,不宜被发觉。法治建设第一责任人制度从中央的顶层设计到地方逐级的具体落实也就仅仅一段时间而已,在地域广袤、经济发展不平衡、风土人情复杂的当代中国,从实践经验入手,研究法治建设第一责任人制度存在的问题,再寻求解决方法的道路是不现实的。因此,我们将法治建设第一责任人制度置于党和国家对党员和公务员大的问责体系设计中,通盘考虑,分析法治建设第一责任人制度在实施中涉及的关键因素,结合《职责规定》本身的内容提出了保障法治建设第一责任人制度实施的合理化建议。

#### (一) 完善法治建设第一责任人制度

1. 扩展责任主体范围

从《职责规定》的内容来看,法治建设第一责任人制度适用的对象是县级以上地方党委和政府主要负责人,还包括中共中央、国务院工作部门的主要负责人,县级以上地方党委和政府工作部门的主要负责人,乡(镇、街道)党政主要负责人。[2] 我们认为,就法治建设职责的责任主体而言,存在两

---

[1] 《中国共产党纪律处分条例》,http://www.12371.cn/special/zggcdjlcftl/jlcftl/,最后访问日期:2017年12月14日。

[2] 《中共中央办公厅国务院办公厅印发〈党政主要负责人履行推进法治建设第一责任人职责规定〉》,http://www.gov.cn/zhengce/2016-12/14/content_5148026.htm,最后访问日期:2017年12月14日。

个问题。

一是从规定的字面出发做的文义理解，结合法治建设第一责任人制度责任到人，避免宽泛导致的不明确化的理念来看，党委和政府的主要负责人是不包括分管法治工作的副手，具体到政府就是不包括政府分管法治建设的副省长、副市长、副县长、副乡长、副局长等副手。但这些主管法治工作的副手却是某地或某部门法治建设的直接领导、组织者，而党委、政府的主要负责人，也就是"一把手"是主持一地区或部门全面工作，这些"一把手"势必在法治建设上精力不足，更可能欠缺法治建设的专业知识。而分管政法工作的副手往往都是法治经验丰富、法治理论水平高的负责人，不给这些副手负担足够的法治建设的责任，会导致权责不均衡现象，甚至出现有权无责的问题。而且从实践来看，上级部门在追究党政主要负责人履行推进法治建设第一责任人职责不力时，并不仅仅追究了党政部门"一把手"责任，也追究了分管法治建设工作副手的责任。例如，在甘肃祁连山环保事件中，因为在立法层面存在为破坏生态行为"放水"的行为，如《甘肃祁连山国家级自然保护区管理条例》历经三次修正，部分规定始终与《中华人民共和国自然保护区条例》不一致，将国家规定"禁止在自然保护区内进行砍伐、放牧、狩猎、捕捞、采药、开垦、烧荒、开矿、采石、挖沙"等10类活动，缩减为"禁止进行狩猎、垦荒、烧荒"等3类活动，而这3类都是近年来发生频次少、基本已得到控制的事项，其他7类恰恰是近年来频繁发生且对生态环境破坏明显的事项。2013年5月修订的《甘肃省矿产资源勘查开采审批管理办法》，违法允许在国家级自然保护区实验区进行矿产开采，❶据此，上级部门依据有关党内法规，对分管领导甘肃省政府党组成员、副省长杨子兴给予了党内严重警告处分。因此，应将责任主体范围予以进一步拓宽。

二是承担法治建设第一人职责的主体虽然已很广泛，但是仍不完善，因为除了县级以上地方党委和政府主要负责人，中共中央、国务院工作部门的主要负责人，县级以上地方党委和政府工作部门的主要负责人，乡（镇、街道）党政主要负责人外，广大直属事业单位、派出机构、国有企业主要负责人也承担着法治建设的重要职责，也应纳入法治建设第一责任人制度适用的对象范围。例如，《河北省党政主要负责人履行推进法治建设第一责任人职责实施办法》第十二条规定："县级以上地方党委和政府工作部门、直属事业单位、派出机构、国有企业主要负责人，乡（镇、街道）党政主要负责人，参

---

❶《祁连山环境破坏严重，甘肃副省长等多名高官被问责》，http://news.163.com/17/0720/19/CPQFBHKN00018AOQ.html，最后访问日期：2017年12月20日。

照本办法执行。"❶ 三是《职责规定》规定乡（镇、街道）党政主要负责人是最基层的责任主体，但却忽略基层最有活力的法治建设力量——村委会和居委会，这两个基层群众自治组织虽不是政府机关，村委会和居委会主要负责人却往往是中共党员，这些组织也长期辅助基层党政机关承担一定的行政职能，更重要的是，它们作为最基层的党组织与群众联系最密切，应当成为普法和解决民间纠纷于萌芽的核心力量，将其主要负责人纳入《职责规定》适用范围，参照《职责规定》执行，更有利于我国当前的法治建设工作，也有利于彻底解决法治建设"最后一公里"问题。

2. 构建法治建设成果评估体系

《职责规定》关于党委、政府主要负责人具体职责的规定总体上是细致的，具有较强的操作性，然而对于一地区或一部门在特定时间内法治建设的总体水平衡量起来难度却很大。而要保障法治建设第一人制度的有效落实，就必然要对没有履行好法治建设第一人职责的党政主要负责人追究责任，但对党政主要负责人进行追责容不得丝毫随意性，必须有理有据，且程序合规合法。因此，有必要把衡量法治建设工作成果的工作制度化、程序化，即构建合理的法治工作建设成果评估体系，以正确评估一地区或一部门在特定时间内法治建设的总体水平，为保障法治建设第一人制度的有效落实提供标准和依据。正如习近平总书记指出："要抓紧对领导干部推进法治建设实绩的考核制度进行设计，对考核结果运用作出规定。还要制定具体规定，讲清楚党政主要负责人在推进法治建设方面要履行的具体职责，让大家明白需要做什么、怎么做。"❷

一般说来，法治建设成果评估体系应当包括评估标准、评估程序和主体选择。评估标准要与法治建设内容相一致，应当包括立法、执法、司法和守法等各个环节。我们设计的法治建设评估标准的要素有：一是政治要素。具体包括：（1）公众参与国家和社会管理程度；（2）党委、政府重大决策的民主性、公开性、透明性；（3）村委会、居委会达到的自治程度。二是立法要素。具体包括：（1）法律法规和规章等制定的完备和系统化程度；（2）法规和规章等制定内容和程序的合法性；（3）法规和规章等的稳定性。三是行政要素。具体包括：（1）政府行政行为依法履行程度；（2）治安状况；（3）执法机构设置合理程度和整合机构力度；（4）行政监督状况；（5）违法行政的

---

❶ 《河北省党政主要负责人履行推进法治建设第一责任人职责实施办法》，http://hbrb.hebnews.cn/pc/paper/c/201709/12/c21143.html，最后访问日期：2017年12月21日。

❷ 《习近平关于全面依法治国论述摘编》，中央文献出版社2015年版，第127页。

问责机制；（6）行政复议、行政诉讼案件数。四是司法要素。具体包括：（1）司法独立；（2）司法公正；（3）司法机关的司法事务独立运行而不受政治权力干预的情况；（4）一审案件上诉率；（5）抗诉案件率；（6）二审改判率。五是其他因素。具体包括：（1）公民法律意识和普法教育要素；（2）党政干部法律培训比率；（3）政府普法宣传栏设置数量；等等。❶

  此外，还要明晰法治建设成果评估程序和主体选择，保障法治评估对象被公平公正对待。程序设计的核心思路是多方面结合，避免评估的片面性。完整的评估程序应当是内部评估与外部评估相结合、专家评审与公众参与相结合的"两结合"程序机制。对于评估主体的选择，既可以由党政部门进行评估，也可以由第三方主体进行评估。尽管由党政部门进行评估具有权威性和信息掌握丰富等优点，但由党的机构或者政府部门评估却有其局限性，有既当运动员又当裁判员的嫌疑。为了增加公众对评估结果的认可度，我们建议引入独立第三方主体进行法治评估。"独立第三方的评估最大的价值倾向就是评估结果的客观公正性。因为它超然于法律法规制定与执行的公共部门之外，与法律法规没有密切的利益关系，在很大程度上保证能够客观、公正地进行评估。"❷ 这个第三方主体既要独立于党政部门，又要具备一定的专业性，考虑到我国的具体国情，我们认为，高等院校、科研院所、以中国法学会为首的各级法学会等可以承担这个第三方评估的角色。

  3. 落实制度运行的监督机制

  应该看到抓落实最好的手段是制度考核。政绩是党政领导干部执政一方成果的集中体现，是上级机关考察领导干部综合能力的重要指标，事关领导干部的政治前途。坚持党的领导是中国法治建设的鲜明特征，也是实施党政负责人履行法治建设职责第一责任人制度首要要求，这一要求的基本内涵是上级党委对下级党政领导干部的领导和监督。《职责规定》将党政主要负责人履行法治建设情况纳入上级党委考察下级党政主要负责人政绩考核的指标体系。这就意味着上级党委要对下级党政主要负责人履行法治建设第一人职责情况进行监督检查，考察周期安排要合理，两次监督检查的时间间隔长短适宜，同时，下级党政主要负责人也要积极主动将其职责范围内的法治建设情况汇报给上级党委。也就是说，法治建设成果将同经济建设成果一样成为考察领导干部能力、决定领导干部任用的重要依据之一。考核就像指挥棒一样，指挥各级党政主要负责人将本地区或本部门的法治建设工作落到实处，将法

---

❶ 卢宇、周景雅：《法治建设绩效评价体系构建研究》，载《江西财经大学学报》2015 年第 5 期。
❷ 汪全胜等著：《立法后评估研究》，人民出版社 2012 年版，第 67 页。

治建设作为选人用人的导向。对履行法治建设职责考核不合格的党政主要负责人要依法依规处理,对在法治建设工作中取得优异成绩的党政领导干部要及时奖励,做到奖惩分明。

上级党委是法治建设监督的主要主体,上级党委领导下级党政机关制定法治建设的大政方针,给下级党委和政府分配法治建设的任务,这种"领导"从本质上来讲是一种事前的监督。上级党委随着时代发展的新特点不断改进领导方式,增强党领导法治建设的作用。上级党委要把握法治建设和政策实施的大方向,领导制定法治建设的基本框架,完善党的基本路线、方针和政策,处理好同政府在法治建设的分工,领导法治工作开展但不干涉具体制度的实施。法治建设工作开展要有紧迫感,但也不能操之过急,要有步骤、有策略逐步解决建设过程中的难题。我们改革进入深水区,法治建设面临更多的问题和挑战,因此,更要稳扎稳打,稳步推进。反之,不断完善的法治,是保障经济快速发展、社会秩序井然有序、党群关系更加和谐的必然要求。且良好的法治环境有利于党的领导顺利有序进行。党的领导又是全方位的,包括党对立法工作、司法和执法的法治运行全过程,具有总揽全局的特点。

要切实保障"法治建设第一责任人"履行职责,就必须加强党委对法治建设的领导,认真做好法治建设工作的事前监督。也要强化法治建设过程中的监督考察,做好法治建设工作的事中监督。更要做好事后监督,即将"法治建设第一责任人"履职的情况以多种方式汇报给上级党委,如将法治建设成果纳入领导干部年终述职的内容,对法治建设成果的考核作为法治建设的事后有效监督。总之,要强化上级党委对下级党政主要负责人的监督检查,对履行法治建设职责不利的党政主要负责人,采取严格的"一票否决制",将法治建设成果作为领导干部评优和任用的重要依据。

(二) 提高党政主要负责人履行法治建设职责的能力

党政主要负责人法治建设能力的提升应从内、外两个层面考虑,改变党政主要负责人以往陈旧的法治观念是首要任务,行动是思维的外化,法治观念应该是一个党政领导处理政务中法治思维的根基。党委和政府中法制科(处)是党政领导干部专职的法律智囊机构,是党政主要负责人最得力的法治建设助手,有助于提高党政主要负责人的法治建设能力。

1. 改变党政主要负责人法治观念

"法治的根基在于人民发自内心的拥护,法治的权威也来自于人民的全力维护。要营造'全民信法、全民守法'的社会氛围,关键是全体社会成员信仰法律。"❶ 党政主要负责人是"关键少数"中的"关键",其法治观念和法治素养更是直接关乎法治建设的成败。习近平总书记多次强调:要紧紧抓住领导干部这个全面依法治国的"关键少数",把法治观念强不强、法治素养好不好作为衡量干部德才的重要标准。能否打好提高党委、政府工作人员的法治思维和依法执政、依法行政能力这套组合拳,是否切实改变以往权大于法、以权压法的执政理念,直接决定一地区或一部门法治建设的成败。

要改变党政主要负责人法治观念,提升其法治素养,关键在于党政主要负责人要善于运用法治思维和法治方式审视工作中遇到的问题,勇于运用法治方式破解遇到的难题。宪法和法律是党政机关开展法治建设工作的首要行为准则,坚持宪法法律之上,绝不可以言代法。党政主要负责人履行法治建设第一责任人制度要坚持以宪法为核心,履行职责和追责问责要于法有据。法治建设表现在立法、司法、执法和守法的方方面面,党政主要负责人要牢记职权法定的理念,把握好权力的边界,不能违法是基本底线,坚持法无授权不可为。要始终牢记,"依法治国所治之对象,虽然从字面上讲是社会的全体成员,但关键是执政者"。❷ 不能违法是底线,但总有不能坚守这一基本底线的党政干部,说到底,这一现象不外乎是法治观念淡薄造成的。现实生活中,部分领导干部特别是少数党政主要负责人不能充分认识全面依法治省(市)、加快当地法治建设的重要性、艰巨性及紧迫性,组织领导和推动工作力度不够;有的法治观念非常淡薄,习惯于运用行政命令的方式管理国家和社会事务,自觉运用法治思维和法治方式深化改革、推动发展、化解矛盾、维护稳定的能力不强,严重影响了党和政府在人民群众中的形象,影响法治建设的进程。法律规定是道德的最底线,一个都能冲破法律的党政干部,其自我道德约束又从何谈起?因此,党政主要负责人法治观念和法治素养是影响法治建设第一责任人制度实施的重要因素。

党政主要负责人在履行法治建设第一人职责时,要有开放意识,树立全球化眼光。法治是人类文明进步的标志,法治建设经验是人类的共同财富。法治,不再是西方独有,开始受到不同社会、文化、经济和政治制度国家的推崇,法治发展程度已然成为衡量一国文明发展程度的重要尺度。正如有学者指出:"迄今为止,人类历史经验表明,法治建设是最为成功的治国理政方式。依法治国是人类社会进入现代文明的重要标志,也是国家治理体系和治

---

❶ 王利明:《迈向法治——从法律体系到法治体系》,中国人民大学出版社2015年版,第174页。
❷ 严存生:《法治的观念与体制——法治国家与政党政治》,商务印书馆2013年版,第15页。

理能力现代化的基本特征。"❶ 党的十五大吹响了我国依法治国的号角,我国开始走向中国特色社会主义法治国家建设的征程。党的十八届四中全会以来,我国法治建设站在新的、更高的起点上,深化依法治国实践是新时代我国法治建设的主要任务和核心目标,这对党政主要负责人的法治观念和法治素养提出了更高的要求。

2. 充分发挥法治部门专业特长

要提高党政主要负责人履行法治建设职责的能力,还需要进一步规范党政机关内设的法制科(处)职责,强化法制科(处)的辅助作用。党政机关内设的法制科(处)是机关综合性职能部门,是法治宣传、法律规范研究及执法监督的主管部门,是机关法治建设的中坚力量。党政主要负责人是一个机关的领导者,主持该机关的全面工作,有其专业特长,但并非都擅长法学,特别是理工科背景的党政主要负责人,可能法学知识十分匮乏。所以,党政主要负责人在法治建设工作中很大程度依赖于法制科(处),法制科(处)工作人员的专业化水平往往影响甚至决定一个机关法治建设水平。近年来,社会主义法治建设进行得如火如荼,中央要求不断加强各机关法治部门建设,明确法治部门职责,强化其在机关涉法职责履行中的作用,保证该机关依法执法、依法行政。具体来讲就是党政机关主要负责人严格依法依规决策,落实党委政府法律顾问制度、公职律师制度,加强对党委文件、政府重大决策的合法合规性审查,保证党政重大问题决策适法、绝不违法。

我国法治建设面貌日新月异,法学知识不断更新,这就势必要求加强党委、政府工作人员的法治教育培训,特别是党委和政府机关法治机构工作人员的培养;党政法治机构系统学习中国特色社会主义法治理论;健全法治机构人员法治能力考查测试制度;从法治实践角度提高党委、政府工作人员法治思维和依法执政、依法行政能力。在党政机关重大决策和执法过程中,要特别注重发挥党政机关中法治机构的法治把关作用,必要时邀请法律顾问和法律专家进行相应的咨询论证、审核把关,提出法律方面的建议,并认真落实"谁执法谁普法"的普法责任制。尽管法治建设应由党政主要负责人主导,但普法工作应由各个法治机构完成,要把法治宣传教育融入法治实践全过程,在法治实践中加强法治宣传教育,不断提高国家机关法治宣传教育的实际效果,也要推动执法人员在个案执法中提高自身法治素养和依法行政能力。

---

❶ 王利明:《迈向法治——从法律体系到法治体系》,中国人民大学出版社2015年版,第10页。

## 结　语

党中央在总结中国法治实践经验基础上，进行了一系列法治建设方面的顶层制度设计，但它们毕竟是有待进一步雕琢的璞玉，都要经受长时间实践风霜的洗礼。中国地域辽阔，人口众多，风土人情、法治文化多样，党政主要负责人履行法治建设第一责任人制度实施之初，在实践中问题暴露不够充分，本文仅从理论层面对填补该制度的设计缺陷和制度实施保障两方面展开了研究。持续关注该制度的实施，发现该制度在实践中存在的问题，提出相应的解决策略是我们下一步研究的重点。

# 第九章
# 加强和完善河北省行政调解制度研究[*]

行政调解是一种现代政府治理模式，其将行政权与公民权融合统一，能够最大限度地帮助双方当事人实现利益平衡，有效化解社会纠纷及矛盾，是公民社会重要的权利救济途径，在社会稳定方面发挥着非常重要的作用。河北省委、省政府办公厅早在2007年就印发了《关于进一步加强行政调解工作的意见》（冀办发［2007］26号）部署此项工作，但为适应新的形势需要、落实全面依法治国的新要求，我们有必要对行政调解制度作进一步研究和完善，寻求一条更具操作性、协调性、持续性的行政调解发展路径，通过规范实务进而带动相关立法进程。

**一、研究的背景、目的及意义**

**（一）研究背景**

深度转型期的中国面临着前所未有的利益多元碰撞、矛盾纠纷丛生的局面，这不仅考验着国家在具体事件中定纷止争的能力，而且在更深远的层次上涉及整个社会系统的和谐运转。20世纪90年代以来，伴随着司法崇拜观念的逐渐式微，替代性纠纷解决机制或称诉讼外纠纷解决机制（ADR，即 Alternative Dispute Resolution）因其自身具有的反思性和柔韧性而受到普遍关注。早在2004年3月，国务院颁布了《全面推进依法行政实施纲要》，提出了建设法治政府的奋斗目标，并提出要"积极探索高效、便捷和成本低廉的防范、化解社会矛盾的机制，充分发挥调解在解决社会矛盾中的作用"。如果说上述纲要只是重新将"调解"这一具有中国传统与中国特色的ADR形式笼统地提上议事日程的话，那么2010年10月国务院在《关于加强法治政府建设的意见》中更明确地将"行政调解"作为极其重要的解纷方式之一予以强调，提

---

[*] 本文系河北省人民政府法制办公室2015年度委托课题《加强和完善河北省行政调解制度研究》的结项成果。执笔人：王琳。

出"要把行政调解作为地方各级人民政府和有关部门的重要职责,建立由地方各级人民政府负总责、政府法制机构牵头、各职能部门为主体的行政调解工作体制,充分发挥行政机关在化解行政争议和民事纠纷中的作用"。这与我国和谐社会建设、服务型政府建设、行政权由绝对刚性向刚柔并济转换的趋势完全契合。2014年10月党的十八届四中全会作出的《中共中央关于全面推进依法治国若干重大问题的决定》和2015年12月国务院印发的《法治政府建设实施纲要(2015—2020年)》,分别再次强调行政调解在化解社会矛盾纠纷中的重要意义,要求我们进一步完善公正、高效、便捷、成本低廉的多元化矛盾纠纷解决机制,充分发挥行政机关在预防、解决行政争议和民事纠纷中的重要作用。目前,国家法制办正在积极酝酿出台《行政调解条例》,尽管这一条例尚未正式出台,但大量的法律、行政法规、部门规章、地方性法规、地方政府规章与一般性规范文件都对行政调解问题有所涉及。广义上的行政调解立法已不胜枚举,各地的行政调解实践如火如荼。北京市、四川省、河北省、广东省、山东省、湖南省、陕西省、浙江省、江苏省、青海省、重庆市、新疆维吾尔自治区、宁夏回族自治区等都在积极展开对行政调解的理论研究和实践探索。作为ADR重要组成部分的行政调解制度的功能在这一背景下被激活,越来越受到国家和社会的青睐。❶

具体到河北省实际,河北省在深刻的社会转型过程中正面临着巨大的发展契机,同样也承受着巨大的挑战。2014年2月26日,中共中央总书记、国家主席习近平在听取京津冀协同发展专题汇报时强调:"实现京津冀协同发展是一个重大的国家战略,要坚持优势互补、互利互赢、扎实推进,加快走出一条科学持续的协同发展路子。"同年3月5日,国务院总理李克强在政府工作报告中指出"加强环渤海及京津冀地区经济协作"。由此,被视为经济增长"第三极"的京津冀一体化上升为国家战略,进入提速期,其发展已超乎预期。河北省面临着新的功能定位、格局整合,可以预见的是,在城市建设、产业结构调整、生态治理、人口流动等巨变过程中,利益冲突将更加新型、更加频繁、更加显性,如何积极发挥纠纷调处机制的功能,以消解社会矛盾、救济公民权益、维护稳定的社会秩序、提升治理水准,极大考验着河北省各级政府的执政能力。2015年5月,为深入贯彻落实党的十八大、十八届三中四中全会和省委八届九次全会精神,深入推进依法行政,加快建设法治政府,加速推进河北省经济发展和社会转型,河北省政府研究出台了《河北省人民

---

❶ 章志远:《信访潮与中国多元化行政纠纷解决机制的重构》,载《法治研究》2012年第9期。

政府关于深入推进依法行政加快建设法治政府的实施意见》，要求健全依法维权和纠纷化解机制，畅通矛盾纠纷化解法定渠道，进一步规范行政调解程序，完善行政调解与人民调解、司法调解的联动工作体系，形成调解合力。在上述大背景下，深入研究探讨河北省的行政调解制度，进一步明确行政调解范围，完善行政调解机制，规范行政调解程序，具有重要的理论意义和实践价值。

(二) 研究目的

正如有学者提出的那样："在高速发展的人际关系中进行沟通的行政法不仅要坚守传统行政法学的根基，更要注意关注社会，回应现实需求，在'大胆假设、小心求证'的道路上勇于突破。在'服务行政'理念'声势浩大'的浪潮中，行政调解是纠纷当事人、行政主体、人民法院乐意选择的有效的纠纷解决途径之一。故此，对行政调解的任何关心都不为过。"[1] 虽然我国对行政调解这一纠纷解决机制功能性的认知已经基本得到了普及，但不可否认，在其制度形成和运用中还存在着诸多问题。相对于已经较为成熟的人民调解、司法调解而言，行政调解处于"短板"地位。我们不禁要反思的是：涉及行政调解的规范性文件不可谓不多，各地探索行政调解的模式不可谓不多，为何还是无法使得我国的行政调解制度摆脱疲软状态，发挥其应有的制度功效？未来的行政调解制度应该遵循什么样的思路进行制度架构？如何设计行政调解制度的配套运行机制？

为了回答上述问题，我们将从以下几个方面展开研究。

首先，将"行政调解"的概念界定为研究的逻辑起点。对概念的厘清关系到对行政调解主体、行政调解范围、行政调解原则等诸多方面的定位，要想改变我国当前混乱的行政调解现状，必须从正确界定行政调解概念入手。

其次，对行政调解进行法律文本解读，梳理上位法与下位法、各地方相关规范性文件之间错综复杂的关系，取长补短，为《河北省行政调解工作若干意见》《河北省行政调解规定》的出台提供文本依据。

最后，通过数据考察和实地调研的方法，深挖我国行政调解制度在实际运作中的阻碍性因素，以达到对河北省行政调解工作有序、有效开展有针对性指导之目的。

---

[1] 黄学贤：《行政调解几个主要问题的学术梳理与思考——基于我国理论研究与实践发展的考察》，载《法治研究》2014年第2期。

## (三) 研究意义

近年来，行政调解这一 ADR 形式之所以备受关注，缘于其自身所蕴含的丰富的法理价值与社会价值。法理价值系行政调解制度的基础价值，包括了公正、效率、自由与秩序，而社会价值则通过该制度运转给整个社会带来的利益性来衡量。行政调解制度达到了法理价值与社会价值的完美融合，对其进行深刻发掘和良性引导，对处于深度转型期的我国意义重大。

首先，行政调解能够最大限度地帮助当事双方实现利益衡量，发现利益取舍的黄金比例。对纠纷采用"一刀两断式"的解决方法往往并不能使实质的正义得到实现。司法对"公正"执拗地强调，在另一种程度上则意味着对个体利益关注度的降低，一次"正义"的审判有时甚至由于刻板、不具有疏导性而带来更深远的"不正义"。行政调解首先具备了"调解"这一纠纷解决机制柔性、恢复性等特质，同时由于主体自身具有的专家优势和权力资源，很容易得到当事双方的信任。通过积极疏导和利益协调，能够促使当事双方根据自身状况完成利益分析，发现并接受对双方有益的调解方案，实现双赢的结果，即"成则双赢，不成也无输方"。[1] 这无疑才是"正义"的可持续性发展，从根本上化解个体纠纷，维护社会整体秩序。

其次，行政调解是行政主体转变行政职能，实现"善治"的有益探索。伴随着市场经济和民主法治的发展，政府的行政理念亦悄然发生了转变。特别是进入 21 世纪以后，传统的"管理—服从"式行政逐渐转向"服务—合作"型行政。建设法治政府、服务型政府的呼声越来越高，极大推动着政府行政职能的转变，也考验着各级政府的治理水平。正如罗豪才教授指出的"现代行政法在价值取向上已不再拘泥于传统的控制、制约和监督行政权，而是要求行政机关在依法行政的基础上，尽最大努力提高行政效能、增加人民福祉，让人民能够'自由地追求自由'"。[2] 行政调解是行政民主化浪潮不断高涨而衍生出来的一种现代行政管理新模式，它以其自身所具有的制度优势有效融合了行政权与公民权，在救济权利、排解纠纷、稳定秩序的同时发挥了引导社会良性发展的功效，能够实现"借疏导来引导"的作用，而后者的意义更为深远。现代法治政府在实现其社会管理职能过程中强调权力向度的多元性、相互性，这与"善治"理论一脉相承，也必然带来管理方式与管理手段的变迁。行政调解制度为实现新型政府的"善治"提供了有效路径。

---

[1] 李婷婷：《行政调解制度研究》，硕士学位论文，天津师范大学，2010 年。
[2] 罗豪才：《现代行政法治的发展趋势》，法律出版社 2004 年版，第 15 页。

最后，行政调解与和谐社会建设达成了内在统一。自十六届四中全会提出构建社会主义和谐社会以来，它业已成为全社会的共同话题和奋斗目标。资源的有限性与欲望的无限性之间的矛盾使得纠纷无处不在，"和谐社会"也并非没有纠纷的社会，我们在判断社会是否"和谐"时，标准之一应该是这个社会是否具有有效的纠纷排解机制，给对抗情绪有益的出口，尽可能平息矛盾，达到各方主体的和谐共处。行政调解中，行政主体以柔性的方式介入纠纷，使当事人可以在享受经济、便捷、保留尊严的情况下达成解纷方案，这正与和谐社会理念中的"和为贵"思想相吻合。在行政调解过程中，公民对政府的认同感增强，另一层面又强化了意识自治，"和谐"所强调的人本、安全、诚信、稳定、正义等理念均有所体现。

**二、核心概念界定与理论基础**

**（一）核心概念界定**

研究行政调解制度的理论与实践，必须首先以对"行政调解"这一核心概念正确定位为逻辑起点。对概念认知的混乱必然导致对行政调解主体范围、受案范围、调解原则、调解手段等多方面认知的混乱，不利于制度的架构。

有关行政调解的概念，有的学者认为"行政调解为国家法定的行政主管机关依法对其隶属的行政机关之间，行政机关与社会团体、企事业单位之间，以及行政机关与公民之间因行政管理问题发生争议后进行的调解"。[1] 有的学者认为"行政调解是在争议双方当事人自愿的基础上，行政机关在其行使行政管理的职权范围内，主持双方进行协商，达成协议从而解决纠纷的活动"。[2] 有的学者认为"行政调解是国家行政机关秉承中立的立场主持平等主体之间的民事纠纷，在双方当事人自愿的前提下，对属于法律规定的纠纷范围，通过协商等多种方式，促使纠纷双方相互退让，从而达成协议"。[3] 罗豪才认为行政调解是"由国家行政机关出面主持的，以国家法律和政策为依据，以自愿为原则，通过说服教育等方法，促使双方当事人平等协商、互让互谅，达成协议、消除纠纷的诉讼外活动"。有的学者则把行政调解定义为"行政机关对其主管范围内的民事争议和特定的行政纠纷，依照行政法律规范和有关政策的规定，在当事人自愿的基础上，通过说服和教育的方法，促使当事人友

---

[1] 曾祥斌：《调解制度论略》，载《高等函授学报》2000 年第 1 期。
[2] 马佳：《论我国行政处理民事纠纷机制的完善》，载《湖北行政学院学报》2007 年第 1 期。
[3] 刘雄：《论我国行政调解存在问题与对策》，硕士学位论文，辽宁大学，2012 年。

好协商、达成协议，从而解决争议的诉讼外调解活动"。❶

上述概念界定基本勾勒出行政调解的内涵，但深入分析不难发现，它们又与现代行政理念出现了一定程度上的脱节。首先，行政调解的主体不应局限为"行政机关"，这是由现代社会行政权向社会转移所决定的。为了既与行政主体多元化趋势相匹配，又不至于超越现实、"步子迈得太大"，❷ 我们主张将行政调解的主体限定为"行政主体"，即既包括行政机关，又包括法律、法规、规章授权的具有公共管理职能的组织。其次，行政调解的范围，有的学者界定为行政争议，有的学者界定为民事争议，有的认为应该两者兼具，有的采取笼统、模糊的界定方式。为了充分发挥行政调解的制度优势，我们主张扩大行政调解的范围，将其界定为"行政机关或者法律法规授权的具有管理公共事务职能的组织在行使职权过程中，与公民、法人或者其他组织之间，因行政管理产生的行政纠纷"和"公民、法人或者其他组织之间与行政管理有直接或间接关联的民事纠纷"。再次，行政调解无疑要依法进行，但由于其自身的制度特性，我们主张以"不违反法律的禁止性规定"为标准。行政调解的依据除了法律之外，还要拓展到国家政策以及公序良俗，唯有如此才能更好达到调解效果，消除刻板，体现其作为 ADR 的制度优势。最后，行政调解的方式也要突破传统的"说服教育"的藩篱，一切体现"福利行政法"时代的服务与合作、信任与沟通的非权力性、非强制性手段都应该被视为有益手段。

综上，行政调解的概念应该界定为：行政机关和法律、法规、规章授权的具有公共管理职能的组织，对与其行政职权相关的民事争议与行政争议，以当事人自愿为原则，以国家法律、政策和公序良俗为依据，进行疏通、调停、斡旋，促使当事人友好协商，达成协议的一种化解纠纷的活动。

### (二) 理论基础

#### 1. 平衡论

平衡论是罗豪才教授提出的一项现代行政法学理论，针对我国传统行政法的结构性失衡，旨在实现权力与权利的平衡。平衡理论认为，"为了维护社会公共利益，一方面应当赋予行政机关必要的权力；同时又必须维护公民的

---

❶ 崔卓兰：《行政法学》，吉林大学出版社 1998 年版，第 210 页。
❷ 有的学者主张将行政调解的主体直接扩大到参与公共事务治理和服务的行政组织和社会组织。笔者对此类观点持保留态度，这种改革的思路有超越现实之虞，与我国当前的法治状况以及公民社会的成熟程度不相匹配。

合法权益，强调行政公开，要重视公民的参与和权利救济，并对行政权进行监督，这两方面同等重要"。[1] 由此，平衡论强调在一定程度上适当弱化行政权的强制性，审慎使用例如行政命令、行政制裁、行政强制等手段，运用制约、激励与协商机制，充分发挥行政主体与相对方的积极能动性，维护法律制度、社会价值的结构均衡，促进社会整体利益的最大化。平衡论倡导寻找公权力主体和私权利主体之间的关系纽带以解决和突破均衡问题，这个关系纽带就包含了行政调解制度。[2] 行政调解制度与平衡理论的内涵完全契合，对与行政职权相关的争议在采用柔性的处置方式时，行政主体以第三方身份居中调停、斡旋、疏导，通过普法、说理促成纠纷解决，符合平衡论所倡导的平等、民主、宽容等现代行政法的精神。[3]

2. 正当程序论

该理论起源于英国的《自由大宪章》，后在美国得到发展，进而在世界各国得以传播，成为现代法治国家共同推崇的一项法治原则。正当程序理论具有两个基本功能：一是防止公权力滥用；二是保障人权。其最初源于"自己不做自己的法官"和"权力机关在作出决定之前，必须给予公民充分的解释和申辩的权利，并保障公民对该权利行使的机会和条件"的"自然正义"原则。后经发展，正当程序理论自身已经蕴含了公开、公平、民主、参与、效率、效益等多项现代民主程序原则。该理论的适用范围也由最初主要适用的司法领域，拓展到行政领域和其他所有国家公权力领域。正当程序理论为行政调解制度的构建提供了理论支撑：它要求行政主体在主持调解时始终保持中立无偏；要求行政主体在调解过程中对双方当事人进行有效的释明；要求提高当事人的参与度，使之能够自由进行利益表达；要求纠纷平复的高效，不拖沓，不收取费用。

3. 善治理论

善治作为一种重要的理论思潮，兴起于20世纪90年代西方法治国家。善治的本质特征就在于"它是政府与公民对公共生活的合作管理，是政治国家与公民社会的一种新颖关系，是两者的最佳状态"。[4] 善治理论强调政府治理的目的是服务，即为公众提供更为充分的公共产品，使其享有更高满足度的公共管理。[5] 由此，政府治理的方式必然随之发生扭转，传统自上而下的单

---

[1] 罗豪才：《现代行政法的平衡理论》，北京大学出版社1997年版，第37页。
[2] 梁圆圆：《法治视野下行政调解制度的定位与价值分析》，硕士学位论文，山西大学，2011年。
[3] 郭德泽：《行政调解制度研究》，硕士学位论文，安徽大学，2011年。
[4] 俞可平：《民主与陀螺》，北京大学出版社2006年版，第85页。
[5] 陈广胜：《走向善治》，浙江大学出版社2007年版，第101页。

方压制转变为上下互动,由管制变为合作。在行政管理领域,以相对人对政府行为及行政法规范的拒绝、对抗为假设,并试图通过施加某种威慑,甚至惩罚加以治服的强制治理现象,正在与社会现实和治理目标愈发脱节,而善治已经逐渐成为政府治理的主要方式。❶ 行政调解制度的制度内核与善治理论一脉相承。行政主体主持的行政调解可以视之为纠纷当事人提供的公共服务,在调解过程中,行政主体要提供其信息优势、专家优势和权力资源给纠纷当事人,而当事人才是最终的决断者,体现了其参与性,行政调解协议的达成与执行充分体现了契约精神。

### 三、全国及河北省行政调解工作现状

#### (一) 行政调解的立法现状

从学理上讲,广义的"立法"包括了从中央到地方一切国家机关制定和变动各种不同规范性文件的活动。虽然我国目前尚没有一部统一适用的《行政调解法》,但对行政调解制度的相关立法却形式多样、十分庞杂。

在法律与行政法规这样的高位阶立法层面,尚没有专门、直接以"行政调解"命名的规范性文件,有关行政调解的法律条文零星分布于相关立法当中。经统计,我国目前对行政调解有所涉及的法律、行政法规共计61部(其中法律28部,行政法规33部),比如:《中华人民共和国道路交通安全法》第七十四条规定对交通事故损害赔偿的争议,当事人可以请求公安机关交通管理部门调解,也可以直接向人民法院提起民事诉讼;《中华人民共和国农村土地承包法》第五十一条规定因土地承包经营发生纠纷的,双方当事人可以通过协商解决,也可以请求村民委员会、乡(镇)人民政府等调解解决;《中华人民共和国突发事件应对法》第二十一条规定县级人民政府及其有关部门、乡级人民政府、街道办事处、居民委员会、村民委员会应当及时调解处理可能引发社会安全事件的矛盾纠纷;《工商行政管理所条例》第六条第三款规定工商所的职责包括监督检查辖区内经济合同的订立及履行,调解经济合同纠纷;《奥林匹克标志保护条例》第十条规定进行处理的工商行政管理部门应当事人的请求,可以就侵犯奥林匹克标志专有权的赔偿数额进行调解;《医疗事故处理条例》第四十八条规定已经确定为医疗事故的,卫生行政部门应医疗事故争议双方当事人请求,可以进行医疗事故赔偿调解。

---

❶ 朱德宇:《行政调解制度的法理分析》,硕士学位论文,南京师范大学,2014年。

仔细研读法律、行政法规中涉及行政调解问题的规定，可以发现存在以下问题：第一，行政调解在各部法律、行政法规中多以一至两个条文的形式出现，数量十分有限，且行政调解的地位不独立，被作为其他行政执法程序的附属；第二，可以进行行政调解的纠纷类型有一定局限性，与我国当前的社会发展现实以及可以预见的未来不相适应；第三，涉及行政调解的条文多规定行政调解的提起前提为"当事人申请"，没有体现出在某些涉及社会公益，以及人数较多、影响较大、可能影响社会稳定的争议纠纷中，行政主体应该依职权主动进行调解，以发挥其社会治理的职能；第四，行政调解在这些法律、行政法规中都只是被笼统地、模糊地提及，欠缺制度操作性；第五，大多数条文都采取了"可以"调解的表述方式，忽略了调解在某些特定案件中的优势地位，比如《道路交通安全法》就将交通事故处理中的行政调解由法定前置程序更改为选择性程序。这种立法方式弱化了行政机关和基层政府解决纠纷的权力，可能会致使行政机关的解纷意识、责任和能力全面下降[1]。

与行政调解在法律、行政法规立法层级上的尴尬境况不同，近年来，我国各地方在国家政策与地方现实的双重推动之下，积极探索行政调解制度的发展路径，大量的地方性法规、政府规章、规范性文件纷纷出台。笔者在"北大法意"这一专业的中文法律信息库中以"行政调解"为搜索关键词进行法律性文件的检索，结果显示归属于地方性法律规范的有185条之多。据统计，全国已有25个省、自治区、直辖市制定了以"行政调解"为名的地方规范性文件，主要是江西省、四川省、安徽省、北京市、重庆市、福建省、广西壮族自治区、贵州省、海南省、河北省、河南省、黑龙江省、湖北省、湖南省、吉林省、江苏省、宁夏回族自治区、青海省、山东省、山西省、陕西省、新疆维吾尔自治区、云南省、浙江省、广东省。其中，四川省内行政调解立法活动十分活跃，自2009年至今，省内资阳市、广安市、阿坝藏族羌族自治州、凉山彝族自治州、攀枝花市、德阳市、遂宁市、成都市、泸州市、广元市、达州市均根据地方实际进行了行政调解的相关立法。综观地方政府对行政调解的立法，多以"意见""实施意见""实施方案""办法""实施办法""实施细则""规定"等命名，对行政调解制度进行了较法律、行政法规细化、具体、有操作性的规制。河北省委、省政府办公厅在2007年印发《关于进一步加强行政调解工作的意见》（冀办发[2007]26号），开启了对河北省行政调解工作进行立法的先河，此后，2009年廊坊市政府制定了《关

---

[1] 范愉：《行政调解问题刍议》，载《广东社会科学》2008年第6期。

于进一步规范和加强行政调解工作的意见》;2011 年邢台市巨鹿县制定了《关于进一步加强行政调解工作的意见》;2011 年唐山市政府制定了《关于进一步加强行政调解工作的意见》。整体来看,河北省《关于进一步加强行政调解工作的意见》对行政调解工作的规范不够细致,缺乏可操作性,某些规定与现实存在脱节现象和滞后性;省内各地方行政调解立法数量并不多,一些地方对行政调解工作的重要性有所认知,也在积极开展有益的探索,但尚未上升到规范性、纲领性文件的层面,使得此项工作的开展依据不足、随意性较大。笔者以为,要适应河北省当前"京津冀一体化发展"趋势所带来的机遇与挑战,实现河北省政府的"善治",必须以制定"良法"为前提。

(二) 行政调解的实践考察

在深度社会转型期的时间节点上,在构建和谐社会、实现政府职能转变、力求"善治"的大背景之下,各地政府围绕纠纷排解途径这一问题加大了推进力度。当前,行政调解这一纠纷解决机制的重要性业已得到实务界的广泛认同,特别是 2010 年以来,我国各级政府对行政调解工作的重视程度有所增强,各地积极开展了卓有成效的探索,理论与立法引导了实践,同时实践也丰富了理论,推动了立法活动开展。

江西省赣州市法制办 2012 年结合赣州实际,对于案情重大、关系复杂的案件,总结并推行了独创的"四步调解法",即采用"调查—倾听—换位—说服"的方法进行调解;当年,江西省首次将行政调解工作纳入社会管理综合治理考评内容;2013 年该省积极推进"诉调对接"制度,主张行政调解与司法调解的有效、有序对接;2015 年,该省着重加大对行政调解工作的考评制度建设,将各地、各部门行政调解案件情况分类统计报表由季度报改为半年报。2015 年 8 月 7 日,江西省人民政府法制办召开了专业性、行业性调解平台建设工作推进座谈会,将专业性、行业性调解平台建设作为本年度省委法治建设的一项具体工作任务,这对于推进行政调解工作朝着高效、有序方向发展意义重大。

据浙江省法制办统计,丽水市莲都区各级行政调解主体 2015 年上半年共处理行政调解案件 1695 件,调解成功 1601 件,未成功 50 件,其他处理 44 件,调解成功率 94.5%。如此大量的行政调解案件和如此高的调解成功率,从一个侧面反映出行政调解制度在地方的蓬勃发展态势和功能优势。

吉林省政府法制办在 2012 年新增一个内设机构——行政调解处,主要负责调解公民、法人和其他组织与行政机关之间的行政争议,承担行政争议的信访工作；调查研究行政调解工作中的新情况、新问题，提出减少、避免和防范行政争议的措施和对策，指导全省行政调解工作。该机构的设置，也体现出吉林省对于强化行政调解这一矛盾调处机制的足够重视。

江西省、四川省简阳市、山东省日照市等省市制定并印发了《行政调解法律文书示范文本》，进一步规范了行政调解程序。

四川省雅安市2014年1月~10月共受理行政调解案件4368件，调解成功3875件，成功率为88.7%。其中，调解数量较多的矛盾纠纷有：公安机关调解2318件，消费纠纷269件，劳动争议纠纷221件，林地纠纷128件，婚姻家庭纠纷150件，人身伤害纠纷117件，财产纠纷84件，邻里纠纷77件，征地拆迁纠纷34件，医疗纠纷33件，环境保护纠纷30件，合同纠纷28件，行政性诉求74件，行政争议10件。上述数据在一定程度上反映出行政调解在实践中的调解偏好，行政调解的受案范围虽然广泛，但各类纠纷的调解启用率却差距悬殊，这也给我们进行制度构建找到了重点、带来了启示。

河北省政府为了有效提升行政调解的效能，曾组织了广泛而深入的实地调研，掌握了大量切合河北省实际的一手资料。调研围绕对行政调解制度的认识、行政调解组织建设、行政调解程序、行政调解的效力以及行政调解立法诉求等五个方面设计了18个调研题目，制作并发放了960多张问卷，对16个县（市）进行了调研，走访了170个县级政府部门和乡镇，与192名行政机关工作人员、225名普通群众进行了座谈。❶ 这种研究方法便于全面、客观地掌握行政调解在实际运行中的问题，不囿于以往的数据，具有前瞻性，十分值得推广。

经过此次调研，河北省发现了行政调解实践中的一些问题，虽然带有一定的地域特点，但也能从一个侧面折射出我国行政调解的实际状况。

第一，虽然在政府层面，对行政调解功能性优势的认识在逐年增强，但普通民众对其认知度却并不高，纠纷发生后公力救济的途径选择上存有诉讼偏好，或者往往将行政调解与人民调解、司法调解混淆。更为令人担忧的是，在一些地区即使是从事行政调解的行政主体及其工作人员也有近55%的人产生错误的认知❷。

第二，调研对192名行政机关公务人员进行了问卷调查，只有33%的人知道自己所在的行政机关设立了专门的行政调解机构。而对170个县属工作

---

❶ 李颖异：《论我国的行政调解制度及其完善》，硕士学位论文，吉林大学，2014年。
❷ 李颖异：《论我国的行政调解制度及其完善》，硕士学位论文，吉林大学，2014年。

部门和乡镇的调查，设立行政调解机构的不足40%。❶机构设置普遍欠缺稳定性、常态化，也致使调解人员的配备具有临时性。

第三，由于河北省内各地区尚未全面制定专门的行政调解法律规范性文件，因而实践中的行政调解也欠缺了程序规制，随意性较大。调研中发现行政机关在履行行政调解职能时，有法定调解程序的仅占被调查机关的23%，而行政机关工作人员认为有行政调解程序的仅占被调查者的12%。❷

第四，调研发现调解协议达成之后的履行存在问题，自觉履行不顺畅时，有近80%的案件需要调解主体继续以法理、人情、道德、政策等来促成当事人履行，调解协议的效力问题是一个极大的困扰。

第五，河北省在行政调解相关文件公开和工作情况通报方面比较滞后。河北省到目前为止唯一一部涉及行政调解的省级规范性文件即2007年的《关于进一步加强行政调解工作的意见》。省内各级政府法制办对辖区内的行政调解工作情况年度汇总和通报不及时。信息公开不畅，必然阻碍公众对行政调整制度的认知，同时也不利于各地、各职能部门掌握相关数据、资料，妨碍具体工作的开展。

## 四、行政调解的域外经验

虽然囿于历史传统、社会制度、经济发展水平、政治结构、风土人情等各种差异，不能盲目移植域外行政调解经验，但通过对其进行梳理，有助于拓展我国对该制度进行架构的思路。

### （一）美国经验

美国的 ADR 研究和应用都十分成熟完备。作为 ADR 形式之一的行政调解大概从20世纪90年代开始得到了长足发展，它兴起的背景除了诉讼爆炸引发的司法危机之外，还包括强制性行政程序自身暴露出的一系列问题，比如成本与收益不平衡、强对抗性带来的纠纷化解不完满等。1990年美国国会通过了《行政争议解决法》，"授权和鼓励联邦行政机关适用调解、协商、仲裁或其他非正式程序，对行政争议进行迅速处理"。行政调解正式具备了其合法性依据。同年，国会颁布《协商立法法》，授权和鼓励联邦机构使用协商谈判的立法方式，并把这种方式广泛应用于能源管制、环境保护等行政领域。❸

---

❶ 李颖异：《论我国的行政调解制度及其完善》，硕士学位论文，吉林大学，2014年。
❷ 李颖异：《论我国的行政调解制度及其完善》，硕士学位论文，吉林大学，2014年。
❸ 郭德泽：《行政调解制度研究》，硕士学位论文，安徽大学，2011年。

其实，早在1947年颁布施行的《劳资关系法》被视为关于行政调解最早的法律性文件，依据该法建立起来的美国联邦调停局多年来承担了大量的行政调解实务，对公民权益救济和美国社会整体的稳定发挥了巨大作用。该局在联邦范围内大量雇佣调解人员，人员选任上注重以社区为单位，选任社区民众和劳工管理熟悉的调解行家，以便取得双方信任，提高调解成功率与履行率。

美国行政调解的特点鲜明：第一，相关立法比较发达，为行政调解的开展提供了理论依据和支撑。第二，受案范围广泛，民商事案件、行政案件都可以运用行政调解。另一方面，对民事争议的行政调解又是审慎有边界的，只有在劳工、运输等特殊领域才介入，体现公权力对私权利的充分尊重。第三，行政调解被视为政府对公众提供的一种服务，如何提高服务水平是政府关注的课题，在制度激励、人员培训上面都加大了力度。第四，美国行政调解特别强调效率与效益。

（二）日本经验

日本到目前为止尚没有国家立法层面的专门的行政调解法律，对该制度的规定都散见于各个部门行政法中。最著名的立法是1970年颁布的《公害纠纷处理办法》，开启了公害纠纷行政调解的进程。日本因此建立了公害调解委员会，作为专门的、常设的调解机构，增强了行政调解在运作过程中的专业性、稳定性、确定性。2005年的公害调解委员会人员组成如下：该委员会由委员长及6名委员组成，委员长及委员都必须是人格高尚且见识卓越的人，委员长原为东京高院高层，3名专职委员都曾是高级公务员，3名非专职委员是法律学者（行政法）、律师及高级公务员。❶ 在管理体制上实行双层管理，在中央设置公调委机关，在都道府县设置都道府县公害审查会，二者并非上下级的关系，而是依据案件的性质各司其职。中央公害调解委员会的管辖范围包括：涉及事项是跨县、跨区域的在全国范围内有重大影响的事件；造成的损害比较大，一般标的额在5亿日元以上的案件。除此之外的事件，由都道府县公害审查委员会负责处理。❷ 公害调解委员会在进行行政调解时，具有搜集、调取相关材料的权力。调解所需要的费用纳入国家财政预算，由国家买单。调解的程序非常灵活、不机械，强调公害调解委员会与其他相关行政机关的信息共享和资源整合，为调解成功提供便利条件。调解过程往往注重社会舆论的导向性，回应舆情。公害调解达成调解协议之后，调解委员会还

---

❶ ［日］小岛武司、伊藤真：《诉讼外纠纷解决法》，中国政法大学出版社2005年版，第71页。
❷ 许甜甜：《域外行政调解制度对我国的启示》，硕士学位论文，兰州大学，2013年。

会积极介入协议的履行，继续通过说理等手段促成协议实际履行完毕，以确保纠纷的最终解决。

综合来讲，日本的行政调解制度在以下方面值得我国借鉴：第一，调解人员的选任上具有严格性，任职标准高。第二，设立专门的、常设的调解机构，使调解制度专业化、常态化。第三，调解机构的管理体制上分层设计，各司其职，避免机构之间的推诿，提高了调解的效率。第四，行政调解机关与其他行政机关的沟通与合作顺畅。第五，注重协议达成之后行政调解工作的后续功能发挥，促成协议的实际履行。当然，日本的行政调解制度也存在一定的局限性，比如调解范围甚少涉及行政纠纷领域，主要限定在民事纠纷。

（三）法国经验

法国的基本权利保护专员制度十分值得关注。"基本权利保护专员制度"是由"行政调解专员制度"演化而来的。后者正式确立于1973年1月3日，由法国议会通过《关于设立共和国行政调解专员的第73-6号法律》所确立，这之后的1976年，法国议会再次颁布了《调解专员法》，进一步明确了调解专员的职权范围，使该制度得到了进一步的完善。虽然法国国会积极立法不断推动行政调解专员制度的发展，但由于其产生的背景是迫于政治与舆论的压力，过于急迫，欠缺了制度自发生成的过程，因此在运作过程中也暴露出一系列的问题。比如：行政调解专员与儿童保护专员、反对歧视和维护平等高级公署等机构出现了机构重合、职权交叉，影响了行政调解效能的发挥；最值得诟病的是，《行政调解专员法》设定行政调解专员不能直接接触申诉的公民，增加了议员代为审查申诉和代为转达处理结果的中间环节，这对于调解者和被调解者都十分不利，前者很可能无法全面掌握事件的全部资讯，后者很可能无法完备地表达自己的诉求。同时，调解者也仿佛因此变得高不可攀，无法取得被调解者的深度信任。行政调解专员制度的弊端催生了基本权利保护专员制度的确立，后者对前者进行了有针对性的修正，将法国的行政调解推上了新的高度。

首先，赋予了基本权利保护专员宪法地位，这在其他国家并不常见。专员全部由总统任命，任期6年，一般不得连任，且在任期内不得被任意撤销职务。基本权利保护专员享有豁免权，以确保其行使权力时无后顾之忧；其次，改变了以往行政调解专员间接受理案件的做法，一方面利于纠纷的彻底解决，另一方面也使得行政调解更加体现了"亲民"特点；值得一提的是，法国基本权利保护专员拥有一项特殊的权力——"发表权"，即基本权利保护专员可以调查报告的形式对行政机关的不当行为提出修正建议,若行政机关无故不予接受,基本权利保护专员便会提出正式的建议,并附理由。行政机关必须在一定期限内做出答复,否则,基本权利保护专员可以将做出的建议公开发表。这项权力很值得我国加以借鉴,它一方面能够增强行政调解的效力,另一方面能够对行政权力施以有效钳制,意义更为深远的是,它体现了公众参与的重要地位。

(四) 中国香港地区经验

我国香港地区行政调解制度主要代表是申诉专员制度。近年来其发展速度很快,积累了一些宝贵经验,有一些值得内地在立法和实务中加以借鉴。

在中国香港,行政调解工作由申诉专员公署负责,该机构成立于1989年2月1日,是专门受理公民对行政不称职行为投诉的机构,1997年4月1日,该机构推出了调解制度。经过不断改革与完善,申诉专员制度具有了以下制度优势,值得我们加以借鉴:

第一,《申诉专员条例》几经修正,对申诉专员的工作职责做了明确规定。立法的完善,有效引导了制度运行。

第二,申诉专员任职与免职、财政支出方面的独立性。申诉专员由行政长官委任,除非无能力履行职能或行为不当,并经立法会以决议方式批准,方能由行政长官免职,这为其工作扫除了不当干扰。此外,自2001—2002财政年度起,政府给申诉专员公署整笔经常性开支的拨款,由申诉专员自行决定如何管理。

第三,申诉专员的直接调查权。这种调查权具有制度保障,而且不仅适用于公众申请的情况,还适用于特定案件中申诉专员依职权调查的情境下。这种调查权的赋予一方面为行政调解提供了便利,另一方面也提升了行政调解这一纠纷解决途径的权威性。

第四,与法国的经验类似,中国香港的申诉专员制度也包含了公布调查报告的权力,这对于维护社会公益、修正行政不适当行为、提升公众参与地位、确保公众知情权等都具有深刻意义。

第五,调解过程中注重对保密事项的强调,维护基本人权,消除当事双方接受调解的顾虑。

### 五、河北省行政调解制度的完善思路与对策

目前,我国的行政调解制度还不够完善,行政调解法或行政调解条例尚

付阙如，行政调解在纠纷解决机制中的地位不够突出，亟须整合现有的行政调解资源，将经验上升为制度，使行政调解在专业性和权威性的基础之上回应当前矛盾调处和社会治理的需求。[1]

(一) 健全行政调解立法

我国当前尚没有一部统一的《行政调解法》，该制度的相关规定多散布于各单行法律、法规或部门规章中，涉及的种类繁杂，内容规定非常笼统，甚至只有一两个条文，缺乏系统性和可操作性。在地方层面，我国各地方行政调解立法活动总体上呈现蓬勃之势是在2010年前后，各地根据当地实际纷纷出台了大量涉及行政调解的具有立法性质的规范性文件。地方立法活动虽然取得了一定的成绩，但也存在着立法内容相对滞后、与上位法矛盾、不同地区立法相悖等乱象。很多学者、立法工作者主张由全国人大进行立法以统一适用于全国。笔者认为，行政调解属于实践先行的制度范畴，且由于其制度自身带有灵活性，所以还是使之遵循制度自发生成的规律为宜，即发挥行政调解的实践优势，在实务中不断摸索立法的模式等相关问题；从地方立法开始，在不断的"去粗取精、去伪存真"中慢慢上升为国家立法。我国目前直接制定《行政调解法》的基础尚不牢固，对该制度在立法层面进行完善的有效路径应该是：以国务院出台《行政调解条例》为目标，重点引导和规范各地方的行政调解立法活动。

如前文所述，我国各地方针对行政调解的立法性文件大量存在，据笔者统计，到目前为止，以"行政调解"直接命名的省、自治区、直辖市一级的地方立法活动如表9-1所列，主要有14项：

表9-1 以"行政调解"直接命名的
省、自治区、直辖市一级的地方立法活动一览表

| 省、自治区、直辖市 | 名称 | 年份 |
| --- | --- | --- |
| 河北省 | 关于进一步加强行政调解工作的意见 | 2007 |
| 四川省 | 关于进一步推进行政调解工作的意见 | 2010 |
| 江苏省 | 关于加强行政调解工作的意见 | 2011 |
| 陕西省 | 关于加强行政调解工作的意见 | 2011 |
| 宁夏回族自治区 | 关于加强行政调解工作的意见 | 2011 |

---

[1] 何炼红：《论中国知识产权纠纷行政调解》，载《法律科学》2014年第1期。

续表

| 省、自治区、直辖市 | 名称 | 年份 |
| --- | --- | --- |
| 青海省 | 关于加强行政调解工作的意见 | 2012 |
| 江西省 | 关于推进行政调解工作的实施意见 | 2012 |
| 重庆市 | 关于加强行政调解工作的意见 | 2012 |
| 广西壮族自治区 | 关于加强行政调解工作的意见 | 2012 |
| 新疆维吾尔自治区 | 关于加强行政调解工作的意见 | 2012 |
| 浙江省 | 关于加强行政调解工作的意见 | 2013 |
| 云南省 | 行政调解规定（试行） | 2013 |
| 天津市 | 关于进一步加强行政调解工作的意见 | 2014 |
| 北京市 | 行政调解办法 | 2015 |

地方立法活动具有较强的针对性、可操作性和系统性，对行政调解制度的发展势必起到关键性作用，必将有效催生《行政调解条例》，乃至《行政调解法》的最终制定。针对我国现有的地方行政调解立法状况，在此提出如下建议：

第一，进一步加强省一级行政调解制度的统一立法力度，探索制度建设规律、指导辖区内各地方的立法活动。从上表可知，我国到目前为止还有很多省份尚没有出台省一级的行政调解立法文件，很多地方都是市一级、县一级政府在规范层面做出了积极探索，这就必将带来一定程度的混乱，比如对调解的主体认识不一、对调解的范围划定不一，等等。省一级行政调解立法对整个辖区都有示范、规制作用，建议加大力度。

第二，对已有的行政调解立法要进行全面的梳理和整合，紧抓时代脉搏和当地实际，适时进行修正。以河北省为例，河北省行政调解的立法活动起步很早，从上表可知，省委办公厅、省政府办公厅早在2007年就已经出台了《关于进一步加强行政调解工作的意见》（冀办发〔2007〕26号），但该规范性文件囿于当时认识和实践的限制也存在着原则笼统、可操作性不强、适用稍显落后等问题，并且其发布之后，省内各地方的立法活动并未出现十分活跃的景象。建议对于适用已久的立法文件进行评估和调研，结合新的法治理念、治国方略、当地实际适时修正。

第三，提升地方政府行政调解立法的层级，建议有条件的省市出台"行政调解办法"，而非仅仅停留在"关于加强行政调解工作的意见"这一规范性文件的范畴。这一方面可以充分提升行政调解工作的重要性，另一方面也使得制度运作的规范更加具体、清晰、可操作。即使都以"关于加强行政调解工作的意见"命名，各地在这一广义"立法"活动中采取的立法技术也不尽相同，建议在这种规范性文件中取消官话、套话，多致力于有针对性、指导性的制度设计。

(二) 加强对行政调解的程序性规制

行政调解的本质既不是形式性，也不是实质性，而是过程性和交涉性。行政调解应在执法、司法过于严格的程序与当事双方谈判协商所采用的完全自主的程序之间定位自身所应采用的程序，国家应为其设置程序正义的底线。[1]

1. 建立释明制度

释明制度是民事诉讼中的一项基本制度，它的本意是指在当事人主张不充分、不正确或者当事人误以为自己提出的证据已经很充足时，主审法官行使释明权，就案件在事实和法律上向当事人进行必要提示和讲解，使当事人能够有一个改正、补充和充分陈述案件事实及法律的机会。释明制度一方面能够确保双方当事人的地位平等，平衡双方一系列天然差异；另一方面能够提升司法效率，体现法官在诉讼中的地位与职能。在行政调解中，调解主体与当事双方的关系和民事诉讼中法官与当事人的关系有一定相似度，建议在行政调解制度中引入释明制度，赋予调解主体释明权。行政调解中的释明内容包括：（1）对行政调解性质的释明；（2）对调解工作相关事项如调解人员、调解时间、地点等的释明；（3）对当事人双方权利义务的释明；（4）对时效的释明；（5）对与此次行政调解有关的法律、法规、政策以及相关行政管理信息的释明；（6）对调解协议效力的释明与其他纠纷解决机制的释明。行政调解主体进行释明时要注意对等释明、公开释明、法定释明、适度释明。

2. 建立行政调解时效制度

这里所指的"时效"是指完成一个完整行政调解过程的最长持续时间，它包括受理期限、受理之后启动调解至调解协议达成的期限、依职权启动行政调解程序后至调解协议达成的期限、延长的期限以及中止、中断等问题。依据行政调解自身的性质与特点，一般可以规定：当事人提交行政调解申请的，调解机关应在 5 个工作日内做出是否受理的决定；行政调解机关应该在受理之日起 30 日内终结调解，情况复杂或有其他特殊情形的，经当事人同意可以适当延长，但延长期限不得超过 30 日，法律、法规、规章另有规定的从

---

[1] 李婷婷：《行政调解制度研究》，硕士学位论文，天津师范大学，2010 年。

其规定；依职权启动的行政调解时效自双方当事人同意之日起算；行政调解时效的中止、中断、终结等情形可参照《民事诉讼法》的相关规定加以设计。时效制度能够彰显行政调解制度的程序性，降低调解成本，提高纠纷解决的效率。

3. 建立回避制度

我国当前的行政调解立法中对回避制度予以规定的并不是很多。比较有代表性的是原国家工商行政管理局1997年11月发布的《合同纠纷行政调解办法》，第十二条规定，当事人发现调解员与本案有利害关系或者不能公正处理案件的，有权以口头或者书面方式申请其回避；参加办案的调解员认为自己不宜办理本案的，应当自行申请回避。调解员回避后，另行指定调解员。在地方立法层面，可喜的是，云南省2014年《行政调解规定（试行）》和北京市2015年《行政调解办法》均涉及了行政调解中的回避制度。建议参照《民事诉讼法》的相关规定对该制度进行建构，以确保实质的公平、公正。调解人员主动回避与申请回避的事由可以设计为：（1）是本案当事人或者与当事人、代理人有近亲属关系的；（2）与本案有利害关系的；（3）与本案当事人有其他关系，可能影响公正调解的。当事人申请回避的，行政机关应当在3日内作出是否回避的决定。决定回避的，应当同时更换行政调解人员，并告知当事人；不需要回避的，应当告知当事人具体理由。

（三）赋予行政调解协议附条件的强制执行力

2009年7月24日，最高人民法院发布了《关于建立健全诉讼与非诉讼相衔接的矛盾纠纷解决机制的若干意见》，界定了依法作出的行政调解协议具备民事合同性质。该意见第八条规定："当事人不服行政机关对平等主体之间民事争议所作的调解、裁决或者其他处理，以对方当事人为被告就原争议向人民法院起诉的，由人民法院作为民事案件受理。"这就意味着，行政调解协议自身并不具备直接的强制执行力，一方当事人不履行协议义务时，另一方当事人唯有待提起的民事诉讼程序完成并通过判决或司法调解的形式加以确认之后才能申请强制执行。上述规定的弊端明显：使行政调解的权威性受到打击；造成重复性劳动，浪费行政资源，同时也浪费司法资源；增加当事人解决纠纷的成本，降低当事人任意违约的成本。

基于上述原因，有些学者主张直接赋予行政调解协议以强制执行力。[1] 笔

---

[1] 周健宇：《行政调解协议之强制执行力探析》，载《中国行政管理》2012年第10期。

者认为基于对行政调解的性质、行政调解机关的功能定位等方面的认识,上述观点值得商榷。行政调解自身的非强制性决定了它必将需要一种相对柔性的制度设计。比较可行的路径是增加"确认"程序,来赋予行政调解协议以强制执行力,这种"确认"目前包括经由公证机关公证给予以给付为内容的行政调解协议以申请法院强制执行的效力,还包括经人民法院的司法确认给予行政调解协议自觉履行不能时申请法院强制执行的效力。我国一些地方政府的行政调解规章已经开始尝试这种做法,比如新近的《北京市行政管理办法》《广州市行政管理规定》《云南省行政调解规定》。在 2013 年颁布施行的《慈溪市行政调解工作规则(试行)》和 2015 年江西省人民政府法制办公室发布的《关于做好 2015 年全省行政调解工作的意见》中,明确规定行政调解机关在当事人达成行政调解协议之后要"引导"其到人民法院申请司法确认。这种规定相对于以往完全依靠当事人自觉进行确认的做法更进了一步,加大了行政调解机关保障行政调解协议强制执行力的义务。赋予行政调解协议附带"确认程序"的强制执行力的方式值得全国推广,并期待最终得到《行政调解条例》乃至《行政调解法》的正式认可。

## 附件1：《河北省行政调解规定（试行）》立法说明

《河北省行政调解规定（试行）》（以下简称为《规定》）立足于河北省当前面临的"京津冀一体化"发展的大背景，是对河北省委、省政府办公厅2007年印发的《关于进一步加强行政调解工作的意见》（冀办发〔2007〕26号）的进一步完善，旨在提高河北省各级政府及各级行政部门的治理水平，具体指导行政调解工作的开展以应对河北省社会发展中的新情况、新问题。

此次立法修改与河北省原有立法文件《关于进一步加强行政调解工作的意见》相比，总体上的显著变化是充分领会、贯彻中国共产党十八届四中全会《中共中央关于全面推进依法治国若干重大问题的决定》《国务院关于加强法治政府建设的意见（国发〔2010〕33号）》、《法治政府建设实施纲要（2015—2020年）》和《河北省人民政府关于深入推进依法行政加快建设法治政府的实施意见》（冀政发〔2015〕12号）等文件精神和最新要求，同时进一步增强了原有立法文件的可操作性，增加了行政调解工作程序性规范的相关内容。《规定》参照了北京市、广州市、云南省、苏州市、慈溪市、昆明市等地的相关立法，立足于河北省实际，对河北省原有立法文件进行了细化调整，具体的变动体现在以下几个方面：

1. 扩大了行政调解的范围。在以往立法规定的行政调解受案范围即与行政管理职权相关联的民事纠纷和行政纠纷之外，特别强调对涉及资源开发、环境污染、公共安全事故以及涉及人数较多、社会影响大、可能影响社会稳定的纠纷行政机关要主动适用行政调解。这一修改一方面与国务院发布的关于加强法治政府建设的意见要求相匹配，另一方面能够解决河北省当前社会发展中的重大问题，为全省经济社会发展创造和谐、稳定、有序的社会环境。

2. 在行政调解的原则部分增加"便民、高效"原则。行政调解是现代法治社会定纷止争的有效途径，而纠纷的解决一方面需要强调公正，另一方面还需要强调效率，即所谓"迟到的正义等于非正义"。行政调解工作不能冗长拖沓，否则既不利于尽快平息矛盾，也会使行政调解丧失其"ADR"的属性，消磨当事人对行政调解的信赖，甚至会消磨当事人对行政主体治理水准的信赖。

3. 增加了行政调解工作程序的相关规定。《规定》涉及了行政调解程序的启动、调查、实施调解、制作行政调解书、引导当事人进行司法确认到履行的各个环节，增设了时效制度、管辖制度、释明制度、回避制度以及增强行政调解协议效力的相关规定。此项修改增强了立法的可操作性和指导实践的针对性。

4. 加强行政调解与相关纠纷解决途径的衔接。将行政调解程序设定为特定案件的行政复议"前置"程序，大力推进行政复议调解制度的完善；建立行政调解与人民调解、司法调解的有效衔接机制，形成信息通报、委托授权、参与协助等一系列工作制度。

5. 在行政调解具体制度构建上，一方面设计了通用的制度规定；另一方面针对民事争议与行政争议的差异，在时效（第二十五条）、管辖（第十二条）、调解协议的履行（第三十二、三十三条）等方面作出了不同的规定。

6. 建立行政调解工作人员持证上岗制度，提高行政调解工作的专业化水准。

7. 建立行政调解工作社会参与机制，强调逐步建立社会行政调解员智库。

8. 细化了对行政调解工作的监督考核方法，进一步完善了奖惩机制。将行政调解工作情况作为年度依法行政考核的重要内容，纳入政府绩效考核体系；强调对行政调解工作成绩突出的单位和人员予以行政奖励；增设对行政调解工作领导、落实不力导致重大社会影响的单位与个人进行行政问责、通报制度。

## 附件 2：《河北省行政调解规定（试行）》（专家建议稿）

### 第一章 总 则

第一条 为了充分发挥行政调解在化解社会矛盾、维护社会和谐稳定中的重要作用，进一步规范河北省行政调解工作，根据相关法律、法规，结合本省实际，制定本规定。

第二条 本省行政区域内的行政调解活动，适用本规定。

法律、法规、规章对行政调解另有规定的，从其规定。

第三条 本规定所称行政调解，是指行政机关或者法律、法规、规章授权的具有公共管理职能的组织，对与其行政职权相关的民事纠纷与行政争议，以当事人自愿为原则，以法律、法规、规章、政策和公序良俗为依据，运用疏通、调停、斡旋等手段，促使当事人友好协商、互谅互让、达成协议的一种化解纠纷的机制。

第四条 本省各级行政机关依法对下列争议纠纷进行调解：

（一）公民、法人或者其他组织之间产生的与行政机关管理有直接或间接关联的民事争议。具体包括：交通损害赔偿、医疗卫生、消费者权益保护、物业管理、劳动争议、婚姻家庭等与行使行政管理有关的民事纠纷。

（二）各行政机关或者法律、法规、规章授权的具有管理公共事务职能的组织，与公民、法人或者其他组织之间，因行政管理产生的关于行政赔偿、补偿以及行政机关行使法律、法规、规章规定的自由裁量权产生的行政争议。具体包括：土地征收征用、城镇房屋拆迁、人力资源和社会保障、治安管理等方面的纠纷。

（三）涉及资源开发、环境污染、公共安全事故，以及涉及人数较多、社会影响大、可能影响社会稳定的纠纷。

第五条 行政调解工作应当遵循以下原则：

（一）自愿平等原则。在行政调解中双方当事人地位平等，均享有自愿、充分、真实表达自己意愿的权利。行政调解机关不得偏袒、歧视任何一方当事人，需尊重各方意愿，不得以任何方式强迫当事人接受调解手段或调解结果。

（二）合法正当原则。遵循法律、法规、规章和国家政策、公序良俗，不能片面追求调解率而突破法律强制性规定，更不能侵犯国家利益、社会公共利益和他人合法权益。

（三）公平公正原则。行政调解机关要坚持公平公正的原则，不得偏向任何一方。要兼顾各方当事人的合法权益，平等协商处理利益纠纷，体现公平正义。

（四）便民高效原则。行政调解应当简便、快捷、高效、人性化。

第六条 行政调解实行政府负总责、政府法制机构牵头、各职能部门为主体的工作体制。

各级政府要落实行政调解所必需的工作条件和经费，加强对行政调解工作的宣传和引导，加强行政调解队伍建设。

各级人民政府法制机构负责推进、指导、协调和监督本行政区域内的行政调解工作。

各级行政职能部门应当设置或指定专门机构承办行政调解工作。

第七条 建立行政调解与行政复议、人民调解、司法调解的有效衔接机制，形成信息通报、委托授权、参与协助等一系列工作制度。

第八条 建立行政调解工作人员持证上岗制度，提高行政调解工作的专业化水准。

在重点领域、重点行业组建社会专、兼职调解员队伍和调解专家库并向社会公开，动员社会力量积极参与行政调解工作，构建行政主导、社会参与的行政调解体系。

## 第二章 行政调解程序

第九条 行政调解程序可以依当事人申请而启动，也可以由行政机关征得当事人同意后依职权启动。

第十条 当事人申请行政调解应当符合下列条件：

（一）争议事项属于本规定第四条所确定的范围；

（二）与争议事项有利害关系；

（三）有明确的各方当事人；

（四）有明确具体的调解请求、事实和理由；

（五）尚未选择其他解决途径。

第十一条 行政机关遇有本规定第四条第（三）项的情形，应当在征得当事人同意后依职权启动行政调解。

第十二条 本规定第四条第（一）项所规定的民事争议由具有相关管理权限的行政机关管辖。

本规定第四条第（二）项所规定的行政争议由作出行政行为的行政机关

管辖，并由该行政机关的法制机构或者信访机构主持调解。

本规定第四条第（三）项所规定的特殊争议的管辖机关参照上述两款规定确定。

行政机关发现不属于本机关管辖的，应当告知当事人向有管辖权的机关申请。

第十三条　两个以上行政机关对管辖有争议的，由其协商处理；协商不成的，报共同的上一级行政机关法制部门或者政府法制机构指定管辖机关。

两个以上行政机关均有权管辖的，由最先收到行政调解申请或最先依职权启动行政调解程序的行政机关管辖。

对涉及多个部门的矛盾纠纷进行行政调解，由政府法制机构指定的部门主办。

第十四条　当事人申请行政调解，可以书面申请，也可以口头申请。口头申请的，行政机关应当制作笔录，并由申请人签名确认。

第十五条　当事人提交行政调解申请的，调解机关应在5个工作日内做出是否受理的决定。决定不予受理的，应当告知当事人理由；依职权启动行政调解程序的，调解机关应在3个工作日内向双方当事人告知理由，并征得其同意。

第十六条　行政机关决定调解的，应当告知当事人调解的时间、地点、调解人员等事项，并提示就纠纷提起诉讼、申请仲裁的时效期间。

第十七条　行政调解开始时，行政调解员应当核对当事人身份，告知当事人依法享有的权利和履行的义务，宣布行政调解纪律，询问当事人是否提出回避申请。

第十八条　行政调解人员有下列情形之一的，应当主动回避；未主动回避的，当事人有权申请其回避：

（一）是本案当事人或者与当事人有近亲属关系的；

（二）与本案有利害关系的；

（三）与本案当事人有其他关系，可能影响公正调解的。

当事人申请回避的，行政机关应当在3日内作出是否回避的决定。决定回避的，应当同时更换行政调解人员，并告知当事人；不需要回避的，应当告知当事人具体理由。

第十九条　当事人之外的公民、法人或者其他组织与争议纠纷有利害关系的，可以申请参加行政调解或者由行政机关通知其参加行政调解。

调解结果涉及第三人利益的，应当征得第三人同意；第三人不同意的，应当终止行政调解。

第二十条　行政调解机关可以根据需要邀请有关单位、专业人员或者其他有关人员参加调解。

第二十一条　当事人应当如实提供相关证据。必要时，行政调解机关可以根据案件需要对相关事实和证据依法进行调查取证，有关单位和个人应当予以配合。

第二十二条　行政调解人员在行政调解程序启动、进行以及行政调解协议履行过程中要对当事人进行以下内容的释明：

（一）行政调解性质；

（二）调解工作相关事项如调解人员、调解时间、地点等；

（三）当事人双方权利义务；

（四）时效；

（五）与此次行政调解有关的法律、法规、政策以及相关行政管理信息；

（六）调解协议效力与其他纠纷解决机制。

行政调解主体进行上述内容的释明时要注意对等、公开、法定、适度。

第二十三条　行政调解机关应当根据争议纠纷的情形，采取多种方式调解，充分听取当事人的陈述，查明争议的基本事实，向当事人讲解有关法律、法规、规章和政策，在分清事理、明辨法理的基础上，引导当事人自愿达成调解协议。

第二十四条　当事人可以自行提出调解方案，行政调解机关也可以提出调解意见供当事人参考。

第二十五条　行政机关调解民事争议，应当自受理之日或者双方当事人同意调解之日起30个工作日内结束；情况复杂或者有其他特殊情形的，经当事人同意，可以适当延长，但延长期限不得超过30个工作日，法律、法规、规章另有规定的从其规定。

行政机关调解行政争议，应当自受理之日或者双方当事人同意调解之日起15个工作日内结束；情况复杂或者有其他特殊情形的，经当事人同意，可以适当延长，但延长期限不得超过15个工作日，法律、法规、规章另有规定的，从其规定。

第二十六条　有下列情形之一的，行政调解中止：

（一）当事人一方因正当理由或者对方当事人认可的理由暂时不能参加调解的；

（二）当事人一方因正当理由或者对方当事人认可的理由中途要求暂停调

解的；

（三）发生不可抗力情况和意外事件的；

（四）行政机关认为需要中止调解的其他情形。

调解恢复后，中止时间应当在行政调解期限内扣除。

第二十七条  有下列情形之一的，行政调解终止：

（一）当事人拒绝继续调解的；

（二）当事人无正当理由缺席或者以其他方式表明放弃调解的；

（三）当事人就纠纷申请仲裁、提起诉讼或者申请人民法院调解的；

（四）公民死亡，无权利、义务继承人的；

（五）法人或者其他组织终止，无权利、义务继承人的；

（六）超过行政调解期限尚未达成调解协议的；

（七）行政机关认为需要终止调解的其他情形。

行政调解机关应当制作行政调解终止通知书送达当事人。

第二十八条  经调解达成协议的，行政机关应当制作调解协议书，调解协议书应当由当事人签名、盖章，加盖行政机关印章；当事人认为无须制作调解协议书的，可以采取口头协议方式，行政调解人员应当记录协议内容，双方当事人签名、盖章。

经调解无法达成协议或者当事人要求终止调解的，行政机关应当终止调解，并告知当事人可以通过诉讼、仲裁等其他途径解决争议纠纷。

第二十九条  行政调解协议书应当载明下列事项：

（一）当事人的基本情况；

（二）争议事项；

（三）调解请求、事实及理由；

（四）调解协议内容；

（五）其他需要载明的事项。

第三十条  行政调解协议书自当事人签名、盖章，并加盖行政调解机关印章之日起生效；口头协议自当事人达成协议之日起生效。

第三十一条  对案情简单、权利义务明确、争议不大的纠纷，行政机关可以适用简易程序，当场调解。

适用简易程序制作行政调解协议书的，当场送达当事人。

当场调解达成协议且当事人能够即时履行的，行政机关应当如实记录调解情况并保存归档，无须制作调解协议书。

第三十二条  经行政调解达成具有民事合同性质的协议，当事人均认为确有必要的，可以到公证机关对行政调解协议书进行公证。

行政调解机关应当引导当事人到人民法院对具有民事合同性质的行政调解协议书申请司法确认。

第三十三条　对行政争议进行行政调解达成调解协议的，行政机关应当自觉履行，并将履行结果告知行政调解机关。

第三十四条　行政调解机关应当对当事人履行行政调解协议情况进行回访，巩固调解成果，督促当事人积极履行行政调解协议。

## 第三章　指导与监督

第三十五条　行政调解机关应当建立、健全行政调解案卷归档制度。

行政调解案卷应当按年、月、日归档编号，做到一案一档。文书顺序一般为：

（一）行政调解卷宗目录；

（二）行政调解申请书或口头申请笔录；

（三）有关证据材料；

（四）行政调解通知书；

（五）行政调解笔录；

（六）行政调解协议书或行政调解终止通知书；

（七）送达回证。

第三十六条　乡（镇）人民政府、街道办事处和县级人民政府工作部门，应当每年度将行政调解工作有关数据和情况报县级人民政府法制部门；县级以上人民政府法制部门汇总后，每年度报本级人民政府和上一级人民政府法制部门。

对社会影响较大或可能引发群体性事件的重大复杂争议纠纷，其调处情况应及时向政府法制机构报告。

第三十七条　各级政府法制机构每半年要对各部门行政调解工作有关数据和情况进行汇总统计、分析评估并定期通报。

第三十八条　各级政府法制机构应当加强对本行政区域内行政调解工作的指导，建立健全行政调解工作程序和规范，完善相关配套制度；定期组织对行政调解工作人员进行业务培训，提高行政调解工作人员的专业素质。

第三十九条　各级人民政府将行政调解工作情况作为年度依法行政考核的重要内容，纳入政府绩效考核体系，细化考核指标，明确分值权重。

第四十条　对行政调解工作成绩突出的单位和人员予以通报表彰和其他

形式的行政奖励。

对因组织领导不力、责任不到位、工作不落实等导致争议纠纷突出的单位,要予以通报批评并限期整改。

对因工作敷衍塞责、无故推诿拖延违法履行、不当履行行政调解职责,造成严重影响社会稳定的重大事件和案件的,要实行责任倒查,依法依规对直接负责的主管人员和其他直接责任人员给予行政处分。

<h2 style="text-align:center">第四章　附　则</h2>

第四十一条　行政调解不得向当事人收取任何费用。

第四十二条　本规定自　年　月　日起施行。

# 第十章
# 河北省行政裁决工作调研报告[*]

我国当前正处于深度转型期，利益多元碰撞、矛盾纠纷丛生的局面不仅考验着国家在具体事件中定纷止争的能力，而且在更深远的层次上涉及整个社会系统的和谐运转问题。判断社会是否"和谐"的标准之一应该是这个社会是否具有有效的纠纷排解机制，是否能够给对抗情绪有益的出口。由此，创建协调运转的多元纠纷解决机制是我国各界关注的一大热点问题。行政裁决制度是我国多元纠纷解决机制链条上非常重要的一个环节，它在化解某些与行政管理紧密相关的民事纠纷时展现出快捷、高效、专业的制度优势，能够同时实现平息民事争议与完善行政管理的双重社会效果。2015年12月国务院印发的《法治政府建设实施纲要（2015—2020年）》以及《河北省人民政府关于深入推进依法行政加快建设法治政府的实施意见》中都明确提出要"健全行政裁决制度，强化行政机关解决同行政管理活动密切相关的民事纠纷的功能"。为了实现上述任务要求，切实发挥行政裁决制度的效能，我们梳理了我国，特别是河北省的行政裁决事项，掌握了行政裁决立法与实际运行状况，进而挖掘了该制度发展中存在的桎梏，有针对性地进行了制度修正与重塑。

## 一、行政裁决的概念厘清与性质辨析

### （一）行政裁决概念厘清

研究行政裁决制度的理论与实践，必须首先把"行政裁决"这一核心概念正确定位为逻辑起点。对概念认知的混乱必然导致对行政裁决的权力主体、受案范围、裁决程序等多方面问题界定的模糊、不准确，它会成为后续制度架构的桎梏。

关于"行政裁决"的概念，早期学者们对其采取了较为广义的界定方式，

---

[*] 本文系河北省人民政府法制办公室2016年度委托课题《河北省行政裁决调研》的结项成果。执笔人：王琳。

比如有的学者认为"行政裁决是行政机关依照某种特定程序，对特定人权利、义务作出具有法律效力决定的活动"。[1] 由此，"行政裁决机关除了解决部分民事、行政纠纷外，还直接运用准司法程序（或称行政程序）对相对人实施制裁，提供救济。"[2] 依据这样的界定方式，行政裁决就囊括了行政决定、行政处罚、行政复议等一系列制度，该定义"包罗万象"却没有准确反映出行政裁决的制度初衷及其特有制度内核。

行政裁决制度缘起于司法权与行政权适度融合，实际上是司法权让渡的结果。实践证明，现代法治社会的一种趋势即是司法与行政在保持各自权力运作特征的同时出现一定程度的交叉与融合，行政机关在行使行政权力的同时，也具有先行处理社会纠纷的天然优势。[3] 行政裁决的产生是基于行政权的发展与司法资源有限性凸显、民事纠纷专业化增强这一背景的。由此，在界定行政裁决的概念时，我们主张采取狭义的界定方式，突出其特有的内涵。

综上，行政裁决是指行政机关依照法律的授权，经当事人申请，对当事人之间发生的与行政管理活动密切相关、与合同无关的民事纠纷进行审查，并作出居间裁判的行政行为。这一概念强调了以下几点：

（1）行政裁决的主体是行政机关。有些学者主张以有权社会机构的裁决替代行政机关的裁决，进而解构行政裁决制度。[4] 我们认为此种观点值得商榷，暂且不论行政裁决制度自身存废的问题，至少在短期内，我国当前的体制与社会背景之下，建立类似英国行政裁判所那样独立性极强的裁决机构并不现实。由有权社会机构实施裁决有赖于市民社会的高度发达，我国目前的法定行政裁决主体必须是行政机关。

（2）行政裁决制度依当事人申请而启动。行政机关不能依职权主动启动行政裁决程序，这是由行政裁决所针对的特定纠纷类型即民事纠纷所决定的，否则会产生公权力僭越私权利。

（3）行政裁决是一种居间裁判行为。行政机关在行政裁决中处于中立无偏的地位，这就将行政裁决与行政处罚等行政行为区分开来。

（4）行政裁决只针对民事争议，而不针对行政争议，这就将其与行政复议制度等区分开来；行政裁决所针对的民事争议不包括合同争议，这就将其与劳动争议仲裁等区分开来；行政裁决所针对的民事争议只限定在与行政管

---

[1] 马怀德：《行政裁决辨析》，载《法学研究》1996年第6期。
[2] 马怀德：《行政裁决辨析》，载《法学研究》1996年第6期。
[3] 齐树洁、丁启明：《完善我国行政裁决制度的思考》，载《河南财经政法大学学报》2015年第6期。
[4] 陈锦波：《我国行政裁决制度之批判——兼论以有权社会机构裁决替代行政裁决》，载《行政法学研究》2015年第6期。

理密切相关部分民事纠纷,这类纠纷一般都是涉及的专业性较强或者纠纷的处理具有政策性、公共性的特质,并非所有民事纠纷都可以寻求行政裁决这一途径进行化解。

(5) 行政裁决是一种裁判行为,会直接带来民事权利义务的重新分配。行政裁决过程中,行政机关在民事争议双方之间居中裁断,这一裁断结果会创设权利或增加义务,这就将行政裁决制度与行政确认、行政调解等区分开来。

(二) 行政裁决性质辨析

作为一种以行政手段化解纠纷的方式,行政裁决的性质问题一直是理论界与实务界争论的焦点。如何给行政裁决行为准确定性关系着这个制度的整体架构。对于行政裁决性质的理解大体存在以下几种观点:一是具体行政行为说,即行政裁决的主体是行政机关,解决的纠纷必须与行政管理密切相关,裁决结果会引起当事人权利义务的变动,因此行政裁决行使的是执行权能,它是一种具体行政行为[1];二是司法行为说,即行政裁决机关只是代为行使人民法院对民事纠纷的司法权。行政裁决实质上是解决纷争的一种机制,行政裁决机关居中裁判的模式与法院解决纠纷并无二样,只是把这套程序从法院移到了行政机关内部。不能因为由行政机关行使了行政裁决权力,或该制度名称上带有"行政"二字,就认为是具体行政行为。[2] 三是准司法行为说,即行政裁决制度兼具了行政与司法的双重属性。这种观点认为:行政裁决制度针对的纠纷性质是民事纠纷,它是依当事人申请而启动的,行政裁决机关居间裁判,裁决程序类似民事司法审判程序,因此该制度的司法属性极强;同时,行政裁决主体是行政机关,所涉及的民事案件类型必须具备高度的行政管理相关性,大多数的裁决都借助了行政机关的专业性等资源优势,因此该制度又具备了行政属性。[3]

我们同意上述第三种观点,即将行政裁决的性质定义为"准司法行为"。关于行政裁决性质的前述两种观点都有失偏颇,没有贴切地反映行政裁决制度的特质,不利于后续的制度设计。对行政裁决行为的定性,牵涉到一个制度价值的选择问题,即该制度的设置初衷是出于实现行政管理的需要,还是出于化解民事纠纷的需要。当然,这一选择不是非此即彼的,但必须是有所

---

[1] 杜一超、王霁霞:《典型行政案例改判案例精析》,中国法制出版社 2005 年版,第 13 页。
[2] 袁红波:《论我国的行政裁决制度》,硕士学位论文,西南政法大学,2011 年。
[3] 齐树洁、丁启明:《完善我国行政裁决制度的思考》,载《河南财经政法大学学报》2015 年第 6 期。

侧重的。行政裁决制度无论是从其源起还是发展趋势来看，其最为重要的制度价值在于以行政资源优势为特定民事争议提供可供选择的救济途径。在以行政裁决方式进行纠纷解决的过程中，诚然主体是有权的行政机关，裁决是依据行政权威作出的，但化解民事争议是该制度启用的最原始、最强劲的动力，也是最终极的目的。由此，行政裁决机关才需要在裁决过程中保持必要的中立与消极，尊重民事争议双方抗辩的权利；才需要设计出近似于司法程序的行政裁决程序❶来确保行政权在保障民事私权的同时又不僭越民事私权；才需要确保司法对民事纠纷的最终裁决权；才需要设计出行政裁决的新型司法救济方式，消除行政裁决机关自身的疑虑与顾忌，实现个案正义与行政管理秩序的平衡。

将行政裁决的性质界定为"准司法行为"，更加贴合其制度内涵，更有助于该制度的整体建构，更能为其提供良好的制度前景。

**二、我国行政裁决立法现状梳理**

要了解行政裁决制度的整体发展状况，有必要对行政裁决的立法现状加以梳理。行政裁决立法是行政裁决得以制度化的起点，也是其进一步完善的最有力保障。

**（一）行政裁决"授权性立法"之统计**

表10-1制表说明：

（1）这里所指的"立法"采其广义的含义；这里所指的"授权性立法"是指赋予相关主体某项具体行政裁决权的最高位阶的立法，而涉及该项行政裁决权的下位的、侧重具体的规定的立法不在统计范围之内。

（2）在梳理"授权性行政裁决立法"时，借助了"北大法意""北大法宝"等检索平台，为了全面掌握实质上创设行政裁决权的法条，搜索的关键词不仅仅限于"裁决"，还包括了"裁定""处理""决定"等。

（3）对于检索结果进行了筛选，剔除了以下法律规范：

①已经被立法修改所废止而相关检索平台依然显示的法律规范。比如：1996年修订的《中华人民共和国水污染防治法》第55条已经被2008年修订的该法第86条取代，因水污染引起的损害赔偿责任和赔偿金额的纠纷不再属于行政裁决的受案范围，只能寻求行政调解或民事诉讼解决。

---

❶ 当然，这种准司法程序不必像民事诉讼程序那样细致，但必须具有司法程序的基本功能和特征。

②涉及国际贸易争端裁决的相关法律规范。比如：2004年修订的《中华人民共和国对外贸易法》第48条规定的国务院对外贸易主管部门进行对外贸易的双边或者多边磋商、谈判和争端的解决。再如：2001年制定的《中华人民共和国保障措施条例》第15条规定的外经贸部、国家经贸委根据调查结果作出初裁决定。由于国际贸易争端并非典型的民事争端，争端涉及多种世贸组织规则问题，因此上述裁决也不具备典型的行政裁决的性质。

③涉及对行政性而非民事性争议的裁决的法律规范。比如：2013年《商标法》第35条中商标评审委员会的决定针对的是当事人与商标局之间就商标是否应该准予注册的争议，并非民事性质的争议。又如：2008年《国家科学技术奖励条例实施细则》第68条所涉及的异议关乎行政奖励程序的正确与否，并非纯粹的民事争议。

④裁决主体性质存在争议的相关法律规定。比如：2004年颁布的《中国互联网络域名管理办法》第36条规定域名注册管理机构可以指定中立的域名争议解决机构解决域名争议。而当前域名争议解决的主导官方机构是中国互联网络信息中心，该中心受工信部与中国科学院的双重领导，兼具事业单位和半行政机关的性质。因此有学者指出由中国互联网络信息中心所主导的域名争议解决方式可被视为"半行政手段"（陈斌寅，2013）。中国互联网络信息中心是非营利性的管理与服务机构，并非典型的行政主体，因此其所作出的裁决并不属于行政裁决的范畴，这一点在《中国互联网络域名管理办法》第38条的规定中也可以得到印证。该"办法"第38条第2款规定：域名争议解决机构作出的裁决与人民法院或者仲裁机构已经发生法律效力的裁判不一致的，域名争议解决机构的裁决服从于人民法院或者仲裁机构发生法律效力的裁判。由此可知，域名争议解决机构对域名争议所作出的裁决欠缺强制力，法律规定重在强调司法与仲裁对此类争议的最终审查。

（4）对于规章、部门规范性文件能否设定行政裁决权的问题存在一定争议。此次统计更关注"实然"层面的梳理，即我国现有行政裁决权设定状况如何，以便得到更全面、真实的现实数据，同时也为行政裁决制度在"应然"层面的完善提供前期基础。因此，凡是现存的、在没有上位法规定的前提下，设定实质上的行政裁决权的立法规范均在统计范围之内。

（5）表10-1第14项《国有资产产权界定和产权纠纷处理暂行办法》第29条对国有资产经营权、使用权争议的裁决是否应该属于行政裁决的范畴同样存在争议。一方面是对全民所有制企业之间的争议是否属于民事争议的质疑；另一方面是对裁决主体适格与否的质疑，即认为作为裁决主体的国有资产管理机关为全民所有制企业的出资人,由出资人处理产权纠纷也不能认定为行政裁决。首先,我们认为,全民所有制企业之间的地位是平等的,在经济交往中产生的物权争议理应属于民事争议的范畴。其次,对裁决主体资格的质疑主要是对裁决主体能否具备中立性的质疑,如上文所述,属于"应然"层面的问题,此项裁决在实质上符合了行政裁决的基本要件,暂将其纳入此次统计范围之内。

(6) 法律文本的数据截止到 2016 年 8 月。经过修订的法律规范,我们直接按照其最新修订版本进行统计。

表 10-1  授权性行政裁决立法一览表

| 序号 | 法条 | 纠纷类型 | 裁决主体 | 法律术语 | 法律位阶 | 立法主体 | 立法年份 |
|---|---|---|---|---|---|---|---|
| 1 | 《中华人民共和国土地管理法》第十六条:土地所有权和使用权争议,由当事人协商解决;协商不成的,由人民政府处理。单位之间的争议,由县级以上人民政府处理;个人之间、个人与单位之间的争议,由乡级人民政府或者县级以上人民政府处理。当事人对有关人民政府的处理决定不服的,可以自接到处理决定通知之日起三十日内,向人民法院起诉。在土地所有权和使用权争议解决前,任何一方不得改变土地利用现状。 | 土地权属纠纷 | 乡级、县级以上人民政府 | 处理 | 法律 | 全国人大常委会 | 2004 |
| 2 | 《中华人民共和国森林法》第十七条:单位之间发生的林木、林地所有权和使用权争议,由县级以上人民政府依法处理。个人之间、个人与单位之间发生的林木所有权和林地使用权争议,由当地县级或者乡级人民政府依法处理。当事人对人民政府的处理决定不服的,可以在接到通知之日起一个月内,向人民法院起诉。在林木、林地权属争议解决以前,任何一方不得砍伐有争议的林木。 | 林木、林地权属纠纷 | 乡级、县级以上人民政府 | 处理 | 法律 | 全国人大常委会 | 2009 |

续表

| 序号 | 法条 | 纠纷类型 | 裁决主体 | 法律术语 | 法律位阶 | 立法主体 | 立法年份 |
|---|---|---|---|---|---|---|---|
| 3 | 《中华人民共和国草原法》第十六条：草原所有权、使用权的争议，由当事人协商解决；协商不成的，由有关人民政府处理。单位之间的争议，由县级以上人民政府处理；个人之间、个人与单位之间的争议，由乡（镇）人民政府或者县级以上人民政府处理。当事人对有关人民政府的处理决定不服的，可以依法向人民法院起诉。在草原权属争议解决前，任何一方不得改变草原利用现状，不得破坏草原和草原上的设施。 | 草原权属争议 | 乡（镇）级、县级以上人民政府 | 处理 | 法律 | 全国人大常委会 | 2013 |
| 4 | 《中华人民共和国矿产资源法》第四十九条：矿山企业之间的矿区范围的争议，由当事人协商解决，协商不成的，由有关县级以上地方人民政府根据依法核定的矿区范围处理；跨省、自治区、直辖市的矿区范围的争议，由有关省、自治区、直辖市人民政府协商解决，协商不成的，由国务院处理。 | 矿区范围权属纠纷 | 县级以上人民政府、国务院 | 处理 | 法律 | 全国人大常委会 | 2009 |
| 5 | 《中华人民共和国电力法》第二十二条第三款：并网双方应当按照统一调度、分级管理和平等互利、协商一致的原则，签订并网协议，确定双方的权利和义务；并网双方达不成协议的，由省级以上电力管理部门协调决定。 | 电力交易纠纷 | 省级以上电力管理部门 | 决定 | 法律 | 全国人大常委会 | 2015 |
| 6 | 《中华人民共和国商标法》第四十五条：已经注册的商标，违反本法第十三条第二款和第三款、第十五条、第十六条第一款、第三十条、第三十一条、第三十二条规定的，自商标注册之日起五年内，在先权利人或者利害关系人可以请求商标评审委员会宣告该注册商标无效。对恶意注册的，驰名商标所有人不受五年的时间限制。 | 知识产权纠纷 | 商标评审委员会 | 裁定 | 法律 | 全国人大常委会 | 2013 |

续表

| 序号 | 法条 | 纠纷类型 | 裁决主体 | 法律术语 | 法律位阶 | 立法主体 | 立法年份 |
|---|---|---|---|---|---|---|---|
|  | 商标评审委员会收到宣告注册商标无效的申请后，应当书面通知有关当事人，并限期提出答辩。商标评审委员会应当自收到申请之日起十二个月内做出维持注册商标或者宣告注册商标无效的裁定，并书面通知当事人。有特殊情况需要延长的，经国务院工商行政管理部门批准，可以延长六个月。当事人对商标评审委员会的裁定不服的，可以自收到通知之日起三十日内向人民法院起诉。人民法院应当通知商标裁定程序的对方当事人作为第三人参加诉讼。商标评审委员会在依照前款规定对无效宣告请求进行审查的过程中，所涉及的在先权利的确定必须以人民法院正在审理或者行政机关正在处理的另一案件的结果为依据的，可以中止审查。中止原因消除后，应当恢复审查程序。 |  |  |  |  |  |  |
| 7 | 《中华人民共和国专利法》第五十七条：取得实施强制许可的单位或者个人应当付给专利权人合理的使用费，或者依照中华人民共和国参加的有关国际条约的规定处理使用费问题。付给使用费的，其数额由双方协商；双方不能达成协议的，由国务院专利行政部门裁决。 | 知识产权纠纷 | 国务院专利行政部门 | 裁决 | 法律 | 全国人大常委会 | 2008 |
| 8 | 《人民调解委员会组织条例》第九条：人民调解委员会主持下达成的调解协议，当事人应当履行。经过调解，当事人未达成协议或者达成协议后又反悔的，任何一方可以请求基层人民政府处理，也可以向人民法院起诉。 | 民间纠纷 | 基层人民政府 | 处理 | 行政法规 | 国务院 | 1989 |

续表

| 序号 | 法条 | 纠纷类型 | 裁决主体 | 法律术语 | 法律位阶 | 立法主体 | 立法年份 |
|---|---|---|---|---|---|---|---|
| 9 | 《中华人民共和国土地管理法实施条例》第二十五条第三款：市、县人民政府土地行政主管部门根据经批准的征收土地方案，会同有关部门拟订征地补偿、安置方案，在被征收土地所在地的乡（镇）、村予以公告，听取被征收土地的农村集体经济组织和农民的意见。征地补偿、安置方案报市、县人民政府批准后，由市、县人民政府土地行政主管部门组织实施。对补偿标准有争议的，由县级以上地方人民政府协调；协调不成的，由批准征收土地的人民政府裁决。征地补偿、安置争议不影响征收土地方案的实施。 | 征地补偿纠纷 | 批准征收土地的人民政府 | 裁决 | 行政法规 | 国务院 | 2014 |
| 10 | 《中药品种保护条例》第十九条：对临床用药紧缺的中药保护品种，根据国家中药生产经营主管部门提出的仿制建议，经国务院卫生行政部门批准，由仿制企业所在地的省、自治区、直辖市卫生行政部门对生产同一中药保护品种的企业发放批准文号。该企业应当付给持有《中药保护品种证书》并转让该中药品种的处方组成、工艺制法的企业合理的使用费，其数额由双方商定；双方不能达成协议的，由国务院卫生行政部门裁决。 | 知识产权纠纷 | 国务院卫生行政部门 | 裁决 | 行政法规 | 国务院 | 1992 |
| 11 | 《中华人民共和国植物新品种保护条例》第十一条：为了国家利益或者公共利益，审批机关可以作出实施植物新品种强制许可的决定，并予以登记和公告。取得实施强制许可的单位或者个人应当付给品种权人合理的使用费，其数额由双方商定；双方不能达成协议的，由审批机关裁决。品种权人对强制许可决定或者强制许可使用费的裁决不服的，可以自收到通知之日起3个月内向人民法院提起诉讼。 | 知识产权纠纷 | 审批机关即国务院农业林业行政部门 | 裁决 | 行政法规 | 国务院 | 2013 |

续表

| 序号 | 法条 | 纠纷类型 | 裁决主体 | 法律术语 | 法律位阶 | 立法主体 | 立法年份 |
|---|---|---|---|---|---|---|---|
| 12 | 《集成电路布图设计保护条例》第二十八条：取得使用布图设计非自愿许可的自然人、法人或者其他组织应当向布图设计权利人支付合理的报酬，其数额由双方协商；双方不能达成协议的，由国务院知识产权行政部门裁决。 | 知识产权纠纷 | 国务院知识产权行政部门 | 裁决 | 行政法规 | 国务院 | 2001 |
| 13 | 《企业名称登记管理规定》第二十四条：两个以上企业向同一登记主管机关申请相同的符合规定的企业名称，登记主管机关依照申请在先原则核定。属于同一天申请的，应当由企业协商解决；协商不成的，由登记主管机关作出裁决。两个以上企业向不同登记主管机关申请相同的企业名称，登记主管机关依照受理在先原则核定。属于同一天受理的，应当由企业协商解决；协商不成的，由各该登记主管机关报共同的上级登记主管机关作出裁决。 | 企业名称纠纷 | 国家工商行政管理局和地方各级工商行政管理局 | 裁决 | 行政法规 | 国务院 | 2012 |
| 14 | 《国有资产产权界定和产权纠纷处理暂行办法》第二十九条：全民所有制单位之间因对国有资产的经营权、使用权等发生争议而产生的纠纷，应在维护国有资产权益的前提下，由当事人协商解决。协商不能解决的，应向同级或共同上一级国有资产管理部门申请调解和裁定，必要时报有权管辖的人民政府裁定，国务院拥有最终裁定权。 | 国有资产经营权、使用权纠纷 | 国有资产管理部门、有权管辖的人民政府、国务院 | 裁定 | 部门规范性文件 | 国有资产管理局 | 1993 |
| 15 | 《企业名称登记管理实施办法》第四十二条：企业因名称与他人发生争议，可以向工商行政管理机关申请处理，也可以向人民法院起诉。第四十三条：企业请求工商行政管理机关处理名称争议时，应当向核准他人名称的工商行政管理机关提交以下材料：（一）申请书； | 企业名称纠纷 | 工商行政管理机关 | 处理 | 部门规章 | 国家工商行政管理总局 | 2004 |

续表

| 序号 | 法条 | 纠纷类型 | 裁决主体 | 法律术语 | 法律位阶 | 立法主体 | 立法年份 |
|---|---|---|---|---|---|---|---|
| | （二）申请人的资格证明；<br>（三）举证材料；<br>（四）其他有关材料。<br>申请书应当由申请人签署并载明申请人和被申请人的情况、名称争议事实及理由、请求事项等内容。委托代理的，还应当提交委托书和被委托人资格证明。<br>第四十四条：工商行政管理机关受理企业名称争议后，应当按以下程序在6个月内作出处理：<br>（一）查证申请人和被申请人企业名称登记注册的情况；<br>（二）调查核实申请人提交的材料和有关争议的情况；<br>（三）将有关名称争议情况书面告知被申请人，要求被申请人在1个月内对争议问题提交书面意见；<br>（四）依据保护工业产权的原则和企业名称登记管理的有关规定作出处理。 | | | | | | |

在表10-1中我们梳理了现存、有效的授权性行政裁决立法规范，细致研读上述立法条文，有以下几点值得关注：

第一，我国尚未制定统一的《行政裁决法》，授权性的行政裁决立法多散见于各类法律、行政法规、规章中，且此类立法数量相当有限。立法的大幅度缩减一方面有避免行政权过度干预私权的考量，另一方面在一定程度上也反映了某些行政机关"惰性行政"的倾向，即为了规避行使行政裁决权所带来的法律责任而通过立法修改的方式废止该项权力。行政裁决授权性立法数量的有限性一方面折射出行政机关对行政裁决权的现实喜好，另一方面也极大地限制了行政裁决制度的发展空间。

第二，行政裁决权设定的领域主要集中在自然资源权属与补偿及损害赔偿、知识产权、民间纠纷、国有资产产权、企业名称纠纷等五大领域。由表10-1可知，知识产权与自然资源权属领域设定的行政裁决权位于前两位，分别占全部授权性行政裁决立法的33%和27%，其余领域的行政裁决权限多数只有一部到两部立法对其有所涉及，数量十分有限。凡是设定行政裁决权的领域都有一定的共性，即或者是由于该领域的权益具有公共性的特质，或者是由于处理该领域的争议需要专业性的手段。行政裁决制度是行政权力对民事争议的干预，必须把握干预的尺度才不至于走向权力的无限扩张。由此，在行政裁决权设定领域的选择问题上秉持着上述标准而不随意扩大其范围是具有重大意义的。然而，从另一方面来讲，具备了利益公共性与争议处理手段专业性两大特征的民事领域绝不仅仅限于表10-1所示的五个范畴，应该考虑在诸如环境污染损害赔偿纠纷、消费者权益纠纷、医疗事故纠纷、交通事故纠纷等领域设定行政裁决权。

第三，行政裁决授权性立法的法律位阶问题值得探讨。如前文所述，表10-1在数据统计时侧重于更为全面地展示该制度的现实发展状况，因此涉及行政裁决权的最为上位的立法都被纳入该表中。这其中以法律形式设定行政裁决权的共有7项，占总数的46.7%；以行政法规形式设定行政裁决权的共有6项，占总数的40%；以部门规章与部门规范性文件形式设定行政裁决权的各有1项，各占总数的6.7%。法律设定行政裁决权当然是合法、合理的，但行政裁决权的权力主体是行政机关，国务院与各部委以立法形式自设行政裁决权就值得商榷了。行政主体通过立法自设行政裁决权，难免会遭到权力扩张、缺乏监督制衡等方面的质疑。此外，大量地方性立法对行政裁决制度有所涉及，但都不属于授权性的立法，而是侧重于对上位法的具体化，侧重制度运作的问题，因此表10-1所示的行政裁决授权性立法的位阶都集中在"中央层面"，而没有涉及地方性的立法文件。

第四，表10-1所示的行政裁决授权性立法在具体法律条文中对"行政裁决"的表述采用了并不统一的法律术语。有的法条使用的是"处理"，占总数的40%；有的法条使用的是"裁定"，占总数的13.3%；有的法条使用的是"决定"，占总数的6.7%；有的法条使用的是"裁决"，占总数的40%。法律术语使用问题并不是一个无关紧要的问题，它会直接影响行政裁决制度的实际运作。比如很多行政裁决授权性立法使用了"处理"这一术语，而"处理"具有较为广泛的外延，可以是行政调解也可以是行政裁决。由于相对于行政裁决而言，行政调解这一纠纷解决机制使行政机关自身面临的风险较小，所以在实际运作中，行政机关很可能出于"趋利避害"的考量选择行政调解而回避行政裁决。由此，法律术语使用上的含糊、不明确是需要在立法修改过程中加以修正的。

第五，表10-1中涉及以地方政府为行政裁决主体的授权性立法共有7项，占总数的46.7%。如此之高的比例一方面说明地方政府在行政裁决中承担着重要的责任，不可推卸或变相推卸其法定职责，陷入"消极行政"的境地;另一方面也说明地方政府在推进行政裁决制度发展的过程中大有施展的空间,譬如可以通过制定实施性、程序性规范的方式增强行政裁决授权性立法的可操作性,切实增强行政裁决的实际运行效果。当然这就涉及地方政府是否具有在"依法行政"的前提下"积极行政"的意识,能否有"自带紧箍咒"的勇气和决心。

(二)我国各地方行政裁决"实施性立法"之统计

在上位法进行了行政裁决权的"授权"之后,各级地方人大、政府在该制度具体运行过程中起到的作用不容小觑。地方推进行政裁决运行的重要方式之一是对其进行"实施性立法"。这里所称的"实施性立法"是相对于"授权性立法"而言的。首先我们对"立法"采广义的理解,凡是地方人大、政府依法制定的地方性法规、地方政府规章及其他规范性文件都纳入到该部分的研究范畴之内;其次,所谓"实施性"是指地方人大、政府为了贯彻上位法,结合本行政区域的实际对上位法已有规定进一步具体化,使之更明确、更具有可操作性。"实施性立法"与"授权性立法"的关联性在于:"实施性立法"以"授权性立法"为基础,是"授权性立法"的延续,不得突破"授权性立法"的规定,更不得与之相违背。而两者的区别在于:"授权性立法"着重于权利的创设,"实施性立法"关注制度的运行;"授权性立法"一般比较概括,"实施性立法"一般比较具体;"授权性立法"一般不涉及实际操作问题,"实施性立法"直接具有操作性;"授权性立法"的法律位阶较高,一般表现为法律、行政法规、部门规章,"实施性立法"的法律位阶较低,一般表现为地方性法规、地方政府规章、地方规范性文件等。

我们借助"北大法宝"这一检索平台,以"行政裁决"为检索关键词,在"效力级别"处选取"地方法规、规章"进行立法检索。检索结果显示"中国地方法规规章全库"共22条信息,其中,地方性法规与地方政府规章都显示"暂无",检索出的22条"立法"(广义)均属于"地方规范性文件"的范畴。也就是说,我国目前各地均未制定针对行政裁决的专门的实施性立法。我们对上述22条信息进一步筛选,剔除了业已失效的规范性文件,比如《天津市房屋拆迁行政裁决听证办法》《新疆维吾尔自治区城市房屋拆迁行政裁决规则》等;剔除了虽尚未被明确废止,但由于上位法的调整而在检索结果中"法规类别"一处被标注为"历史遗留问题"的规范性文件,比如《青岛市城市房屋拆迁行政裁决听证办法》《苏州市城市房屋拆迁纠纷行政裁决办法》等。经过整理,我国各地方直接以"行政裁决"命名的立法仅有表10-2

所示的四项。

表 10-2　各地方以"行政裁决"命名的规范性文件

| 序号 | 规范性文件名称 | 实施时间 |
| --- | --- | --- |
| 1 | 《潍坊市行政裁决工作规定》 | 2013-3-1 |
| 2 | 《潍坊市关于推行相对集中行政复议职权和政府行政裁决职权工作的实施方案》 | 2010-4-20 |
| 3 | 《长白朝鲜族自治县人民政府关于加强行政裁决工作的指导意见》 | 2009-11-3 |
| 4 | 《哈尔滨市行政裁决备案规则》 | 2004-6-22 |

在上述梳理工作中发现以下一些问题：

（1）我国各地方直接针对行政裁决制度的实施性立法活动并不活跃，数量十分有限。

（2）我国各地方直接针对行政裁决制度的实施性立法的位阶较低，仅停留在"规范性文件"的范畴。

（3）在上述 22 项检索结果中剔除的 18 项均围绕"房屋拆迁补偿"问题展开，立法实施的时间段集中在 2004—2010 年间，反映了我国一定历史阶段的社会问题与立法偏好。同时，随着 2011 年 1 月 21 日《国有土地上房屋征收与补偿条例》的颁布实施，房屋拆迁补偿行政裁决制度被废弃，各地方的相关实施性立法大部分也已被废止，一些尚未明确废止的只是地方在立法改废问题上存在滞后性而已。

（4）表 10-2 所示的四项我国各地方行政裁决实施性立法规定较授权性立法规定而言，更加系统、具体地规制了该制度的组织、程序等相关问题，更具有可操作性，对行政裁决制度的切实推行具有重大意义。

为了更加全面地收集我国行政裁决实施性立法规定，我们在"北大法宝"检索平台上又将检索的关键词扩充到"裁决""处理"等，在"效力级别"处依然选取"地方法规、规章"进一步地筛选。筛选结果显示，现行有效的、在条文内容上包含了行政裁决的地方实施性立法主要围绕权属争议（土地权属争议、林木林地权属争议、山林水利权属争议）展开。其中属于地方性法规的共有 8 项，如《福建省林木、林地处理条例》等；属于地方政府规章的共有 7 项，如《黑龙江省土地权属争议处理办法》等；属于地方规范性文件的共有 16 项，如《陕西省人民政府办公厅关于认真做好土地权属争议处理工作的通知》。相关立法比较活跃的省市有广东省、黑龙江省、福建省、安徽省、浙江省、辽宁省、广西壮族自治区、内蒙古自治区呼和浩特市、江苏省南京市等。

此外，针对行政裁决的程序问题尚无专门立法，在这方面山东省潍坊市的工作比较超前，在《潍坊市行政裁决工作规定》中我们可以看到涉及行政裁决程序问题的相关规定。但囿于法律位阶较低及立法当时的认识与实践的限制，该规定也存在着比较笼统、可操作性欠缺等问题。近年来各地纷纷出台《行政程序规定（则）》《行政程序办法》，许多地方以专门的章节、法条形式规制了行政裁决程序，依照前文所提及的检索方式，我们梳理并制作了表10-3。

表10-3 以专门章节规范行政裁决程序的地方立法

| 序号 | 立法名称 | 涉及行政裁决程序的章节、条款 | 立法位阶 | 实施日期 |
| --- | --- | --- | --- | --- |
| 1 | 浙江省行政程序办法 | 第五章第85条 | 地方政府规章 | 2017-1-1 |
| 2 | 宁夏回族自治区行政程序规定 | 第四章第三节第78-84条 | 地方政府规章 | 2015-3-1 |
| 3 | 山东省行政程序规定 | 第六章第三节第112-117条 | 地方政府规章 | 2012-1-1 |
| 4 | 湖南省行政程序规定 | 第五章第三节第109-114条 | 地方政府规章 | 2008-10-1 |
| 5 | 兰州市行政程序规定 | 第五章第二节第82-87条 | 地方政府规章 | 2015-3-1 |
| 6 | 海口市行政程序规定 | 第五章第三节第90-95条 | 地方政府规章 | 2013-8-1 |
| 7 | 汕头市行政程序规定 | 第六章第三节第115-120条 | 地方政府规章 | 2011-5-1 |
| 8 | 凉山州行政程序规定 | 第五章第三节第126-131条 | 地方规范性文件 | 2013-10-28 |
| 9 | 邢台市行政程序规定 | 第五章第四节第118-124条 | 地方规范性文件 | 2013-12-1 |
| 10 | 白山市行政程序规则 | 第五章第三节第109-114条 | 地方规范性文件 | 2012-2-29 |
| 11 | 酒泉市行政程序规定（试行） | 第七章第四节第173-178条 | 地方规范性文件 | 2013-1-1 |

上述地区的行政程序立法以专门章节的形式规范了行政裁决制度，对推进该制度的发展、提升制度执行力起到了关键作用。我国各地方对行政裁决制度的关注度甚至超越了中央立法，程序性的设置无论从维护当事人合法权益的角度，还是从限制公权力滥用的角度；无论是从消解个体争议的角度，还是从优化治理手段的角度来讲都意义非凡，体现了各地方的制度推力。当然，综观上述行政裁决的程序性立法规定，多用5~6个条文的形式加以规制，无论在数量还是系统性方面是存在欠缺的。特别是《浙江省行政程序办法》中对行政裁决制度只用一个法条涵盖带过，其对该制度的实际运行起到的作用恐怕收效甚微。此外，细致研读以上各地方的立法，可以发现相关法律条文的重合度比较高，制度创新不足，这是地方立法需要加以改进和完善之处。

值得关注的是，在梳理行政裁决"地方实施性立法"的过程中，我们发现以下两部地方立法比较有特色，即《山东省多元化解纠纷促进条例》（2016年10月1日实施）和《厦门经济特区多元化纠纷解决机制促进条例》（2015年5月1日实施）。在上述立法中关注了行政裁决作为一种诉讼外纠纷解决机制与诉讼、与其他诉外纠纷解决机制如行政调解、行政复议、仲裁等之间的有机衔接、相互协调问题，突破了传统地方立法仅就行政裁决自身问题进行制度挖掘的藩篱，反映了该类制度研究的发展趋势，具有前瞻性。遗憾的是上述立法对行政裁决问题的关注度不够，相关规定的表述侧重原则性，欠缺具体操作性。在"北大法宝"搜索引擎上，上述两部立法在"法规类别"处都被归入了"调解"的范畴。暂且不论这样的归类准确与否，它在一定程度上的确反映了上述两部立法的研究倾向，即相对于"行政裁决"而言，其更加侧重于各类"调解"手段自身和与其他纠纷化解手段之间的衔接问题研究。可以说，行政裁决在多元纠纷解决机制体系中的重要性已经被山东省、厦门市两地以立法的形式加以认可，但对其的关注度仍然有待加强。

与我国其他地方相比，河北省在行政裁决的实施性立法方面稍显落后。从省一级立法活动的层面来看，仅在诸如《河北省行政权力公开透明运行规定》《河北省行政执法和行政执法监督规定》等立法中对该制度有所涉及，没有进行专门立法，也没有制定《行政程序规定》对其进行程序性规制。从省内各市一级立法活动层面来看，全省只有邢台市制定了《邢台市行政程序规定》（见表10-3），以专门章节规范了行政裁决的实施程序问题。虽然也存在着前文所提及的一些缺憾，但邢台市在该问题上的确开启了全省先河，值得肯定。

行政裁决能否切实、充分地发挥其制度功能，在很大程度上取决于我国各地方的行政理念和对该制度的认同程度。各地方通过行政裁决的实施性立法活动来引领和推动该制度的运行，体现了地方的主动性与创造性。如何在"积极行政"与"消极行政"之间寻求最佳平衡点，如何结合各地实际制定操之有度、行之有效的行政裁决实施性地方法规、地方政府规章、地方规范性文件，考验着各地方的立法水平和执政能力。

### 三、我国行政裁决工作的实际运行状况及问题挖掘——以河北省为例

一项制度从达到理论自洽到得到立法确认，最终还是要获得良好的实践运作状况才能视为实现了其制度设计的初衷。让制度回到实践，一方面可以运用制度的优势推动实践前行，另一方面可以在实践的摩擦碰撞中挖掘制度

设计之初的理论盲点与立法缺位,从而完成制度反思并使制度完善做到有的放矢。为了考察行政裁决制度在我国的实际运行状况,挖掘制度设计的深层次问题,我们选取河北省作为研究范本,进行了行政裁决工作的现状梳理和问题研究。

(一) 河北省行政裁决工作调查问卷设计说明

如前文所示,与一些省份相比,河北省在行政裁决的实施性立法工作方面稍显欠缺。河北省邢台市在省内首开先河制定了《邢台市行政程序规定》,其中以专门章节规范了行政裁决的相关程序问题。为了全面考察河北省内各省直部门和各市、县、乡镇的行政裁决工作实际推进情况,我们制作了调研问卷(见附件),向上述对象发放填报。调研问卷主要涉及以下五个方面:

1. 立法层面

现存生效的涉及行政裁决事项的法律、法规、规章或者《指导意见》《实施方案》等规范性文件主要有哪些。

2. 行政裁决实践数据

(1) 现全省范围内一共有多少项行政裁决事项,有行政裁决事项的政府部门有哪几个,有哪几个法律、法规授权的组织有行政裁决事项。

(2) 近三年(2013—2015年)的行政裁决案件数量、案件类型等情况。

3. 行政裁决组织层面

涉及行政裁决事项的政府部门是否设有专门的行政裁决机构,相关人员配备情况。

4. 行政裁决程序

(1) 行政裁决工作是否有明确的程序规定。

(2) 行政裁决工作是否严格按程序规定展开。

5. 行政裁决法律监督、救济层面

(1) 裁决后,当事人一方不服裁决结果,就原纠纷向法院提起民事诉讼的案件数量。

(2) 裁决后,当事人一方不服裁决结果,对行政裁决提起行政复议的案件数量,以及导致裁决结果变更的案件数量。

(3) 裁决后,当事人一方不服裁决结果,对行政裁决提起行政诉讼的案件数量,行政裁决机构败诉的案件数量,以及导致裁决结果变更的案件数量。

问卷设计试图掌握在实务工作中具有行政裁决权的主体其权力来源、行政裁决权的行使依据、行政裁决涉及的纠纷类型、行政裁决机构设置与人员配备情况、行政裁决程序、行政裁决救济、行政裁决主体推进该项工作过程中遇到的困难与建议。

(二) 河北省行政裁决工作运行状况

此次调研结束,我们收集了河北省直属机构与七个城市的调研问卷共455份。其中省政府各相关部门问卷5份;邯郸市政府及所属相关部门问卷32份,邯郸市辖县(市、区)、乡镇政府及相关部门问卷140份;廊坊市政府及所属相关部门、廊坊市辖县(市、区)、乡镇政府及相关部门问卷94份;邢台市政府、市辖县(市、区)、乡镇政府及相关部门问卷27份;衡水市政府及所属相关部门、衡水市辖县(市、区)、乡镇政府及相关部门问卷61份;沧州市政府及所属相关部门、沧州市辖县(市、区)政府问卷42份;保定市政府及所属相关部门、保定市辖县(市、区)、乡镇政府及相关部门问卷42份;秦皇岛市政府及所属相关部门、市辖区、县人民政府问卷12份。

在对上述调研问卷进行研读之后,我们发现有一部分问卷的填写内容本身存在问题,其真实性存疑。比如:国网冀北三河市供电有限公司在回答调研问卷题目9即"近三年(2013—2015年)本部门或本级政府行政裁决案件数量一共有____件"一题时填写的是"0件",而在回答调研问卷题目10即"近三年(2013—2015年)来,行政裁决作出后,当事人一方不服裁决结果,就原纠纷向法院提起民事诉讼的案件数量有____件"和题目12即"近三年(2013—2015年)来,行政裁决作出后,当事人一方不服裁决结果,对行政裁决提起行政诉讼的案件数量有____件"两个题目时均回答了"1件"。又比如:河间市人民政府在回答调研问卷题目9时填写的是"0件",而在回答调研问卷题目12时回答了"5件"。再比如:河北省保定市涞源县人民政府在回答调研问卷题目9时填写的是"12件",而在回答调研问卷题目10和题目12时均回答了"16件"。对问卷问题的回答存在前后矛盾的情形,这类问卷我们予以剔除,不计入统计范畴。

经整理,河北省行政裁决工作在省政府及职能部门以及廊坊、衡水、邯郸、保定、沧州、秦皇岛、邢台七个地市的开展情况如下:

(1) 省内各地区对行政裁决工作的重视程度与实际推进情况不尽相同。调研问卷显示,一些地区提交了大量空白问卷,本身具有的法定行政裁决权限没有落实,近三年(2013—2015年)来没有审查裁定一件行政裁决案件,由此,对行政裁决工作推进过程中的实际困难也没有感触和体会,对行政裁决工作的推进没有提出任何意见和建议，比如邯郸市复兴区；一些地区对行政裁决工作比较重视，该项制度在各市直机关和县（市、区）、乡镇政府及相关部门有实务案例，行使了法定职权，对行政裁决制度的完善和实际运作给出的建议均来自于实践，比较中肯，值得借鉴，比如衡水市、邢台市、秦皇岛市青龙县、保定市定兴县。

（2）调研有效问卷多产生于省内各级政府、林业部门、国土资源管理部门、工商行政管理部门。上述四大主体承担了河北省绝大部分的行政裁决工作，受案数据及有效建议多来自于这四大主体，其在推动行政裁决制度有效运行方面起到了关键性作用。

（3）行政裁决工作涉及的纠纷囊括了问卷所列的全部纠纷类型，即权属纠纷、侵权纠纷、损害赔偿纠纷、补偿纠纷、知识产权纠纷、民间纠纷、其他纠纷。剔除了空白问卷和存疑问卷之后，经统计，被调研对象填写行政裁决案件类型属于权属纠纷的共计 183 份，属于侵权纠纷的共计 54 份，属于损害赔偿纠纷的共计 43 份，属于补偿纠纷的共计 77 份，属于知识产权纠纷的共计 28 份，属于民间纠纷的共计 75 份，属于其他纠纷的共计 87 份。❶ 各类纠纷所占比例如图 10-1 所示。

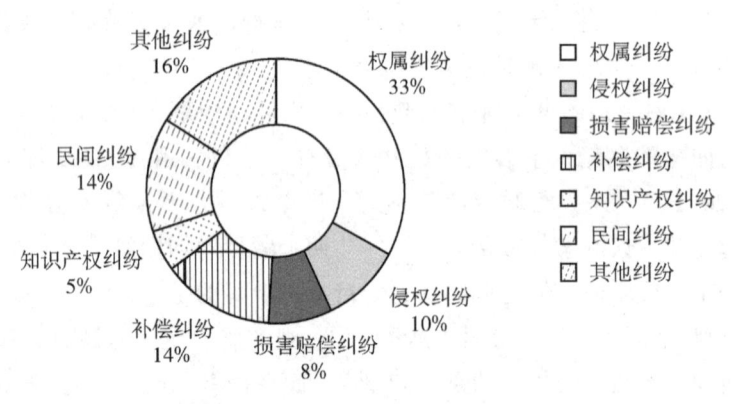

图 10-1　行政裁决纠纷类型比例分布图

（4）行政裁决工作所依据的法律、行政法规、地方性法规、部门规章、地方政府规章、规范性文件等基本符合前文所梳理的行政裁决"授权性立法"与"实施性立法"的范畴，但也有一些被调研单位所提及的法律依据与行政裁决制度无关。比如：衡水市安平县人民政府在回答调研问卷第 3 题"涉及

---

❶ 实际工作中有的被调研单位涉及的行政裁决案件类型并不是单一的，因此许多被调研单位存在复选现象。

本部门或本级政府行政裁决工作的法律有＿＿＿"填写了《公证法》《律师法》，这两部法律显然与行政裁决制度的关联性不大，并非行政裁决权的法律来源，也并非行政裁决工作的实施依据。又比如：邯郸市公安交通警察支队在回答调研问卷第3题时，填写了《中华人民共和国道路交通安全法》，而该法并没有涉及行政裁决的法律条文。再比如：衡水市地震管理办公室在回答调研问卷第3题时，填写了《中华人民共和国防震减灾法》，该法也没有涉及行政裁决的法律规定。上述被调研单位所填写的自身日常工作中涉及的法律规定与行政裁决工作无关，反映出其对"行政裁决"的概念存在认识错误，对该项工作的理解存在一定偏差。

（5）行政裁决机构设置与人员配备方面，剔除空白问卷和存疑问卷之后，结果显示设置了专门行政裁决机构的被调研单位共98个，未设置专门行政裁决机构的被调研单位共163个；行政裁决人员具有相关专业知识的被调研单位共153个，没有相关专业知识的被调研单位共108个。

（6）近三年（2013—2015年），上述机构和地方启动行政裁决程序的案件共899件，裁决作出后当事人提起民事诉讼的共29件；提起行政复议的共43件，其中导致行政裁决结果发生改变的共4件；提起行政诉讼的共44件，其中行政机关败诉的共10件，因此导致行政裁决结果发生改变的共4件。作为行政裁决救济途径的民事诉讼、行政复议、行政诉讼的启动比例如图10-2所示。

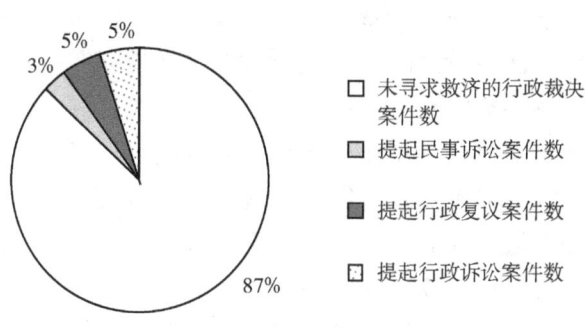

图10-2 行政裁决各类救济制度启动比例示意图

（7）剔除了空白问卷和存疑问卷之后，上述各地各级政府及职能部门认为其行政裁决工作遵循了统一程序的问卷共有109份，占总数的41.8%；认为行政裁决工作无统一程序的问卷共有152份，占总数的58.2%。问卷显示，被调研主体认为行政裁决程序中启动程序需要改进的122个，主管与管辖制度需要改进的122个，告知制度需要改进的83个，回避制度需要改进的 63 个，听证制度需要建立并完善的 106 个，时效制度需要建立并完善的 114 个，证据制度需要改进的 115 个，执行制度需要改进的 179 个。一线行政裁决机关反馈的、行政裁决程序需要加强的各个环节数据比重如图 10-3 所示。

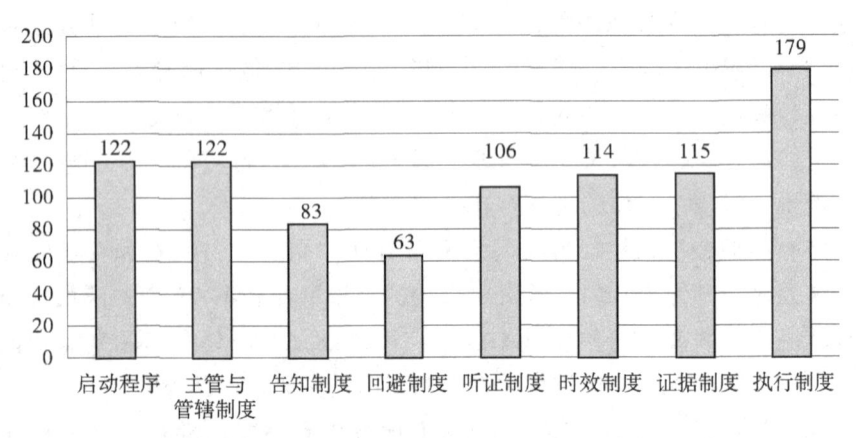

图 10-3　行政裁决程序有待完善的各环节数据比重示意

(三) 河北省行政裁决工作存在的问题

通过对河北省行政裁决工作现状的梳理，我们发现其中存在如下一些问题。

1. 行政裁决主体、公众对该制度的认同度不高

从近三年来（2013—2015 年）河北省各级政府、职能部门行政裁决的案件数量来看，行政裁决制度的启用率不高，很多有权主体甚至对该制度出现了"零启动"的现象。比如邯郸市工商行政管理局、邯郸市曲周县林业局、衡水深州林业局等。制度启动率低，一方面反映了行政裁决主体对该制度欠缺偏好，另一方面也反映了纠纷当事人对该救济方式的认同度不高。在调研中，有的行政裁决主体提出还要进一步缩减行政裁决的受案范围，比如沧州市青县人民政府、保定市顺平县高于铺镇人民政府。行政裁决的立法总体呈紧缩的态势，在此基础之上行政裁决主体还在主张进一步缩减该制度适用范围，可见制度运作不畅，效果不好，一线工作人员本身对启用行政裁决制度欠缺热情。有的地方直接指出当事人对政府的裁决结果持怀疑态度，比如保定市顺平县安阳乡政府，久而久之这必然削弱当事人对行政裁决制度本身的信心。如何有效提升行政裁决主体和当事人对行政裁决制度的认同感是一项重要课题。

## 2. 行政主体对于行政裁决制度的认识存在偏差

行政主体自身对行政裁决概念的内涵与外延、行政裁决与其他相关行政行为的区别、行政裁决的权力来源、行政裁决的主体的适格、行政裁决的纠纷类型、行政裁决的受案范围等都存在认识不清的现象。

（1）一些本身不属于行政主体的单位也参与了相关问题的调查，反映了其对"行政裁决"的概念认识不准确。比如中国人民银行廊坊市中心支行、国网冀北三河市供电有限公司、邯郸市供销合作社，都不具有行政主体资格，自然不涉及行政裁决权的行使问题；再比如廊坊永清县法院，其属于司法机关，不涉及行政裁决权的行使问题。

（2）一些行政主体对自身行使职权的性质存在认知错误，将其与"行政裁决"制度相混淆，因此提供的数据不准确，不能全面反映行政裁决工作实际。比如廊坊市永清县公安局提供的数据显示2013—2015年度其处理行政裁决案件755件，而其法律依据是《中华人民共和国治安管理处罚法》《中华人民共和国道路交通安全法》等，这就很有可能是将其日常行使的"行政处罚"权与我们所研究的"行政裁决"制度相混淆了，该行政主体给出的数据不能被采纳。廊坊市公安交警支队提供的数据显示2013—2015年度其处理行政裁决案件达到了5.4万件，而其法律依据也是《中华人民共和国道路交通安全法》等，如此庞大的数据，再加之法律、行政法规并未赋予交警支队行政裁决权，我们认为廊坊市公安交警支队对何为"行政裁决"制度认识不清，很可能是将"行政裁决"与其职权范围内的"行政确认""行政处罚"行为混为一谈了。又比如邯郸市峰峰矿区农业局将其日常进行的"农业机械事故损害赔偿调解"工作归入行政裁决。再比如邯郸市邯山区人力资源和社会保障局、邯郸市成安县人力资源和社会保障局提交的问卷显示其在2013—2015年间处理的行政裁决案件分别是63件和27件，而通过查询相关立法并对照其提交的意见和建议可以推断，上述主体将"劳动争议仲裁"与"行政裁决"相混淆。❶ 这就出现了"无行政裁决权的主体认为自身具有行政裁决权"的情况。

（3）一些行政主体对行政裁决事项的具体性质归属不明确。比如在梳理行政裁决工作涉及的纠纷类型时，有87个主体选择了"其他纠纷"这一项，占纠纷类型总数的15.9%。这些数据中就存在着以下三种情况：一是行政裁决主体对其处理的纠纷性质判断不清，直接将其归入"其他纠纷"

---

❶ 混淆"劳动争议仲裁"与"行政裁决"制度的现象并不罕见。在陕西省对行政裁决事项进行梳理的过程中就明确认定"管辖范围内的劳动人事争议仲裁"属于"省级行政裁决事项"。

的范畴；二是不同地区的同一机构对自身日常裁决的纠纷的性质出现认识不一致，譬如有的认为是"知识产权纠纷"，有的却归入"其他纠纷"；三是本身无行政裁决权的主体将其职权涉及的纠纷与行政裁决纠纷混同，含糊归入"其他纠纷"的范畴，譬如廊坊市教育局、廊坊市人力资源和社会保障局。纠纷的性质不同，行政裁决的主体、手段、程序等都有细微差异，对纠纷性质的含混认识，不利于行政裁决工作的有效开展。

（4）不同地区的同一机关在对其是否具有行政裁决权的问题上出现认识差异。比如廊坊市民政局认为其具有行政裁决权，而邯郸市曲周县民政局认为其没有该项权限；衡水市枣强县司法局认为其具有行政裁决权，而衡水市司法局、邯郸市邯山区司法局认为其没有该项权限；邯郸市磁县农牧局认为其具有行政裁决权限，而邯郸市曲周县农牧局认为其没有该项权限。

**3. 行政裁决机构欠缺独立性和中立性，行政裁决人员执业资格欠缺刚性约束**

如前文所述，许多行政裁决主体并未设置专门的行政裁决机构，这也在一定程度上反映了行政裁决制度的受重视程度不够，具有附属性强的特征。近些年来随着公务员入职资格的不断规范，一线行政裁决人员的执业水准有所提升，但行政裁决制度作为一项"准司法性质"的纠纷解决规范，其对行政裁决人员的自身条件提出了更多的要求，比如需要对相关法律规范熟悉并运用自如，需要对行政裁决事项非常明了，需要对制度的程序性有足够认知等。遗憾的是，河北省至今没有刚性规定来提高行政裁决人员的准入门槛。

**4. 行政裁决制度程序性不强**

调研发现，当前大部分行政裁决工作欠缺程序性。如前文所述，我国目前没有统一的行政裁决程序法，各地方的相关立法工作也并不活跃。具体到河北省，只有邢台市在出台的《行政程序规定》第五章第四节中对行政裁决程序有所规制，但细致研读，我们可以发现无论在法条的数量还是质量上都还存在不尽如人意之处。在实务工作中，行政裁决程序的随意性很大，有的机构适用，有的机构不适用；有的机构适用这种程序，有的机构适用那种程序；甚至同一机构针对相同的纠纷适用不同程序。总体而言，实践的状况是要么没有程序可言，要么各自为政，参照其他行政程序开展行政裁决工作。欠缺统一、稳定的程序规制导致行政裁决结果的不确定性增强，这不得不说也是公众对该制度认同度不高的重要原因之一，同时也极大削弱了该制度的效率。富里兰德曾研究表明，"一个不公正的程序会导致严重违抗，或者是阳奉阴违、敷衍了事，这种违抗或不合作还会因为某种权利的专横行使而加剧"。❶ 行政裁决的启动程序、主管与管辖制度、告知制度、回避制度、听证制度、时效制度、证据制度、执行程序等各个方面都有可以提升的空间。

5. 行政裁决救济途径不畅

基于前文的调研数据，我们发现在实践中被启用的行政裁决救济方式主要有民事诉讼、行政复议、行政诉讼三种。近三年来，每种救济方式都有被启用的数据，但与行政裁决案件的总数相比较，其比例都非常低。三种救济方式相比，行政诉讼与行政复议的启用频率相对较大，民事诉讼次之，但真正通过救济途径改变原行政裁决结果的却寥寥无几。当然，启用行政裁决救济制度的案件数量大小和推翻原行政裁决结果的案件数量大小并不能够必然地推断出行政裁决救济途径的畅通与否，这里还存在着行政裁决水平较高、裁决结果为公众信服或当事人对权益救济的认知水平较低、没有进一步寻求权利救济的可能。但不可否认，前文的数据结果也必然存在着以下可能：行政裁决救济方式的法律规定含混，立法不严谨、不科学，究竟应该采取何种救济方式不明确；寻求民事诉讼救济，对行政裁决的公定力完全无视，且无法纠正行政裁决行为自身的违法性；公众依据既有经验抗拒"民告官"；提起行政诉讼当事人胜诉概率不大；寻求行政复议救济存在"自体审查"之虞等。

**四、行政裁决制度的完善路径**

基于对河北省行政裁决工作的调研，我们深刻挖掘了现行行政裁决制度面临的种种困境。可以说此次研究虽然选取了河北省为研究范本，但行政裁决制度发展过程中的问题具有普遍性。为了进一步疏通该制度的发展路径，真正发挥其制度优势，我们提出以下建议，期待能为河北省行政裁决工作的推进乃至该制度在全国范围内的演进提供思路。

**（一）完善行政裁决相关立法**

1. 行政裁决的"授权性立法"应限定在法律层面，剔除行政法规与规章的相关立法权限

这一方面由于行政裁决制度设计的初衷是分流部分本应由司法机关裁决的民事案件，这里涉及授权行政机关替代行使司法机关职权的问题，这种授

---

❶ N. Friendland, J. Thibaut and L. Walker. Some Determinants of the Violation of Rules [J]. Journal of Applied Social Psychology, (1973) 3: 103.

权只能由法律来设定,即由最高立法、权力机关全国人大授权,否则会混淆权力的边界;另一方面由于行政裁决权是赋予行政机关的权限,由行政法规、规章设定的话难逃自设权力之嫌,公正性、合法性、合理性都不能得到保证。❶ 行政裁决"授权性立法"的法律渊源限定在法律层面,这提升了其立法层级,它既有赖于国家提升对该制度的重视程度,广泛调研、试点运行,自上而下推动立法相关活动,也有赖于地方积极开展实践探索与创新,形成经验,自下而上推动立法动议的形成。

2. 国务院及各部门、各地方积极推进行政裁决的"实施性立法"工作

提升"实施性立法"的法律位阶,有条件的省市直接制定地方政府规章,而不是仅仅停留在"规范性文件"的层面。此外,基于调研发现的问题,我们强调加大"实施性立法"的可操作性,行政裁决制度的实际运转问题绝不是几个条文就能够解决的,切忌立法笼统、原则,应着重关注程序性规制的设计。此外,行政裁决的"实施性立法"应紧贴各部门、各地方的行政裁决工作实际,从实践中来,能够回到实践中去,并能接受实践的检验,切忌单纯效仿其他部门、地方的相关立法,甚至直接搬抄相关立法。

3. 以立法形式拓宽行政裁决的受案范围

基于我国深刻转型期的大背景,也基于多元化纠纷解决的大趋势,同时基于行政裁决制度自身的制度优势,我们认为行政裁决的受案范围不仅不应该缩减,反而应该进行拓展。近些年来,行政裁决制度的发展日渐式微,应该说与立法不断缩减其受案范围不无关联。❷ 行政机关对特定民事案件"以调代裁"固然可以规避被诉的风险,但"因噎废食",人为阻断行政裁决制度的运行,忽视该制度在特定领域的优势,有惰性行政之虞,也封阻了当事人在这些领域的民事权利救济途径。❸ 鉴于此,我们主张在保留现有行政裁决权限范围的前提之下,在环境保护、消费者权益保护、医疗事故、交通事故、物业管理等领域以立法形式恢复或新增行政裁决权。上述领域民事案件多发、频发,且均与行政管理活动紧密相关,涉及面广,带有公益性质和示范作用,对相关政策的形成和落实具有重大意义。

---

❶ 叶必丰:《行政裁决:地方政府的制度推力》,载《上海交通大学学报》(哲学社会科学版)2012年第2期。

❷ 比如2015年1月1日实施的《环境保护法》取消了环境保护行政主管部门对环境污染赔偿纠纷的行政裁决权;再比如2015年修正的《中华人民共和国食品安全法》与《中华人民共和国药品管理法》均取消了行政裁决的相关规定;又比如2008年修正的《水污染防治法》废止了水污染损害赔偿争议行政裁决,代之以行政调解等。

❸ 齐树洁、丁启明:《完善我国行政裁决制度的思考》,载《河南财经政法大学学报》2015年第6期。

4. 规范法律术语，统一在相关立法中明确使用"行政裁决"字样

无论是行政裁决的"授权性立法"还是"实施立法"，均应统一使用"行政裁决"这一法律术语，修正以往"裁决""裁定""决定""处理"等多种法律术语混杂的局面。立法上表述的含混、不严谨，极易造成实践中的认知偏差。因为法律术语使用不规范，一些行政机关把本质上属于行政裁决范畴的规定做否定解释，产生权力推诿；而另一些机关却把本质上不属于行政裁决范畴的规定做肯定解释，产生权力包揽。比如河北省邯郸市涉县水利局认为《中华人民共和国水法》第 56 条❶是其行政裁决工作的法律依据，这就与该法条使用了"裁决"这一法律术语不无关系。而这里的"裁决"是指上一级政府对不同行政区域之间发生的水事纠纷的裁断，不同于一般意义上的平等民事主体之间的民事争议，它涉及行政区划和行政管理的相关问题，本质上并不是对传统民事争端的解决，因此并不属于行政裁决的范畴。地方行政机关，特别是基层行政机关极易对此类法律规定产生错误认知，这也是调研中很多行政机关反映的其自身对行政裁决相关规定有模糊认识的表现之一。

(二) 确保行政裁决机构与人员的独立性、中立性

行政裁决机构与人员的独立性、中立性直接关系着行政裁决结果的公正性，也关系着当事人对行政裁决结果的信服程度，进而关系着公众对行政裁决制度的认可程度。在对河北省进行的调研中我们发现大部分行政裁决机关没有设置专门的行政裁决机构，行政裁决工作由一般行政管理人员完成。❷ 特别是一些乡镇基层政府，一般不设专门的行政裁决机构。比如廊坊市安次区北史家乡政府就认为："行政裁决工作基本都是各行政科室按分管业务范围独立进行的。"这种现象并不是河北省所特有的，而是在全国都较为普遍。行政裁决机构和人员独立是该制度发展的世界趋势，英国的行政裁判所制度与美国的独立管理机构制度等都给予了我国重要的启示。但我们认为，基于我国的政治体制，域外的经验需要在我国进行本土化的设计，不可照搬。我们主张我国当前现实的做法应该是：有权机关内部要设置独立的行政裁决机构，

---

❶ 《中华人民共和国水法》第 56 条规定：不同行政区域之间发生水事纠纷的，应当协商处理；协商不成的，由上一级人民政府裁决，有关各方必须遵照执行。在水事纠纷解决前，未经各方达成协议或者共同的上一级人民政府批准，在行政区域交界线两侧一定范围内，任何一方不得修建排水、阻水、取水和截（蓄）水工程，不得单方面改变水的现状。

❷ 王小红：《行政裁决主体制度研究》，载《新乡师范高等专科学校学报》2007 年第 3 期。

最低的限度是与行政机关的其他执法机构实现分离❶；在诸如土地、林地权属纠纷等受案率较高的领域组建专门的行政裁决机构，其人事、经费等方面相对独立，效仿集中审批制度，集中处理一定行政区域内的同类行政裁决案件；行政裁决人员不得兼司其他行政管理事项。

（三）行政裁决人员实行执业准入制，加强职业培训与考核，完善奖惩制度

基于行政裁决的"准司法行为"性质，行政裁决人员必须通过国家统一的司法资格考试，并经过行政裁决机关统一业务培训、考核合格方能执业。将对行政裁决人员的业务培训制度化，法院、上级行政裁决机关、各级政府法制机构要定期对行政裁决人员进行譬如法制宣讲、业务指导、经验交流等形式的业务培训。对成绩突出的行政裁决人员予以通报表彰和其他形式的行政奖励；对敷衍塞责、不履行、不当履行行政裁决权的工作人员将上述情况计入其个人绩效考核体系，造成严重后果的，给予行政处分。

（四）增强行政裁决的程序性规制

加强程序性规制是使得行政裁决制度得以顺畅推行的重要途径。我们可以将行政裁决程序区分为"简易程序"与"普通程序"两种，对于事实清楚、证据确凿、权利义务关系明确、争议不大的纠纷，可以由行政裁决机关在进行简单调查的基础上，直接采取简易方式进行裁决❷；对于其他纠纷，参照《民事诉讼法》对民事普通程序的相关规定进行行政裁决程序制度构建。基于对河北省的调研结果，我们主张重点架构以下行政裁决程序制度：

1. 行政裁决的启动与受理制度

行政裁决只能依申请启动，类似于民事诉讼中的"不告不理"。当事人申请启动行政裁决程序，可以书面申请，也可以口头申请。当事人书面申请的，要向有权机关递交《行政裁决申请书》及相关证据、材料；当事人口头申请的，有权机关要制作《行政裁决申请笔录》。行政裁决机关在收到当事人申请之日起5日内要对申请及相关材料进行初审，符合下列条件的应当受理：（1）申请人是案件适格的当事人或其法定代理人；（2）有明确的被申请人；（3）该民事纠纷属于法定的行政裁决案件范围；（3）该案属于本行政机关管辖；（4）有明确具体的行政裁决请求、事实和理由。对于不符合上述条件的不予受理并应通知

---

❶ 齐树洁、丁启明：《完善我国行政裁决制度的思考》，载《河南财经政法大学学报》2015年第6期。
❷ 陈伊娜：《行政裁决程序的正当化问题》，硕士专业学位论文，浙江大学，2011年。

当事人，告知其理由。对于单纯是申请书存有瑕疵且可以补正的，行政裁决机关应当加以释明，可责成申请人限期补正后再提交行政裁决申请。❶

2. 行政裁决的主管与管辖制度

行政裁决机关的案件主管范围严格遵循现行法律的限定，行政裁决机关不能超越立法授权自行裁决，也不能无视立法授权推诿责任。对于行政裁决机关超越或推诿主管权限的行为，当事人可以向其上级行政机关申诉，也可以在提起民事诉讼的过程中附带提起行政诉讼。比照《民事诉讼法》关于级别管辖、地域管辖、专属管辖等规定构建行政裁决的管辖制度。两个以上行政机关对管辖有争议的，由其协商处理；协商不成的，报共同的上一级行政机关法制部门或者政府法制机构指定管辖机关。两个以上行政机关均有权管辖的，由最先收到行政裁决申请的行政裁决机关管辖。对涉及多个部门的矛盾纠纷进行行政裁决的，由政府法制机构指定的部门主办。

3. 行政裁决的释明制度

释明制度是民事诉讼中的一项基本制度，它的本意是指在当事人主张不充分、不正确或者当事人误以为自己提出的证据已经很充足时，主审法官行使释明权，就案件在事实和法律上向当事人进行必要提示和讲解，使当事人能够有一个改正、补充和充分陈述案件事实及法律的机会。释明制度一方面能够确保双方当事人的地位平等，平衡双方一系列天然差异；另一方面能够提升司法效率，体现法官在诉讼中的地位与职能。在行政裁决中，行政裁决主体与当事双方的关系与民事诉讼中法官与当事人的关系有一定相似度，建议在行政裁决制度中引入释明制度，赋予行政裁决主体释明权。行政裁决中的释明内容包括：（1）对行政裁决制度概念与性质的释明；（2）对行政裁决工作相关事项如行政裁决人员、时间、地点等的释明；（3）对当事人双方权利义务的释明；（4）对时效的释明；（5）对与此次行政裁决有关的法律、法规、政策以及相关行政管理信息的释明；（6）对行政裁决与其他纠纷解决途径之间关系的释明；（7）对行政裁决救济途径的释明。行政裁决主体进行释明时要注意对等释明、公开释明、法定释明、适度释明。

4. 行政裁决的回避制度

建立行政裁决中的回避制度，可以程序保障公正，消除疑虑，推动执行。建议参照《民事诉讼法》的相关规定对该制度进行建构。行政裁决人员主动

---

❶ 吕波：《试论我国行政裁决程序制度的完善》，硕士学位论文，西南政法大学，2008年。

回避与申请回避的事由可以设计为：（1）是本案当事人或者与当事人、代理人有近亲属关系的；（2）与本案有利害关系的；（3）与本案当事人有其他关系，可能影响公正裁决的。当事人申请回避的，行政裁决机关应当在3日内作出是否回避的决定。决定回避的，应当同时更换行政裁决人员，并告知当事人；不需要回避的，应当告知当事人具体理由。

5. 行政裁决的时效制度

行政裁决具有"准司法行为"性质，它与司法行为相比具有更加快捷、高效的制度优势。由此，我们在设计行政裁决的时效制度时要一方面仿效诉讼时效的相关规定；同时另一方面还要注意其对"效率"的特殊价值追求。行政裁决的时效制度设计要包含：行政裁决机关收到行政裁决申请之后的审查期限，可以设计为5日；受理之后向被申请人送达行政裁决申请书副本或行政裁决申请笔录复印件的时限，可以设计为5日；被申请人收到上述文书之后向行政裁决机关提交书面答复和相关证据、材料的时限，可以设计为10日；行政裁决机关收到被申请人提交的书面答复后5日内将其副本送达申请人；行政裁决的时限，可以仿照行政复议制度设计为60日；如遇特殊情况，不能在60日内作出行政裁决的，经行政裁决机关负责人批准可以延长30日；仿照《民事诉讼法》，设计行政裁决时效的中止、终止事由。❶

6. 行政裁决的听证制度

在案件事实不清、影响重大的行政裁决案件中适用"非正式听证制度"。所谓行政裁决的"非正式听证"是相对于"正式听证"而言的，它是指作出行政裁决时，只需给予当事人口头或书面陈述意见的机会，以供行政裁决机关参考，行政裁决机关不须基于记录作出裁决的程序，这种听证也被称为"辨明型听证"或"陈述型听证"。之所以设计行政裁决的"非正式听证"制度，一方面是由于在一些重大复杂、涉及当事人人身、财产较大利益的案件中需要给予当事人陈述与申辩机会，在此过程中既可以让当事人双方辨明事实与法律问题，也可以帮助行政裁决主体进行理性裁决；另一方面是由于与"正式听证"制度相比，"非正式听证"制度更加灵活、高效，符合行政裁决制度的设计初衷。在设计行政裁决的听证制度时需要强调：（1）听证程序并非所有行政裁决案件的必经程序；（2）听证程序依当事人的申请而启动；（3）除涉及个人隐私、商业秘密、国家秘密的案件之外，听证过程一律公开；（4）听证过程中，行政裁决机关要保持中立，但要积极行使释明权。

---

❶ 类似的时效制度设计在《潍坊市行政裁决工作规定》中已有所尝试，值得河北省乃至全国借鉴。

## (五) 构建民事附带行政诉讼的行政裁决救济制度

对于行政裁决的救济方式可以分为行政救济与司法救济两类。其中，行政救济一般包括行政裁决机关的重新裁决和行政复议。❶ 行政裁决制度的"准司法行为"性质决定了该制度的设置以高效化解某类特定的民事争议为侧重点，因此容易造成案件循环不绝的行政裁决机关内部的重新裁决和以修正行政行为偏颇为目标的行政复议制度都不适合成为行政裁决的有效救济方式。❷

关于我国行政裁决的司法救济应该采取何种模式的问题，主要的观点包括行政诉讼说、民事诉讼说、行政附带民事诉讼说、民事附带行政诉讼说、当事人诉讼说等。各种司法救济途径的优劣在许多著述中都有所阐释，在此不再赘述。在对各类诉讼模式进行比较甄别和对我国诉讼理论、行政观念、体制背景进行深刻思考之后，我们认为以民事附带行政诉讼完成对行政裁决的司法救济最能贴合行政裁决的制度定位，也最能破解该制度推进过程中的障碍。

民事附带行政诉讼可以视为对日本"形式当事人诉讼"的一种修正，是对外来制度进行本土化设计的一种尝试。

首先，在民事附带行政诉讼中，诉讼的实质被明确界定为民事诉讼，原、被告为原民事争议的双方当事人，这就在很大程度上能够消除行政裁决主体的被诉恐惧，为其积极、高效地行使行政裁决权去除障碍。英国著名大法官丹宁勋爵曾有精辟论述："任何以法官在行使其审判权时的言行对法官进行的起诉都是不成立的。对受害一方的补救办法是向上诉法院提出上诉或者申请人身保护状，要不就申请再审令或调卷令，或者采取此类步骤以撤销法官的判决。当然，倘若法官受贿或者哪怕有一点点腐化行为，或者法官滥用司法程序，那它将受到刑事法庭的惩处。但除此以外，而是因为他应该能够完全独立地履行职责而无须瞻前顾后。决不能弄得法官一边用颤抖的手指翻动法书，一边自问：假如我这样做，我要负赔偿损害的责任吗？"❸ 虽然上述论断

---

❶ 李成：《我国行政裁决制度研究》，硕士学位论文，黑龙江大学，2009年。
❷ 我国《行政复议法》第八条第二款规定："不服行政机关对民事纠纷作出的调解或者其他处理，依法申请仲裁或者向人民法院提起诉讼。"这一立法规定已经将行政裁决排除在行政复议的受案范围之外。尽管《行政复议法》第六条第四项规定："公民、法人或者其他组织对行政机关对自然资源所作出的确权决定不服的，可以依法申请行政复议。"该条也被视为当事人对行政裁决不服不得复议的唯一例外，但是我们认为，从应然的角度来讲，对行政裁决应该一律不得申请行政复议，原因是行政复议是为纯粹的行政管理性质的具体行政行为设计的救济制度，而行政裁决的"准司法性"决定了它不适宜采取此类救济方式。
❸ [英] 丹宁：《法律的正当程序》，法律出版社1999年版，第72页。

针对的是诉讼中的法官，但对于行政裁决这一"准司法行为"同样适用。诉讼性质的明确界定相对于"形式当事人诉讼"来讲，更加易于突破传统诉讼理念的障碍。

其次，民事附带行政诉讼可以消除"形式当事人诉讼"无法跨越的"行政诉讼被告恒定"的理论障碍。"形式当事人诉讼"的目的在于解决对等者之间产生的"公法"上的法律关系的争议。❶ 依照我国《行政诉讼法》的相关规定，行政诉讼的被告恒定为行政主体，其他公民、法人或者其他组织不可能成为行政诉讼的被告。由此，解决公法争议的诉讼却以原民事争议的相对方为被告，这就造成了"形式当事人诉讼"与我国诉讼理论的矛盾。民事附带行政诉讼与"形式当事人诉讼"一样在同一诉讼中做到"官了民亦了"，提升效率，同时还能克服"形式当事人诉讼"无法契合我国诉讼理论的弊端。

以民事附带行政诉讼救济行政裁决的做法尚停留在理论探讨的层面，我们对该救济制度的构建是从应然的角度出发的，围绕着行政裁决"准司法行为"的性质，在构建其司法救济制度时应强调以下几点：

（1）民事附带行政诉讼的本质是民事诉讼，原民事争议的双方是该诉讼的原被告双方，人民法院在此类诉讼中应当通知原行政裁决机关以第三人身份参诉。行政裁决机关参诉不依附于任何一方当事人，不与任何一方当事人产生共同利益与义务，其只在附带诉讼中对原裁决作出的合法性附有证明义务。行政裁决机关参诉有利于人民法院及时了解案件的事实和掌握其中的专业问题，提高诉讼效率，降低民事争议解决的成本。

（2）民事附带行政诉讼的诉讼管辖问题上，充分尊重当事人的选择权，除了依据民事争议的相关要素确定管辖法院之外，当事人还可以选择作出行政裁决的行政机关所在地法院起诉。当事人向两个以上有管辖权的人民法院起诉的，由最先立案的人民法院管辖。

（3）民事附带行政诉讼以民事部分的审理为主、以行政部分的审理为辅。诉讼程序以民事诉讼程序的相关规定为依据，只在附带审理行政裁决合法性问题时参照行政诉讼法的相关规定。

（4）由于民事附带行政诉讼要在同一诉讼过程中同时解决民事争议和行政争议，因此在审判组织的组建上可以参照实践中已有的做法跨庭组建合议庭，即可以尝试组建民事行政合议庭，由民事审判庭和行政审判庭审判员共

---

❶ 吴华：《行政诉讼类型研究》，中国人民公安大学出版社2006年版，第165页。

同审理行政裁决诉讼案件。❶

（5）民事附带行政诉讼中，人民法院享有司法变更权。在认定行政裁决违法、撤销行政裁决后，人民法院可以直接变更裁决内容，即直接对民事权利义务作出重新分配，不必发回原行政裁决机关作出重新裁决，避免"裁决—诉讼—裁决—诉讼"的循环反复，做到高效定纷止争。

（6）民事附带行政诉讼中不必赋予行政裁决机关单独的上诉权。当民事审理完成后当事人接受审判结果时，就视为已经实现了该诉讼侧重解决民事纠纷的初衷，行政裁决机关没有必要再享有单独的上诉权启动二审程序，使得民事争议再次处于不确定状态。

（六）建立、健全行政裁决工作机制

（1）加大行政裁决工作的宣传力度，完成制度培育。充分利用报刊、电台、电视台、各级政府门户网站、微信公众号等多渠道、多媒介向公众介绍行政裁决这一纠纷解决机制的概念和外延，展示其程序流程和典型案例的裁决过程和裁决结果等，使公众对该制度有所了解、理解，加强宣传引导，进而使当事人愿意尝试选择这一路径化解相关民事纠纷，实现行政裁决的制度初衷。

（2）建立行政裁决案件的定期汇总制度。各级政府法制机构每年度要对各部门行政裁决工作有关数据和情况进行汇总统计、分析评估并定期通报，并编纂典型行政裁决案例汇编。

（3）建议各省、自治区、直辖市法制机构统一编制并下发行政裁决事项目录、行政裁决文书格式文本。

（4）将行政裁决工作情况作为年度依法行政考核的重要内容纳入各级人民政府绩效考核体系，细化考核指标，明确分值权重。对因组织领导不力、责任不到位、工作不落实等导致争议纠纷突出的单位，要予以通报批评并限期整改。

---

❶ 尹少成、孙峰：《行政裁决诉讼救济制度新探——关于构建民事附带行政诉讼的思考》，载《江苏广播电视大学学报》2012年第2期。

**附件：河北省行政裁决工作调研问卷**

1. 完成问卷单位：_____
2. 本单位涉及的行政裁决事项的类型属于：（可多选）
□权属纠纷　□侵权纠纷　□损害赔偿纠纷　□补偿纠纷　□知识产权纠纷　□民间纠纷　□其他纠纷
3. 涉及本部门或本级政府行政裁决工作的法律有：_____
_____
4. 涉及本部门或本级政府行政裁决工作的行政法规、地方性法规有：___
_____
5. 涉及本部门或本级政府行政裁决工作的部门规章、地方政府规章有：
_____
6. 涉及本部门或本级政府行政裁决工作的《指导意见》《实施方案》等规范性文件有：_____
7. 本部门或本级政府是否设有专门的行政裁决机构：
□是　□否
8. 本部门或本级政府负责行政裁决工作的人员是否掌握涉及裁决事项的专业知识：
□是　□否
9. 近三年（2013—2015 年）本部门或本级政府行政裁决案件数量一共有____件。
10. 近三年（2013—2015 年）来，行政裁决作出后，当事人一方不服裁决结果，就原纠纷向法院提起民事诉讼的案件数量有____件。
11. 近三年（2013—2015 年）来，行政裁决作出后，当事人一方不服裁决结果，对行政裁决提起行政复议的案件数量有____件，其中导致裁决结果变更的案件数量有____件。
12. 近三年（2013—2015 年）来，行政裁决作出后，当事人一方不服裁决结果，对行政裁决提起行政诉讼的案件数量有____件，行政裁决机构败诉的案件数量有____件，行政裁决机关败诉后改变原裁决结果的有____件。
13. 本部门或本级政府的行政裁决工作是否设有统一的程序规范：
□是　□否
14. 行政裁决程序最需要从哪方面加以完善：（可多选）

□启动程序　□主管与管辖制度　□告知程序　□回避制度　□听证程序　□时效制度　□证据规则　□执行程序

15. 行政裁决工作在实际中存在哪些困难？请给出健全行政裁决制度的意见建议。

_____
_____
_____